当代税收名家丛书

U0819759

优良税制论

——基于伦理视域的探索与尝试

姚轩鸽◎著

中国财经出版传媒集团
中国财政经济出版社

图书在版编目（CIP）数据

优良税制论：基于伦理视域的探索与尝试 / 姚轩鸽著．—北京：中国财政经济出版社，2017.12
（当代税收名家丛书）
ISBN 978－7－5095－7898－8

Ⅰ．①优…　Ⅱ．①姚…　Ⅲ．①税收制度－研究－中国　Ⅳ．①F812.422

中国版本图书馆 CIP 数据核字（2017）第 293195 号

责任编辑：李玲兰　　　　责任校对：张　凡
封面设计：王　坦　王　颖　　　　版式设计：录文通

中国财政经济出版社 出版
URL：http：//ckfz.cfeph.cn
E－mail：cfeph@cfeph.cn

社址：北京市海淀区阜成路甲 28 号　邮政编码：100142
营销中心电话：88190406
天猫网店：中国财政经济出版社旗舰店
网址：https：//zgczjjcbs.tmall.com
北京富生印刷厂印刷　各地新华书店经销
880×1230 毫米　32 开　10.25 印张　240 000 字
2018 年 1 月第 1 版　2018 年 1 月北京第 1 次印刷
定价：52.00 元
ISBN 978－7－5095－7898－8
（图书出现印装问题，本社负责调换）
本社质量投诉电话：010－88190744
打击盗版举报热线：010－88190414　QQ：447268889

策划人语

税收事业与社会进步的推动者

税收在当下的中国已经成为一门显学，这归因于社会的进步与时代的机遇。十九大后新时代中国特色社会主义思想指引税制改革与经济发展，逢此良机，我们策划出版了这套“当代税收名家丛书”。

何谓税收名家？这里所讲的税收名家特指那些为推动税收事业和社会进步而摇旗呐喊的公共知识分子们。他们之所以被称为“名家”，自然有其过人之处，正所谓“石可破也，而不可夺坚；丹可磨也，而不可夺赤”。作为公共知识分子，他们独立思考，谦卑不忘弘毅，勇于进谏政府，积极投身公共事务；作为公共知识分子，他们坚守理想，怀揣忧患意识，努力追求真理，具有现实主义批判精神。

“铁肩担道义，妙手著文章”。这是对名家们性情特征的最好注解。引经据典，追根溯源，播其声，扬其道，释其理，忘却一己之利益，弘扬社会之正气。他们将家国情怀、人文关怀融入广阔的社会经济实践。在现代法治社会的丛林里，他们有可能成为一种相对独立、具有社会正能量和影响力、代表社会良知和人类理想的社会阶层。

我们对税收名家的遴选，其实并未有一成不变的标准，但始终秉承一项原则，即入选者必须勤于学、志于道、游于艺，在税收领域有相当造诣，其观点犀利，自成一派，非人云亦云之辈。入选者，或擅长财税法制，或精通大数据治税，或融汇会计与税收，或执著于税收治理……他们关注于世界、国家、人类、民族、社会的进步，其观点闪烁着独特的伦理之魂和道德之光。

本套丛书的每一分册均具有两大结构：一是学术研究篇，二是人文情怀篇，即从这两个视角反映入选者的学术思想和人文情怀。我们期待各路神仙指点，更希望结识、聚集各方神圣。

最后，让我们为那些推进国家治理和社会进步而坚守理想、永不言弃的公共知识分子们点赞，正是他们的思想和行动辉映着时代的曦光。

“当代税收名家丛书”策划人　樊清玉

Qingyuf@ sina. com

2017 年 10 月

目 录

第一部分 学术研究篇

第二部分　人文情怀篇

第一部分

学术研究篇

第一章 导　论

美国学者 R. T. 诺兰在《伦理学与现实生活》一书中说："每一种经济体制都有自己的道德基础，或至少有自己的道德含义。"① 事实上，每一种制度都有自己的道德基础，都有自己的道德价值导向系统。而且，每一种制度所依据之道德价值导向系统的优劣，总是直接影响这种制度本身的优劣。研究税制的道德价值基础以及税制与道德之间的关系机理，也就成为税制伦理的基本问题和重要课题，也成为伦理视域税制研究的基本立场与方法。

一、"税制"内涵与本质辨析

"税制"作为"税收制度"的简称，无疑

① R. T. 诺兰著，姚新中等译：《伦理学与现实生活》，华夏出版社 1988 年版。

由“税收”与“制度”两词构成，要弄清“税制”的内涵与本质，必须首先廓清“税收”与“制度”两词各自的内涵与本质。

（一）何谓“税收”

“税收”一词已被广泛运用，且国内教材关于“税收”的界定也已流传，因此在本书中笔者遵循惯例继续沿用。但从“税收”本质而言，或许汉语“租税”一词最接近“税”的本意与本质。狭义而言，“税收”是指国民与国家之间就公共产品供求交换价款缔结、履行原初或衍生契约的活动；广义而言，是指每个国民租用、借用公共产品创获私人财富所必须付出的租金。当然，就身份为外国国籍的居民而言，其所交之税则是指居民与国家之间就公共产品供求交换价款缔结、履行原初或衍生契约的活动，即指每个居民租用、借用公共产品创获私人财富所必须付出的租金。

显然，税收作为一种契约，是指国民与国家就公共产品交换价款达成的同意。而且，二者之间是一种目的与手段的交换关系，不是原因与结果的交换关系。这是因为，前者交换的目的是从对方那里交换到某物；后者交换的目的不是从对方交换到某物。

而且，这种“同意”的契约不过是税收道德与税法两类，二者都是社会制定和认可的涉税行为规范，是得到社会同意的涉税行为规范。税收道德是国民与国家就一切具有社会效用的涉税行为“应该如何”所达成的同意；税法则是国民与国家就一切具有重大社会效用的涉税行为“应该且必须如何”所达成的同意。从这种“同意”的前提，即是否“自由”而言，这种契约——税收道德和税法——又可以分为自由的契约与不自由的契约两种。自由的税收道德意味着这种契约是契约主体——国民在不受任何外在条件制约的情况下做出的“应该如何”的选择；自由的税法意味着这种契约是契约主体——国民在不受任何外在条件制约的情况下做出的“应该且必须如何”的选择。不自由的税收道德意味着这种契约是契约主体——国民在受到某种外在条件制约的情况下做出的“应该如何”的选择；不自由的税法意味着这种契约是契约主体——国民在受到某种外在条件制约的情况下做出的“应该且必须如何”的选择。但是，不论怎样，不论是哪种契约都得遵守。因为，即使不自由的税收道德与税法，也无法否认其为“税收”契约的性质。或者说，国民与国家之间就公共产品供求交换价款缔结的原初或衍生契约，不论是强迫的还是自愿的，都是一种“税收”契约，都要履行。只是对自由税收道德与税法的履行是对“良税”的遵从，对不自由税收道德与税法的履行则是对“恶税”的遵从而已。

毋庸置疑，就契约的构成要素而言，税收契约必须满足三个要素：交换的主体、交换物和交换的根本条件。由于税收契约是一种目的与手段关系之交换的契约，是国民与国家之间就公共产品供求交换价款之目的与手段关系的契约，不是因果关系的契约。而且，税收契约是一种双务契约，不是单务契约。因为双务契约意味着立约人为国民与国家双方，而单务契约则意味着立约人为单方。单务契约最主要的形式就是无偿赠与单务契约，它是一种因果关系交换的契约，而且，这种契约的交换物或者约因不是目的，只是一种原因。即“不是作为交换物或约因，而只是一种作为交换原因的交换物；不是一种目的物，而只是一种原因物。”①

同时，税收契约是一种“最高税权契约”，即国民与国家就

① 王海明著：《国家学》，中国社会科学出版社2012年版，第61页。

最高税权所涉及的权利与义务之利益——公共产品供求交换价款所缔结的契约，而且，是一种原初契约，是缔结和建立一个社会之契约，也就是该社会诞生之契约，是相对该社会诞生之后所缔结的一切契约，即衍生契约。这个原初契约既可能是心甘情愿地同意，也可能是不自由、不情愿地同意——“强制缔约”。但是，不论哪种缔约，一旦契约缔结就得履行。这也意味着，凡不是与“最高税权”就公共产品供求交换价款缔结的契约，都不属于纯粹的“税”或租税。税之所以成为“税”，就在于它的“最高税权”属性。即，与“最高税权”缔约是区别“税”与费等事物的关键要素。

税收契约的约因或交换物是公共产品供求交换的价款。这意味着，国家公共产品供给质优量大，国民应承担的税负就可能较重；公共产品供给质次量小，国民应承担的税负就可能较轻，这两种情况都属正常。另外两种可能的情况为：一是国家供给的公共产品质优量大，国民应承担的税负却小。这根本不可能存在或者仅对某些群体而言才可能存在。二是国家供给的公共产品质次量小，国民应承担的税负却较重。这种情况在人类社会中较普遍。比如少数官员因为税权缺乏有效监督，无耻侵吞了大多数国民的财富，把本该用于创获公共产品的税款用在了自己的私人消费上。

从本质上说，国家不仅应该提供有助于增进国民物质性幸福的公共产品，更应该提供增进国民社会性幸福和精神性幸福的公共产品；不仅应该提供增进国民创造性幸福的纯公共产品与准公共产品，更应该提供增进国民自我实现幸福的纯公共产品与准公共产品；不仅应该提供增进国民德性幸福的纯公共产品与准公共产品，更应该提供增进国民利他幸福的纯公共产品与准公共产品。自然，不仅应该提供增进国民过程幸福的纯公共产品与准公共产品，更应该提供增进国民结果幸福的纯公共产品与准公共产品。从公共产品的根本属性而言，国家最应给国民提供的公共产品无疑是优良的社会治理制度，包括优良的税制。因为，“制度是一个社会的游戏规则，更规范地说，它们是为决定人们的相互关系而人为设定的一些制约。”①

必须强调的是，税收契约作为一种“最高税权契约”，是国民与国家就公共产品供求交换价款缔结的契约。因此，国家的类型便决定税收契约的类型与优劣。

（二）“制度”的概念

学界关于“制度”的界定实在太多，诺斯认为，制度是作为一系列被制定出来，旨在约束主体福利或效用最大化利益的个人行为的规则、守法程序和守法行为的道德伦理规范②。康芒斯认为，制度“就是集体行动控制个体行动的运行规则”③。罗尔斯则把制度“理解为一种公开的规范体系。这一体系确定职务和地位及它们的权利、义务、权力、豁免等。这些规范指定某些行为类型为能允许的，另一些则为被禁止的，并在违反出现时，给出某些惩罚和保护措施”④。本著采信王海明先生的观点，即“制度是国家和社会制定、认可或奉行的一定的行为规范体系，

① ［美］诺思著，刘守英译：《制度、制度变迁与经济绩效》，上海三联书店1994年版，第225—226页。

② ［美］诺斯著，陈郁译：《经济史中的结构与变迁》，上海三联书店1994年版，第21—22页。

③ ［美］康芒斯著，于树生译：《制度经济学》，商务印书馆1994年版，第10—12页。

④ ［美］约翰·罗尔斯著，何怀宏等译：《正义论》，中国社会科学出版社1998年版，第50—51页。

亦即一定的法（包括法律、政策和纪律）和道德的体系。”①

（三）“税制”的内涵与本质

毋庸讳言，在阶级社会，税制通常表现为“国家以法律形式规定的税种的设置及每种税征税办法的总称。”“税收制度是国家以法律形式规定的税收总和及征纳双方权利和义务的规范。一个国家的税收政策主要是通过税收制度来体现的，制定合理的税收制度和执行税收制度是税收工作的关键环节。”②

但笔者认为，所谓“税制”是指国家和社会制定、认可或奉行的涉税行为“应该”或“应该且必须”如何的规范体系，亦即一定的税法（包括税收法律、政策和纪律）和“税德”的规范体系。或者说它是指国家与国民之间就公共产品交换价款缔结的原初或衍生契约，亦即国民与国家之间就公共产品供求价款之权利与义务的权力规范与非权力规范的总和。具体说，它是指征纳税人双方涉税行为之权力规范与非权力规范的总和，也即税法（包括税收法律、政策和纪律）和“税德”的总和。

狭义地讲，税制是国民与国家之间就公共产品交换价款缔结的“必须且应该”如何的权力性规范——原初或衍生契约——的总称，是征纳税人双方“必须且应该”如何的权力性规范的总称，主要是征纳税人双方具有重大社会税收效用的行为“必须且应该”如何之行为规范的总称。广义地讲，或者从人类税收活动治理的理想高度讲，税制不仅是指国家与国民之间就公共产品交换价款缔结的“必须且应该”如何的权力性规范——原初或衍生契约——的总称，主要是指征纳税人双方具有重大社会

① 王海明著：《国家学》，中国社会科学出版社2012年版，第1216页。

② 张同青等编：《税收辞海》，辽宁人民出版社1993年版，第5页。

税收效用的行为“必须且应该”如何的行为规范之总称，同时也包括国民与国家之间就公共产品供求交换价款缔结的一切具有一般社会效用之“应该如何”的非权力性规范——原初或衍生契约——的总称，也即征纳税人双方一切具有一般社会效用的行为规范（权利与义务）。而且，理想的税制应当是“税德”与税法的总和，涵盖一切征纳双方具有社会效用的涉税行为。即税制是权力规范与非权力规范之总和，是指“税德”与税法规范的完美结合，是德定权利与义务和法定权利与义务的完美结合。

二、为什么要从伦理视域研究“税制”

从伦理视域研究税制，其理由无非三个：一是目前最优税制理论发展存在的先天性缺憾；二是当代中国税制改革发展的现实呼唤；三是笔者个人学术兴趣与人生阅历等原因。

（一）最优税制理论发展存在的先天性缺憾

众所周知，古今中外对最优税制基本形态的探索从未停息。近代以来，亚当·斯密、萨伊、阿道夫·瓦格纳、塞力格曼、马斯格雷夫、詹姆斯、布坎南等学者都先后提出了他们的税制原则，或者说最优税制的评价标准与基本形态。但是，直到1996年米尔利斯和维克里因为最优税制理论获得诺贝尔经济学奖，才标志最优税理论已成为当代西方税收理论界的前沿问题。

事实上，近代最优税制理论或者最优税理论，可以追溯到重商主义的经济思想，大致分为如下五个：

第一，古典经济学派，主要代表人物威廉·配第、亚当·斯密、萨伊等。威廉·配第则认为，最优税制体现为“公平、简便、节省”；亚当·斯密认为符合“平等、确定、便利、最小征收费用”[①] 四原则的税制才是最优税制。萨伊认为，只有符合“最优化税率、超额负担最小、税负纵向公平、最小妨碍再生产、有助国民道德素质提高”五大原则的税制才是最优税制。[②]

第二，社会政策学派，主要代表人物阿道夫·瓦格纳等学者。此派认为，最优税制意味着应该符合“四项九端”原则，即：财政收入（收入应当充裕；应当富有弹性）；经济发展（不可误选税源、误选税种）；社会公平（负担应当公平、负担应当普遍）；赋税行政（课税应当明确、手续应当简便、征收费用应当节约）。[③]

第三，新古典经济学派，主要代表人物马歇尔和庇古。他们从福利经济学角度判定税制的优劣。马歇尔认为，只有做到公平与效率兼顾的税制才是最优税制，因此主张根据边际效用递减规律，通过累进所得税的途径实现公平分配的目标，进而认为应该以税负轻重衡量税制的效率，最终实现受益多者多纳税、受益少者少纳税的目标。庇古则强调税制的效率，加大了“效率”原则在最优税制中的权重，主张把资源配置使国民收入最大化作为评价税制优劣的终极标准。[④]

第四，供给学派，主要代表人物罗伯特·孟代尔、罗塞尔·罗伯茨。此派认为，征税会打击人们的积极性，影响社会总供给水平，阻碍经济增长。因此，最优税制理论是建立在“拉弗曲

---

① ［英］亚当·斯密著，郭大力等译：《国民财富的性质和原因的研究》（下），商务印书馆 1974 年版，第 385 页。

② 李永刚著：《中国税制改革研究——基于拓展的最优税制理论》，立信会计出版社 2012 年版，第 16 页。

③ 转引王国清著：《税收经济学》，西南财经大学出版社 2006 年版，第 42 页。

④ ［英］加雷斯·D. 迈克斯著，匡小平译：《公共经济学》，中国人民大学出版社 2001 年版，第 313—320 页。

线”理论基础上的，其理论主要集中在两个方面：一是最优税制的评价标准是什么？二是刺激供给的税收政策是什么？对于前者，供给学派认为，拓宽税基和降低名义税率是兼顾公平与效率的最好选择。因此不赞同通过高额累进税去追求公平。后者则认为最好的税收政策是“降低边际税率”，因为只有边际税率决定着人们从事经济活动的税后净收益率；同时，主张政府控制开支和紧缩货币供应量。

第五，公共选择学派，主要代表人物詹姆斯·布坎南。此派认为最优税制意味着进一步强调最优税制设计的效率原则，关注公共支出中真正用于满足国民公共需要的资金比重。即政府取之于民的税收如何用之于民，而且如何能用之于民之所需。因此，最优税制的关键在于纳税人的真实意愿能否被真实反映以及是否拥有制度性的保障，或者说，该税制是不是一组由国家与纳税人自由缔结的契约总和，是否符合“一致同意”的原则。① 当然也有学者认为，最优税理论可分为三大块：即最优商品税理论、生产效率的税收条件理论与最优累进所得税理论。②

毋庸置疑，历代学者对最优税制理论的探索，其贡献都不可被忽视和淹没。但是，最优税制理论发展是一个不断探索的过程，任何研究者都会因为时代、学科知识等缺陷，不可能穷尽最优税制理论，做出终极贡献。因此，各自的贡献与缺陷往往如影相随，很难简单剥离。最优税制理论存在的主要缺憾如下：

第一，最优税制理论关于终极标准的认识存在明显缺陷。具体地说，尽管“帕累托最优原则”已被引入最优税制理论，成

---

① ［美］布坎南著，冯克利译：《宪政经济学》，中国社会科学出版社 2004 年版，序。

② ［美］约瑟夫·斯蒂格利茨著，曾强等译：《政府经济学》，春秋出版社 1988 年版，第十九章。

为评价税制优劣的终极标准，但却没有明确“帕累托最优原则”成立的前提条件。岂不知，“帕累托最优原则”仅仅是在征纳税人之间权利与义务尚未发生根本性冲突、可以两全境遇时才适用的终极标准。即，一旦遭遇征纳税人之间权利与义务发生根本性冲突、不可两全境遇时，“帕累托最优原则”将不再适用，此时则应遵从“最大净余额”终极标准，或者说“最大多数人的最大利益”原则。

与此同时，尽管庇古把“最大利益净余额标准”引入最优税制终极评价标准，但却夸大了“最大利益净余额标准”的适用范围，不懂得这个终极标准仅仅是在征纳税人之间权利与义务发生根本性冲突、不能两全境遇下才适用。即庇古误认为在任何情况下，只要能增进社会的利益净余额就应该遵从。而且认为，凡是符合这一终极标准的税制就是最优的。深究之，庇古是根据边际效用递减规律，也就是一个人的财富越多，其边际效用越小的认识，从而得出“收入应该均等化”这一结论。他说：“假如有一个富人和十个穷人，富人拿出一镑钱，并把它给予第一个穷人，总满足量就增加了。但是富人还是比第二个穷人富，所以，再转移一镑钱给第二个穷人，就又增加了总满足量。如此转移，直到原来的富人不比其他任何人富裕为止。”① 问题是，“最大利益净余额标准”税制优劣终极评价分标准，仅仅适用征纳税人之间权利与义务发生根本性冲突、不可以两全的现实境遇。一旦超出这个境遇，则应属于“帕累托最优原则”的适用境遇。

第二，最优税制理论关于税制优劣评价终极标准、根本标准、最高标准、具体标准的认识存在误区。具体地说，“终极标准”是评价一种税制优劣的最后的终极的标准，是标准之标准，

① ［英］庇古：“福利经济学的几个方面”，《美国经济评论》，1951 年第 6 期。

主要是指“一总两分”。“一总”意味着，凡是能最大限度增进全社会和每个国民福祉总量的税制便是最优税制。反之，则是次优、次劣或极劣税制。“两分标准”是指征纳税人之间利益尚未发生冲突、可以两全条件下的“帕累托最优标准”与利益发生冲突、不可两全条件下的“最大利益净余额标准”。

根本标准是指公正平等标准，既是指征纳税人之间权利与义务分配的平等交换，也是指征税人之间、纳税人之间权利与义务分配的平等交换，根本说来，是指征纳税人之间基本权利与基本义务的完全平等分配与交换，非基本权利与非基本义务的比例平等分配与交换。同时也是指征税人之间、纳税人之间基本权利与基本义务的完全平等分配与交换；征税人之间、纳税人之间非基本权利与非基本义务的比例平等分配与交换。当然也包括代际、国际之间涉税权利与义务的公正平等交换问题。

最高标准是指人道自由标准，既包含“把纳税人当人看”的原则，也包含“使纳税人成为人”的标准；既包含平等、法治、限度的一般标准，也包含政治自由、经济自由、思想自由的具体标准。而且，自由原则是评定一种税制优劣的最高标准。而公共选择派则对自由标准给予了高度重视，但由于忽视了税制优劣的终极标准，同时忽视了自由原则的局限性，也难免留下诸多缺憾。因为自由仅是优良税制这种契约产生的必要条件，而非充要条件。优良税制这种契约的缔结，就其内容而言，还得符合公正平等的原则与标准。即税制缔结的自由性并不必然等同或代替税制的公正性与平等性，自由性、契约性仅仅是优良税制产生的必要条件而非充要条件。

至于具体标准，诸如便利、最小成本、诚信等等，其存在的价值，无疑只有在与税制优劣评价最高标准、根本标准、终极标准不发生冲突时具有。

事实上，最优税制理论对终极标准、根本标准、最高标准、具体标准之间关系与权重的认识，也存在不一致的地方，甚至存在一定的分歧。

第三，最优税制理论关于税制优劣评价标准存在“以偏概全”的缺憾。比如，存在以具体的最优商品税与最优累进所得税标准代替税制优劣终极评价标准的缺陷。固然，具体税种的最优是最优税制的应有之义，但反过来看，毕竟具体税种的最优并不能代表整体税制的最优。因为税收是一个大系统，是社会治理母系统中一个重要的子系统。它的运行质量，无疑受制于社会治理母系统运行质量的影响。或者说，税收不仅仅是一个如何筹集公共资金的过程与活动，更为重要的是，筹集到的公共资金利用效率如何？能否给每一个国民提供高性价比的公共产品与服务？能否增进全社会和每个国民的福祉总量？

第四，最优税制理论仅仅重视税制表层结构或技术要素的优化，忽视税制基本、完备、深层结构的优化问题。税制虽然由“纳税人、征税对象、计税依据、税率、纳税环节、减税免税、纳税地点、纳税期限”等一般要素构成，其基本要素是“纳税人、征税对象、税率”。税制优化固然离不开这些要素的优化与改进，但是，税制有内容与形式的基本结构，也有税制价值、税制价值判断与税制规范的完整结构，更有征纳行为事实、税制创建终极目的、税制价值、税制价值判断与税制规范的深层结构。因此，真正讲来，最优税制应该是指基本结构的最优化、完整结构的最优化以及深层结构的最优化。

第五，最优税制理论重视具体税种及其组合的优化，忽视税制其他类型的优化。最优税制理论虽然重视商品税、所得税以及直接税与间接税组合的优化，但同时忽视了对不同税制结构与类型的优化。根据税制的不同性质，税制可以划分为共同税制与特定税制、绝对税制与相对税制、主观税制与客观税制以及征税人主导的税制与纳税人主导的税制，等等。而且，共同税制、绝对税制与客观税制距离最优税制最近。这是因为，越是能普遍化的税制规范，越是距离税制终极目的最近，也越接近征纳行为事实如何的规律。对此，黑尔指出："第二个特性通常被叫作可普遍化性。可普遍化性的意思是，一个人说'我应该'，他就使他自己同意处在他的环境下的任何人应该。"[①] 也就是说，税制目的是普遍的、一般的、任何社会都一样的，而且，是为了保障社会存在发展、增进每个国民的福祉总量。越是符合税制一般的终极目的的税制，便越是优良，反之则越是恶劣。

第六，最优税制理论存在的缺陷还有其他方面的。比如，郭庆旺教授认为，从效率的基本含义来看，绝大部分税收不符合最优原则。因为税收在市场有效配置资源的过程中加进了一个"楔子"，即"税收楔子"。[②] 笔者认为，最优税制理论还存在假设条件的非现实性、结论的局限性以及内容的偏狭等缺憾。[③]

凡此种种缺陷，无疑都需要从新的视觉，借用新的研究方法去突破和弥补。无疑，伦理视域和方法是一个值得关注的视角。而真正科学、全面系统的税制优化理论，应该以此税制深层结构作为主要研究对象。

（二）税制改革的实践呼唤

从当下中国税制改革的现实挑战与压力看，中国税制改革要

① R. M. Hare: Essays in Ethical Theory, Clarendon PressOxford 1989: 179.

② 郭庆旺："最适课税论：所的课税与商品课税的比较"，《财经问题研究》，1995年第7期。

③ 姚轩鸽："制度结构及其优良制度的创新探索"，《西北人文科学评论》，2011年第4期。

实现“系统性重构”，真正发挥国家治理体系中的基础和支柱作用，必须进行理论创新和突破。

毋庸讳言，当下中国税制改革面临如下挑战：一是税收相对主义的误区；二是税收法定主义的误区；三是税收技术主义的误区。

税收相对主义是在税收活动中表现出来的一种世界观和方法论。其特征是：否认税制的普遍性、绝对性与客观性，夸大税制的特殊性、相对性与主观性。在一切税收相对主义者看来，根本没有什么普遍的绝对的客观的税制，税制都是随着时间地点环境的变化而变化的，并不存在一个可以在任何时代都有用的共同税制，税制的正确性和科学性是随着个人和团体的信仰和偏好而随意变化的。税收相对主义者常用的论证方式首先就是——通过列举不同国家和地区不同税收管理制度的例子来支持自己的观点，夸大税制的特殊性与多样性，否定税制的普遍性。他们常常以真理在握的霸气宣称：世界上根本就不存在完全相同的两片树叶，但谁又能否认世界上同时也存在着完全相同的两片树叶？问题或在于，你是否有足够的智慧观察到其一致性和普遍性；其次否定税制的绝对性，通过夸大税制的相对性，否定税制的绝对性来论证。在他们看来，税制的绝对性是根本就不存在的，某种税制的正当性完全依赖于它所属社会的价值观念，是任意的可以随意制定的；同时否定税制的客观性。他们以为，构成税制的原则是主观任意的，却不明白，构成税制的原则虽然是主观任意的，但其正确性或优良性却是客观的，不以任何人的主观意志为转移的。

正因为税收相对主义者片面思想方法的误导，在税制创新中，税收相对主义的现实危害是不容忽视的：既会挫伤人们追求优良科学税制的热情，放弃对税制进行结构性改革的自觉性和主动性。其结果常常陷于相对主义的泥潭，缺乏对现行税制进行终极追问的精神和勇气，安于对当下税收政策的修修补补以及在政策层面对国外一些新做法的照搬与移植。岂不知，当前中国税制所遇到的诸般问题，根本说来，在于现行税制对科学优良税制根本方向的偏离。也会由于税收相对主义思潮的泛滥，容易通过税制的力量波及税收征纳活动中的主客体，加剧税收相对主义思潮对税务人员与纳税人以及广大社会成员世界观和价值观的负面影响，背离“税德”，唯钱是图，唯利是图，蔑视社会公德，干扰整个税收秩序，增大税收治理的成本。同时，在税收相对主义者看来，既然一切都是相对的，主观随意的，是可以任意拿捏的，那还有什么值得坚守的呢？很难想象，在这样一种现实的社会观念土壤上，税制创新可以顺利进行，优良税制可以尽快建立。

税收法定主义肇始于英国，可以追溯到1215年的英国《大宪章》，又称税收法律主义、税收法定性原则。其最初的含义是指税收的征纳必须基于法律依据才能进行，没有法律的依据，国家不能随意课税，任何人也不能被要求缴纳税款。“有税必须有法”“未经立法不得征税”——这通常被认为是税收法定主义的经典表达。当然，这里的“法”是指人民行使权力的议会制度制定的法律或议会授权制定的法规。可见，税收法定主义是说国家整个税收活动必须依据法律进行，并依此指导税收法律的立法、执法、司法和守法的全过程。不容置疑的是，税收法定主义在世界税收现代化过程中的历史功绩不可否认和抹杀。但是，如果从更完美的角度看，税收法定主义的局限性也是十分明显的。它的最大局限性就在于有意无意地拒绝和忽视了道德在税收治理活动中的地位和作用。

法是人们“必须且如何”的权力规范，道德是人们应当而非必须如何的非权力规范。二者的本质区别在于，有无一种特殊的强制——权力。道德所规范的是人们的全部具有社会效用的行为，而法所规范的则仅仅是那些具有重大社会效用的行为。以此观之，社会对税收活动的管理，就应当税法与“税德”并举，而不应当只强调依法治税，忽视依德治税。税德、税法在税收治理活动中的地位和作用是并重的。道德在税收治理活动中的特殊作用是税法不可替代的，只有双轮驱动，两翼共振动，才能实现税收治理功效的最大优化。事实上，近年来中国税收治理中存在的不少问题都与此有一定的关系。而且仅有“法定”还不够，税法还必须公正平等。

税收技术主义是这样一种税收治理思维倾向：它夸大现代科学技术，特别是网络信息技术在现代税收治理活动中的地位和作用，有意无意地寄希望于科学技术的发达和进步，认为科学技术的进步可以帮助人们解决税收治理中的一切问题，因此，热衷于要钱跑款，大上项目，添置税收信息化建设的硬件。在具体的征收管理中，它往往以技术规范代替必要的制度规范和道德规范。其实，“信息技术如同科学技术的其他类型一样，本身就是一柄双刃剑——它既可能催开善之花，又可能酿成恶之果。任何科学技术，其自身并不必然包涵善或恶的价值属性。科学技术的善恶价值，是在运用科学技术的人们的行为及其结果中产生的。”“在历史上，一切值得赞评的过程和现象都伴随有其应该否定的另一面，或者伴随有某种在这方面是积极的而在另一方面又是消极的因素的东西。但是历史发展的这一特点没有排除社会进步本身。”这些论述都在启示我们：税收信息化过程必然伴随着伦理问题；税收信息化过程中技术因素的存在，肯定会改变原有的一些观念、程序、机制、工作方式、生活方式、思维方式等等，使原有的利益关系发生变化，因此，要求伦理道德对此有所作为，发挥其应有的作用和功能；不仅税收信息化本身必然遭遇伦理问题，而且，税收信息化过程中也伴随着诸多伦理道德问题；必须重视税收信息化过程带来的伦理问题，否则，往往会影响税收信息化的整体效能，阻滞其健康发展；因此，必须警惕税收技术主义倾向的侵害。

上述挑战意味着，中国税制改革要完成“系统性重构”的历史使命，必须摆脱税收相对主义、税收法定主义和税收技术主义三个理论桎梏，理应借用伦理学等学科优势，力争有新的探索和突破。

当然，税制的伦理学分析自身也存在一定的局限性，比如具有“方法性”的局限、“抽象性”的局限、“非精确性”的局限，等等。

（三）个人学术兴趣与人生阅历

从伦理视域研究“税制”，也有笔者个人学术兴趣与人生阅历的原因。从大学老师到税务工作者，在经历了机关、基层工作的历练之后，如何从自身特点出发，优化人生规划，追求自身价值与社会价值的统一与最大化，这是任何理性人生都无法绕过的大问题。因此，不惑之年后，已经厌倦了“折腾”的笔者，也做出了立足自身岗位、力求学术济世的人生选择，从此将业余时间都用在了从伦理视域研究“税制”这个方向上。

当然，主要原因是从 1987 年笔者师从当代“新伦理学”创始人王海明先生研习伦理学以来，积累了足够的学术自信与兴趣。同时，由于税务又是自己的职业，任何人生选择都不能脱离实际，必须扬长避短。庆幸的是，税务机关还有一块相对适合自己潜心做研究的部门与岗位——西安市税务学会秘书处。因此方能制心一处、择善固执至今，为税收伦理苦，也为税收伦理乐。而此著《优良税制论——基于伦理视域的探索与尝试》，便成为《税收伦理学》的系统化试笔之作，得失也唯有笔者内心最清楚。

三、伦理视域税制研究的主要内容

（一）“伦理”与“道德”之异同辨

关于“伦理”，普泛的观点认为，道德与伦理完全是一个东西。在西方，从词源含义分析看，道德与伦理确实是一个东西。“伦理”源于希腊语 ethos，义为品性与气禀以及风俗与习惯。“道德”源于拉丁文 mos，义亦为品性与风习。即二者在西方都是指外在的风俗、习惯以及内在的品性、品德，都是指人们应当如何的行为规范。但在中国，二者的词源涵义却不同。“伦”本义为“辈”。《说文》曰：“伦，辈也。”引申为“人际关系”。所以，台湾学者黄建中说：“伦谓人群相待相倚之生活关系，此伦之涵义也。”[①]“理”本义为“治玉”。《说文》曰：“理，治玉也……玉之未理者为璞。”引申为整治和物的纹理，如修理、理发、木理、肌理，进而引申为规律和规则。

可见，“理”即是事实如何的必然规律：“理非他，盖其必然也……就天地人物事物本其不易之则，是谓理。”[②] 因此，王海明教授认为：“伦理”就其在中国的词源涵义来看，便是人际关系事实如何的规律及其应该如何的规范。道德仅仅是人际关系应该如何；伦理则既包括人际关系应该如何，又包括人际关系事实如何[③]。

---

① 黄建中著：《比较伦理学》，台湾：国立编译馆，中华民国六十三（1974）年版，第 24 页。

② 王海明著：《国家学》，中国社会科学出版社 2012 年版，第 28 页。

③ 王海明著：《新伦理学》，商务印书馆 2001 年版，第 105—106 页。

（二）伦理视域税制研究的主要内容

从“伦理”是指“人际关系事实如何的规律及其应该如何的规范”的界定可知，伦理视域税制研究的主要对象与内容有两大板块：一是征纳税利害行为事实如何之规律，二是征纳行为“应该如何”之规范。

就征纳税利害行为事实如何之规律研究而言，伦理视域税制研究就是要探究人类社会征纳税行为事实如何的一般性规律与特定特征，包括纳税利害行为原动力规律、目的规律、手段规律。这无疑是优良税制规范据以得出的内在价值根据。即如果对征纳税利害行为事实如何之规律认识是正确的，据此便可能得出优良税制的规范，既包括税收道德规范，也包括税法规范。

就征纳行为“应该如何”的规范研究而言，伦理视域税制研究既有税收道德规范，也包括税法规范，具体说，也应研究税制的形式要素，不如课税对象、税目、计税依据、纳税人（负税人、扣缴义务人）、税率、纳税环节、纳税期限、减免税、违章处理、税制体系等；或者就税法形式要素而言，也应研究税收主体、客体、原则、罚则等要素；就税制作为权利与义务的规范体系而言，则应研究“征收要素、计量要素、识别要素”，因为“税法规则是由征收要素、计量要素、识别要素构成”[1]。而且，“一个好的甄别规则，不是权力机关可以随意制定的，而是需要从私人社会的发展规律中予以提取（如民法、会计制度的发展），只是提取而已，无需权力的人和灵感与创造，从这个意义上而言，真正的甄别规则是属于前件的”。[2]

① 严锡忠著:《税法哲学》，立信会计出版社 2015 年版，第 62 页。
② 严锡忠著:《税法哲学》，立信会计出版社 2015 年版，第 86 页。

税制的基本结构包括：内容与形式、完整结构，税制价值、税制价值判断与税制规范（“税德”与税法）、深层结构。

第一，研究税制规范。税制规范即税制“应该”与“应该且必须”如何之规范，它由税德与税法两种规范构成。税德是征纳行为主体“应该”如何的非权力性规范，税法是征纳行为主体“应该且必须”如何的权力性规范，税德是税法的价值导向系统，税德优良，则税法可能优良，税制也可能优良；“税德”恶劣，则税法可能恶劣，税制也可能恶劣。由于“税德”与税法具有的特殊性、主观性与相对性，税制（税德与税法）也可能充满特殊性、主观性与相对性。因此，研究税制规范，就是要研究税制的普遍性、客观性与相对性。

第二，研究税制价值。税制价值是指税制客体公共资金征纳行为“事实如何”的固有属性，对于税制主体需要、兴趣、欲望、目的的效用；同时还可以表现为税制客体对于税制主体的理想，也就是税制主体的理性的、理智的、远大的需要、兴趣、欲望、目的——的效用。由于税制主体需要、兴趣、欲望、目的多种多样，税制价值也就形形色色，有一般普遍的，也有具体特殊的；有绝对的，也有相对的；有主观的，也有客观的，等等。但无论如何，在这些各种各样的税制价值中，总有一些价值是处于比较重要的层次上，决定和制约着其他的税制价值，处于核心位置。此种税制价值，亦即税制核心价值。税制核心价值也决定税制核心原则与规范，决定核心税制道德原则和规范以及核心税制法律原则和规范，决定和制约一般税制道德原则与规范，也决定和制约一般税制法律原则和规范。因此，伦理视域税制研究的重点便是税制价值，特别是税制核心价值。

具体说，它就是要研究税制的人道自由、法治、限度以及公正平等之道德价值问题，研究税制的终极价值问题。人道自由原则意味着，一切税收治理，诸如征多少税、向谁征税、在哪个环节征税以及如何减免税和用税等涉及纳税人利益的事项，都应该由纳税人说了算，国家的最高税权应该且必须由全体纳税人执掌。而且，如果说自由人道是税制伦理研究的首要问题，公正平等则是税制伦理研究的根本问题。这是因为，公正是指利益主体之间平等的利害相交换，平等是指人们相互间与利益获得有关的相同性。而且，不仅公正与平等不同，平等是公正的根本问题，平等也不等于平等原则，因为平等原则实乃权利平等原则。

同时要研究税制终极价值问题，就是人类社会创建税制的终极目的，也就是税制的终极价值评价标准，这是衡量一切税制优劣差异的终极评价原则。正如一切制度优劣的终极价值评价标准是“增减每个人利益总量”一样，税制优劣的终极价值评价标准也应该是“增减每个人的福祉总量”，也即增减每个国民或纳税人的福祉总量。即一切制度、一切税制在任何情况下都应该遵循的终极价值标准，也是判定一种税制优劣的终极总标准。但是，在国家与国民之间或者征纳税人之间的利益尚未发生根本性冲突、可以两全的情况下，则应该奉行不伤一人地增加每个国民的福祉总量的帕累托标准。只有在国家与国民之间或征纳税人之间利益发生根本性冲突、不可两全的情况下，才应奉行“最大利益净余额”或“最大多数人的最大利益”原则。

第三，研究税制价值判断。税制价值判断，是指某一税制主体对税制客体有无价值、有什么价值、有多大价值的判断，就是人们对各种征纳税对象、问题，所作出好与坏或应该与否的判断。税制价值判断是税制价值的思想形式，与税制价值相符的价值判断就是优良的、值得追求的；反之，与税制价值不符的价值判断，就是恶劣的、不值得追求的。

事实上，如果没有税制价值这个中介，也不可能从税制价值直接推导出税制。无疑，唯有与正确税制价值相符的税制价值判断，才是应该的、值得追求的，并可以据此制定出优良税制。比如，如果做出的税制价值判断符合“征纳两利”税制价值，便是应该的、值得追求的，据此制定的税制规范才可能是优良的；反之则是恶劣的。

第四，研究征纳行为事实如何的规律。征纳行为即税收主体利害征纳关系的行为，是税收主体的征纳利害行为，既包括征税主体的利与害之征税行为，也包括纳税主体的利与害之纳税行为。对征纳行为事实如何规律的研究，其价值在于它是税收价值得以产生的源泉与依据，是优良税制得以产生和推导的根据。即对征纳行为事实如何之规律认识的真假，直接关系税收价值判断的真假，关系税收价值认识的真假，关系税制的优劣和税收治理整体质量水平的高低。

当然，征纳行为事实如何的规律由征纳行为原动力“事实”、征纳行为目的相对数量“事实”、征纳行为手段相对数量“事实”、征纳行为类型相对数量“事实”之“四大规律”构成。

第五，研究税制目的。税制目的即人类社会创建税制的目的，它既是税制创建活动的价值导向系统，也是“税德”与税法价值得以产生的主体条件与标准，更是评价税制优劣以及税制创建活动得失成败的价值标准。因此，在税制目的认识上的真假以及水平高低，直接关系税制创建与税收立法价值的真假，关系税制创建与税收立法规范之优劣及其完备程度，最终关系税制创建、税收立法终极目的的实现与否。

从社会的税收需要看，税制创建目的则在于保障经济活动、文化产业和人际交往以及一切具有社会效用的活动的存在与发展，即在于有意识地保障经济活动、文化产业和人际交往以及一切具有社会效用的活动存在与发展的需要，即有意识地为了保障“经济、文化产业、人际交往、政治、德治、法、道德”七者的存在与发展。如果从个人的税收需要看，个人的税收需要仅仅是税收实现的途径与手段，并不是税制目的。其实，税制目的无非特殊与普遍两大类型。各个税制创建主体都具有各自特殊的目的。一切税制创建主体所具有的普遍的目的，无非直接目的与终极目的：税制创建终极目的是满足每个人需要、增进每个人利益；税制创建直接目的是“一总六分”。

第六，研究优良税制的道德评价标准。有优良税制终极道德评价标准，也有优良税制最高道德评价标准（人道自由、法治、民主），还有优良税制根本道德评价标准（公正与平等）。同时还有优良税制重要道德评价标准，诸如诚信，便利，最小成本以及其他技术性标准。

当然，除要研究上述六大税制问题外，逻辑上，伦理视域的优良税制研究，也应包括税制异化、税制全球化、大数据与税制、先秦诸子税制观、税制改革等重大现实税制问题。

（三）小结

总之，从伦理视域研究税制，就是为了探寻优良税制制定的科学途径与方法，从而制定出优良税制及其道德评价标准。即优良税制是从征纳行为事实如何之规律，经由税制终极目的，再由税制价值和税制价值判断推导出来的。税制规范（“税德”和税法）尽管可以随意制定，但优良税制不可能随意制定。

从税制实现角度考虑，从伦理视域研究税制，也应该研究全球化、大数据和当下税制现状对优良税制实现的影响等问题，特别是中国税制存在的主要问题，及其未来税制改革的战略与策略等问题。

第二章 税制结构与类型

结构是指把一个事物作为整体分解为若干部分而成，被划分的事物与所分成的事物是整体与部分的关系。即作为一个事物之结构的各个部分，每个部分并不具有它们所构成的事物的属性，如果缺少任何一部分，该事物都是残缺不全的，不再成其为该事物。但作为一事物类型的各个具体事物则不然，每个都具有该事物的属性，缺少任何一个，并不影响该事物之为该事物。类型是两个完全不同的两个概念，类型是指把一个事物作为普遍事物分成若干具体事物而成，被划分的事物与所分成的事物是一般与个别的关系。[①] 因此，税制结构是指把税制作为一个整体分解为若干部分，而被划分的税制与所分成的税制是整体与部分的关系。税制类型是指把税制作为普遍事物分成若干具

① 王海明著：《伦理学方法》：商务印书馆2003年版，第33—34页。

体事物而成，被划分的事物与所分成的事物是一般与个别的关系。无疑税制类型可以根据不同的标准来划分，理论上，有多少不同的标准，就有多少税制类型。而且，税制结构与税制类型分析是税制伦理研究的基本方法与必要环节，其价值和意义不可忽视。

一、税制结构分析

（一）“税制结构”内涵辨析

通常认为，“税制结构是指国家根据集中收入和调节经济的要求，合理设置各个税种从而形成的相互协调和补充的税收体系，即指整个税收体系中，主体税、辅助税和补充税及其要素之间相互联结、相互协调及其数量比例关系，也即税收体系布局问题。”“一般地，根据税种的多寡，税制结构分为单一税制结构和复合税制结构两种不同类型。”复合税制主要包括以下五个方面的内容：1. 由哪些税系组成，各税系之间如何组合与协调。2. 各税系内部各个税种之间如何组合与协调。3. 整个税制体系中各基本税制要素相互间及其各自内部间的系统构成。4. 每一税种内部各税制要素相互间及其各自内部间的组合与协调。5. 征收管理层次之间的组合与协调。而且税制结构这五个方面的内容是紧密联系的，其间不同的组合与协调关系，就形成各种不同类型和多种多样的税制结构。各种不同税制结构的差别主要表现为主体税系、税种和辅助税系、税种的不同；各税系、税种的组合协调关系不同；税系、税种之间及其各内部税制要素的组合协调关系不同；中央与地方之间税制组合协调关系的不同等。

或者认为，所谓税制结构，是指一个国家依据本国国情和财政上的需要，由若干不同性质和作用的税种组成的有主有次、互相配合、结构严密的税收体系。主体税种的选择和税种的配备是税制的基本结构，是税制研究的主要内容。另外，对纳税人和征税对象的选择，税目和税率的设计以及相互之间的最优组合和协调问题，也是税制结构中不可少的内容。[①] 也有观点认为，税制结构是指税收制度中税种的构成及各税种在其中所占的地位。只有在复税制条件下，才会谈到税制结构，而复税制是税制模式的一种。因此，必须首先进行税制模式的分类，在此基础上来划分税制结构的类型。还有观点认为，税制结构是指国家为了达到组织收入、调节经济的目的，在按一定标准进行税收分类的基础上，合理设置税种所形成的一个相互协调、相互补充的税收体系。根据税种的多少，税制被分为单一税制与复合税制。

问题在于，这些关于税制结构的界定存在明显的缺陷，主要表现为：混淆了“类型”与“结构”的概念，用“类型”来代替“结构”。从“类型”与“结构”概念的辨析可知，“税制结构”与“税制类型”是两个完全不同的概念。虽然二者有一定的联系，但更有本质的区别。二者的混淆至少存在三大危害：一是认为税制是可以随意制定的，世界上根本不存在什么绝对的、客观的、普遍的税制，这是典型的相对主义论调。二是认为税制优劣是没有客观统一评价标准的。三是认为税制改革不过是既定税制不断自我完善而已。

其实，“税制结构”诸因素不过是分解税制自身的各个部分，这些部分结合起来便构成税制。显然，“征纳行为事实”与“税制创建的终极目的”是税制结构的二因素。因为“征纳行为

① 陕西省地税局课题组：“论税制结构转换的制约条件及经济转轨时期税制结构的现实选择”，《税务研究》，1999 年第 3 期。

事实”是构成税制的一部分，而“税制创建的终极目的”是构成税制的另一部分，只有二者结合起来才能构成税制价值，去掉其中任何一个部分，税制都是残缺的。而且，只有“征纳行为事实”与“税制创建的终极目的”是本质意义上的税制结构要素，而诸如“纳税人、征税对象、计税依据、税率、纳税环节、减税免税、纳税地点、纳税期限等”只是税制结构的一般要素，“纳税人、征税对象、税率”是税制结构的基本要素。毋庸置疑，根本要素决定着税制结构性质的优劣。

（二）税制基本结构分析

税制基本结构由内容与形式构成。税制形式是指课税对象、税目、计税依据、纳税人（负税人、扣缴义务人）、税率、纳税环节、纳税期限、减免税、违章处理、税制体系等。以税制的主要构成要素税法而言，由收支主体、客体、原则、罚则等要素构成，诸如税法的名称、税法的内容（其中包括规范性内容和非规范性内容。非规范性内容主要包括立法依据、宗旨和原则的说明，概念、术语的解释，还有关于通过、批准、公布的机关和时间的说明等），以及表现税法内容的符号，主要包括各部分的标题、目录、序言、卷、编、章、节、条、款、项、目、附则等。

逻辑上，任何税制形式必有其价值要素等内容，诸如人道自由、法治、限度、平等、民主、宪制等等。因为“价值标准是行为者努力奋斗所要实现的目标。”①

税制基本结构意味着，税制内容是优良税制制定的根据。由于税制属于税法、“税德”的规范性范畴，即税德与税法规范都

① （美）E. 拉兹洛著，闵家胤译：《用系统论的观点看世界》，中国社会科学出版社 1985 年版，第 95 页。

是人为制定的，便存在一个主观性与随意性以及优劣差异的问题。“税德”与税法规范，是指国家（或）公共资金征纳行为“应该”如何与“应该且必须”如何的非权力与权力规范，因此只能根据国家（或政府）公共资金征纳行为事实的某种效用，即征纳行为事实对于税制（“税德”与税法）目的的效用来制定。比如，税收应该“法治”，不应该“人治”，或者应该“平等”，不应该“歧视”，就是根据税收法治与人治的效用——是否有助于保障社会存在发展、最终满足每个国民的福祉来制定的。税收法治与平等之所以被认为应该，是因为它符合税收道德与税法“保障社会存在发展、最终满足每个人的福祉”之目的，具有正效应；反之，税收人治与歧视之所以被认为不应该，就是因为它背离了税收道德与税法“保障社会存在发展、最终满足每个人的福祉”之目的，具有负效应。

而国家（或政府）公共资金征纳行为事实对于“税德”目的与税法目的之效用，也就是对税制目的之效用，是指国家（或政府）税收行为的“应该”如何，或者“应该且必须”如何，就是“税德”价值与税法价值，即税制价值。质言之，“税德”与税法规范是根据税德价值与税法价值来制定或认可的。即税法是由税法价值与税收征纳行为“应该且必须”如何的规范二者构成，由税法价值与税法规范两个因素构成。“税德”是由税德价值与税收征纳行为“应该且必须”如何的规范构成，由税德价值与税德规范两个因素构成。而且，“税德”“税法”或“税德规范”“税法规范”与“税德价值”“税法价值”是完全不同的。税德、税法之规范，不过是税德、税法价值的表现形式。而税德、税法价值则是税德、税法，或者税德、税法规范所表现之内容。

逻辑上，由于税德、税法都是由人们制定或约定的，因而就有优劣差异之分。因此，税制伦理研究就是关于优良税制（税德与税法）的研究。税德、税法及其标准的价值就是优良税制制定的根据，其优劣取决于是否与税德、税法及其标准之价值相符。与税德、税法及其标准之价值相符的税制规范，便是优良的；与税制价值相符的税制及其标准就是优良的，与税制价值不相符的税制及其标准则是恶劣落后的。

因此，要制定和实现优良税制，关键在于能否把握税制价值。税制伦理研究与探索，也就成为关于税制（税德、税法）及其标准价值的研究与探索，是关于优良税制及其标准制定方法、制定过程及其实现途径的研究与探索。

（三）税制完整结构分析

税制完整结构由“税制价值”“税制价值判断”和“税制制度规范”三者构成。仅有“税制价值”和“税制规范”是不够的，还应有“税制价值判断”。因为只有经过“税制价值判断”这个中介，税制价值才会飞跃与转化，才可能制定出一定的税制规范，即“税制价值判断”是税制价值的思想形式，税制规范是“税制价值”的规范形式。

在税制完整结构中，税制规范都是税制及其标准之价值判断的表现与形式；而税制规范则是税制价值的间接形式，是税制价值，经过税制价值判断之中介，在税制行为中的反应，是税制价值的规范形式。可见，税制思想形式，即税制及其标准之价值判断的真假，直接决定税制及其标准的规范形式，即税制之规范。

无疑，税制价值判断之真理，乃是达成制定优良税制规范之目的的手段，是制定优良税制的充分且必要条件。当且仅当税制及其标准之价值判断是真理之时，才能够制定出与税制价值相符的优良税制，从而避免制定与税制及其标准价值不符的恶劣财税法规范。因此，这就成为优良税制及其标准制定之规律。

（四）税制深层结构分析

税制深层结构由“税制行为事实如何的规律”“税制的终极目的”“税制价值”“税制价值判断”和“税制制度规范”五者构成。因为仅有“税制价值”“税制价值判断”与“税制制度规范”的结构是有缺憾的，还应加进“税制行为事实如何的规律”“税制的终极目的”两要素。因为，“价值便是客体的事实属性对于主体需要的效用性，简言之，便是客体对主体需要的效用。”① 即价值是客体固有属性与主体需要、目的、兴趣发生关系时产生的效用性。如果对“税制行为事实如何之规律”与“税制终极目的”的认识是科学的，正确的，那么由此得到的税制价值便是客观正确的。逻辑上，据此制定的税制规范便是优良的善的。反之，如果对“税制行为事实如何之规律”与“税制终极目的”的认识不符合客观事实，即如果二者一真一假，或者同假，由此得出的税制价值都不是客观正确的，税制价值便可能错误，据此制定的税制制度规范也就不可能优良，税制改革也不可能增进全社会和每个国民的利益总量。因此，优良税制研究必须重视税制价值，诸如税制的人道自由性（平等性、法治、限度与经济、政治、思想自由方面）与公正等等。以人道自由性价值比较为例，就应该研究哪种税制更人道自由，能将“把人当人看”和“使人成为人”的两大基本原则落实到税制制度的各个环节，实现制度性“嵌入”。如果以公正平等为例，就要研究征纳税者之间、征税者之间、纳税者之间、国与国之间、代际之间以及人与非人类存在物之间基本权利与义务的完全平等与

---

① 王海明著：《新伦理学》，商务印书馆 2008 年版，第 157 页。

否，非基本权利与义务分配的比例平等与否，特别是国民与国家之间、国民之间等权利与义务分配的公正平等等问题。

更重要的是，必须研究“税制终极目的”与征纳行为事实如何之规律。“税制终极目的”是增进全社会和每个国民的福祉总量，但税制具体目的却很多，既可能是聚财和花钱，也可能是宏观经济调节，还可能是调节国民之间财富分配的不公，等等。而且，税制具体目的很可能被误认为是“税制终极目的”，并据此推导税制制度规范。凡是能增进全社会和每个国民福祉总量越多的税制制度就是优良税制；反之，凡是消减全社会和每个国民福祉总量越多的税制就是恶劣税制。但是，终极目的也分为具体终极目的与标准，在征纳税之间、国民与国家之间利益尚未发生根本性冲突、可以两全的情境下，税制终极目的是“不伤一人地增进所有人利益”的“帕累托最优原则”；在征纳税之间、国民与国家之间利益已经发生根本性冲突、不可以两全的情境下，税制终极目的是“最大多数人之最大利益”的“最大净余额”原则。

二、税制类型分析

（一）税制类型内涵辨析

税制可以根据不同的标准来划分。因此，划分税制类型的标准不同，就有不同的税制类型。逻辑上，划分税制的标准有多少，税制类型就有多少种。比如，如果以征税对象分类，便有流转税制类型、所得税税制类型、财产税制类型、行为税制类型、资源税制类型；如果按照计税标准分类，便有从价税税制与从量税税制；如果按照税负能否转嫁分类，便有直接税税制与间接税税制；如果按照税收与价格的关系分类，便有价内税税制与价外税税制。当然，如果按照税制（税德与税法）规范的来源分类，便有德定税制与法定税制；如果按照税制实现凭借的力量分类，便有权力力量（暴力与行政强制）主导税制与非权力力量（舆论与教育强制）主导税制，等等。

同样，也可根据以税制性质与税制行为主体作为划分税制类型的依据。事实上，真正有实践价值的税制类型划分就在于此。

（二）根据税制性质划分税制类型

首先，根据税制普遍性与多样性划分税制类型，税制可以划分为普遍税制与特殊税制，即共同税制与特定税制。任何事物都是普遍性与特殊性的统一，税制同样是普遍性与特殊性的统一。税制既具有适用于一切社会、民族的特殊性和多样性，又具有适用于一切社会、民族的普遍性和一般性。

普遍税制是指适用于一切社会、民族和国家的税制，是一切社会、民族和国家都“必须且应该”遵循的征纳行为规范。特殊税制是指仅适用于一定的社会、民族和国家的“必须且应该”如何的征纳行为规范。比如，不论一个国家的社会制度如何，也不管一个国家的社会形态如何，都认为税收要节用爱民，要量入为出，不能竭泽而渔，不可征收无度；另外，还有形形色色的税收规范，通过各种各样的税种，甚至稀奇古怪、相互矛盾对立的形式存在于不同的社会、民族。

但是，普遍税制与特殊税制之分是相对的，它们都是相对于一定领域才能成立的，普遍税制是一定领域的任何征纳行为主体都应该遵循的规范；特殊税制是一定领域的一些征纳主体应该遵循的规范。问题在于，普遍税制与特殊税制之分或太抽象，而且不稳定，其意义仅在哲学研究领域。具有税制研究价值的只能是具体而固定的两种特别的普遍税制与特殊税制，即共同税制与特定税制。共同税制是任何征纳主体都“必须且应该”遵循的税制，是适用于人类一切社会、一切征纳主体的税制，是人类一切社会征纳行为主体都必须且应该遵守的税制。特定税制只是一些人“必须且应该”遵循，而另一些人不必“必须且应该”遵循的税制，是仅仅适用于一定社会的税制，是一定社会的征纳行为主体“必须且应该”遵守，而另一些社会的征纳行为主体不必“必须且应该”遵守的税制。

税制普遍性与特殊性关系辨析意味着，二者是根本与非根本、始源与派生、产生与被产生、决定与被决定、支配与被支配的关系。因为构成税制的规范（税德与税法），又可以分为税收原则（税德与税法）与税收规则（税德与税法）两大类型。税收原则（税德与税法）是某个税收领域根本的税收（税德与税法）规范，是某个税收领域产生和决定该领域其他税收规范（税德与税法）的规范，也就是税收领域普遍的、一般的、抽象的税收（税德与税法）规范。税收规则（税德与税法）是某个税收领域的非根本的税收规范（税德与税法），是某个税收领域被产生、被决定的税收规范（税德与税法）。也就是某个税收领域的具体的、个别的、特殊的税收规范（税德与税法）。

其次，根据税制的绝对性与相对性划分税制类型，税制则可以划分为相对税制与绝对税制。因为任何事物同样具有相对性和绝对性，税制亦然。相对性是指事物依靠一定条件而存在，随着一定条件而变化的属性；绝对性是指事物不受任何条件的限制而存在的属性。因此，税制便可以划分为相对税制与绝对税制。绝对税制是指一切社会、一切征纳主体的一切具有重大税收社会效用的行为“必须且应该”遵守的税制原则（税德与税法），也就是一切征纳主体在任何条件下都“必须且应该”遵守的税制原则（税德与税法），是绝对的税制原则（税德与税法），即绝对税制（税德与税法）。相对税制（税德与税法）则仅仅是一切社会、一切征纳主体具有重大税收社会效用的行为“必须且应该”遵守的税制原则（税德与税法），却不是一切征纳主体的一切具有重大税收社会效用的行为“必须且应该”遵守的原则（税德与税法）。

由共同税制与特定税制、税收原则与税收规则之间的关系可知，税制相互间根本的、普遍的关系是因果关系，一切税制规则都产生于、决定于、隶属于税制原则（税德与税法），一切特定税制都产生于、决定于、隶属于共同税制（税德与税法），即一切特定税制规则都产生于、决定于、隶属于特定税制原则；一切特定税制原则和一切共同税制规则都产生于、决定于、隶属于共同税制原则，共同税制原则是产生、决定、推导出其他一切税制规则的税制原则。

即是说，共同税制原则如征纳两利、公正、平等、人道原则等税制标准（原则）是一切税制标准所由以推导出的税制标准（原则）。税制终极原则无疑是一个共同税制原则，它与其他共同税制原则的区别在于，其他共同税制原则仅仅是一切社会、一切征纳主体具有重大税收社会效用的行为“必须且应该”遵守的税制原则，却不是一切征纳主体的一切具有重大税收社会效用的行为“必须且应该”遵守的原则。既税制（税德与税法）终极原则必是一切社会、一切征纳主体的一切具有重大税收社会效用的行为“必须且应该”遵守的税制原则，因而也就是一切征纳主体在任何条件下都必须且应该遵守的税制原则，是绝对的税制原则，即“绝对税制”（税德与税法）。即所谓税制终极原则必是每一个征纳主体的一切具有重大税收社会效用的行为无条件地、绝对地“必须且应该”遵守的税制原则。反之，其他共同税制原则是一切征纳主体的一些具有重大税收社会效用的行为“必须且应该”遵循，而另外一些具有重大税收社会效用的行为不必“必须且应该”遵循的税制原则，也就是一切征纳主体在一定条件下“必须且应该”遵守的税制原则，是相对税制原则，也就是在与其他税制原则冲突时，可能被推翻和取代的税制原则。税制终极标准即是税制目的——就是增进全社会和每个国民的利益总量。这是衡量一切税制标准的标准，是一切税制标准所由以推导出来的标准，因而，也就是税制终极的绝对的标准。因为一切税制规范，不论是税制原则还是税制规则，不论是“税德”还是税法，都不过是一定类型之征纳行为之“应该且必须”如何，都不过是该类征纳行为事实如何对于税制目的的符合或相违的效用：符合税制目的的一定类型之征纳行为事实，就是该类型征纳行为之“应该且必须”，就是“应该且必须”如何的税制原则；违背税制目的的一定类型之征纳行为事实，就是该类型征纳行为之不应该、不必须，就是不应该、不必须如何的税制规范。就本质而言，增进全社会和每个国民福祉总量是衡量其他一切税制优劣之标准的标准，是一切税制规范所由以推导出来的标准，是衡量一切税制原则的标准，因而也就是终极的绝对的标准。

但是，如果仅承认税收就其真正本性而言是绝对的，而不将绝对税制原则理解为一条，而是理解为由系列税收原则而组成的税制原则体系的话，就是所谓的税制相对主义或者税收相对主义。绝对税制原则（税德与税法）只有一个，它是征纳双方在任何条件下都“必须且应该”遵守的税制终极标准。相对税制是在这一条绝对税制原则之外的全部税制，是征纳双方在一定条件下“必须且应该”遵守，而在另一定条件下则未必“必须且应该”遵守的税制。但只有在与绝对税制、税制终极标准一致的一般的、正常的、典型的条件下才“必须且应该”遵循，而在冲突的、例外的、非常的、极端的条件下则未必“必须且应该”遵循。因为正常征纳行为的数量远远多于非常行为的数量，如果相对税制规范是正常行为，那么，它“必须且应该”被遵守的次数远多于它未必“必须且应该”被遵守的次数，它的存在是必要的。

或者说，在任何条件下，每个征纳主体具有重大税收社会效应的行为都“必须且应该”遵循绝对税制，只不过在一般的、正常的情况下，既“必须且应该”遵循绝对税制、税制终极标准，又应该遵循其他税制规范、相对税制。只是在例外的、非常的情况下，则只“必须且应该”遵循税制的终极标准，而不是“必须且应该”遵循相对税制。绝对税制、税制终极标准不论对于正常征纳行为还是对于非常征纳行为都同样有意义：它既是正常征纳行为又是非常征纳行为所“必须且应该”遵循的税制。反之，其他税制、相对税制则仅仅对正常征纳行为有意义。它们仅仅是正常征纳行为所“必须且应该”遵循的税制，其目的仅仅是为正常征纳行为提供指导。

最后，根据税制的客观性与主观性来划分税制类型，税制便可以划分为优良税制与恶劣税制。因为任何事物都是客观性与主观性的统一。客观性是指客体系列要素的一种属性，凡客体都具有客观性，无论什么样的客体，它总有自己内在的规定和规律，这些东西是不以人的意志为转移的。主观性是人的意识、观念现象的一种属性，是主体系列的一些要素的一种属性，相对于客观性而言，主观性是随着人的意志而转移的。二者之间有对立，但其区别和对立不是僵死的、生硬的、绝对的，而是灵活的、具体的、辩证的，是可以统一、可以转化的。因此，依此为标准划分税制类型，则有优良税制与恶劣税制之分。

这是因为共同税制的变异与社会的变异无关。如前所述，因为共同税制是一切社会和民族的任何征纳主体都“必须且应该”遵循的税制，是适用于人类一切社会、一切征纳主体的税制，是人类社会一切征纳主体都“必须且应该”遵守的税制。它是超社会的、超历史的税制。因此，一个社会究竟选择何种税制便完全以该社会人们的意志为转移，故而是偶然的、自由的、可以选择的。或者说，任何社会都可以因人们的意志而自由地实行任何类型的共同税制。这就是为什么在任何社会都有倡导政府主导型的税制，也有倡导纳税人主导型的税制之原因。反之，特定税制则是仅仅适用于一定社会的税制，是一定社会而非一切社会的具有社会效用之征纳行为“必须且应该”如何的规范体系。粗看似乎人们制定什么样的特定税制不是自由的，不是可以选择的，不是以人的意志为转移的，是被社会发展所决定的，是随着社会发展到一定阶段就必然推行的，又随着社会发展到另一个阶段必然被废止。但细查可知，特定税制与社会发展的关系有两种情况：一是与社会发展变异无关，完全取决于人们的意志，因而是可以自由选择的。二是由社会的变异所决定的。比如历史上的人头税、力役、实物税等无疑取决于社会发展阶段的高低。但是，社会发展变异只能笼统地一般地决定特定税制，而不能具体地决定某一种特定税制。从本质上言之，对于决定特定税制的同一种社会变异，并非只能制定一种特定税制，而是可以制定多种特定税制。而且，这种特定税制的制定，总的说来取决于社会发展的变异，但究竟选择和制定哪一种，则与社会变异无关，完全是主观任意的，是可以自由选择的。

深究其因在于，任何税制——不论是共同税制还是特定税制——都是人们任意制定、自由选择的结果。因此，任何税制不能不有优良与恶劣、正确与错误之分。由此看，税收相对主义者断言税制是一种契约，是主观任意的并没有错。但其由此而否认税制的客观性，否认税制正确性和优良性不以人的意志为转移之客观本性，以至认为税制完全是主观任意之结论则是完全错误的。道理在于，尽管税制的规范、准则、原则、标准是主观任意的，但税制的规范、准则、原则、标准的正确性或优良性却是客观的、不以人的意志为转移的。比如，人们究竟制定什么样的税收正义原则是主观的、任意的，但所制定的税收正义原则究竟是不是真正的正义原则却是客观的、不以人们的意志为转移的。因为税收正义原则的正义性、正确性、优良性是客观的，不以人们的意志为转移的。可见，以税收的正义性作比，它的错误在于，把税收正义原则与税收正义原则的正义性等同起来，把税制规范与税制规范的正确性等同起来，从而得出了错误的结论：税制规范的正义性、正确性起源于契约，因而是主观任意的。岂不知，税制原则可以是人们的契约、协议、约定俗成的产物，但税制原则的正义性、正确性、优良性乃是一种价值范畴。税制是具有征纳社会效用的行为“应该且必须”如何的规范体系，因此，便只能通过社会创造税制的终极目的，从征纳行为事实如何中产生和推导出来。

进而言之，征纳行为“必须且应该”如何的税制规范虽然是人类制定的、约定的，但只有恶劣的、不科学的税制规范才可以任意约定和制定。反之，优良税制决非可以任意制定，而只能通过社会制定税制的终极目的，从具有税收社会效用的征纳行为事实如何之客观本性中推导、制定出来，所制定的税制的优劣直接取决于对征纳行为事实如何的价值之认识真假。根本说来，一方面取决于对征纳行为事实如何的客观规律的认识之真假，另一方面取决于对税制目的的认识之真假，这就是税制的客观性。但税收相对主义者却否认这一点。在他们看来，税制目的是主观的。其实，目的与动机不同，目的与手段是构成行为的两部分：目的是要达到的行为结果，手段是用来达到目的的行为过程，所以，目的属于行为范畴。反之，动机是行为者对于所从事的行为的思想，也就是对行为的目的与手段的思想，属于主观思想范畴。人们的行为目的表面看似乎是主观任意的，但细究起来，在一定领域，人们的行为目的却是客观的、必然的、不可选择的。比如，追求幸福和追求企业的成功是每个人每个企业的客观的、必然的不以自己的意志为转移的目的。尽管每个征纳税者行为的起因和目的可以是主观任意的，但其结成的团体的起因和目的却大都是客观必然的。税制的目的是客观必然的。

税制的正确性或优良性是客观的，不以人的意志为转移的。因为，说到底，它一方面取决于客观的不以人的意志为转移的税制目的，另一方面取决于客观的不以人的意志为转移的征纳行为事实如何之本性。而税制的这种客观本性可归结为以下五点：1. 税制的客观结构：税制是征纳行为事实如何对于税制目的的效用，因此，由征纳行为事实与税制目的两种客观事物构成：前者是构成税制价值的源泉和实体，后者是构成税制价值的条件和标准。2. 税制优劣的客观标准：税制的客观结构表明评价税制优劣的标准是客观的，符合、促进税制目的的规范便是优良的、正确的、好的税制；违背、阻碍税制目的的规范便是恶劣的、错误的、坏的规范。税制目的是保障社会存在和发展，增进每个人利益。所以，增加还是减少全社会和每个人的利益总量是评价一切税制优劣的客观标准，哪种税制促进社会发展速度最快，增进每个人利益最多，哪种税制便最优良；反之，最恶劣。3. 优良税制制定的过程是客观的：税制客观结构表明，优良税制的制定在于把握三个东西：税制的本性——主要是税制目的之本性；征纳主体的本性——征纳行为事实如何的客观规律；征纳行为必须且应该如何的税制规范——优良的税制规范决非可以随意制定，只能通过社会创建税制的终极目的，从征纳行为事实如何的客观本性中推导、制定出来。4. 优良税制的客观本性：优良税制必是可以普遍化的，不可普遍化的必是恶劣的税制。税制的可普遍化性与税制的普遍性是不同的。一方面，税制普遍性是税制在事实上所具有的一种属性：普遍性是税制必然具有的。反之，税制的可普遍化性则不是税制必然具有，而只是优良税制“必须且应该”具有的属性：可普遍化性税制是优良的税制，不具有可普遍化性的税制是恶劣税制。另一方面，税制普遍性亦即普遍税制而非特殊税制；反之，税制可普遍化则是一切优良税制——不论是普遍税制还是特殊税制都具有的属性。因此，税制可普遍化不但是普遍税制、共同税制、税制原则所应该具有的属性，而且也同样是特殊税制、特定税制、税制规则所应该具有的属性：它是一切优良税制所应该具有的属性。5. 税制优劣发展的客观规律。税制的优劣取决于对税制目的和征纳行为事实如何的客观规律的认识的真理性，那么，可以断言，人类社会税制的发展变异必然越来越优良。因为人类的税制知识——特别是对于税制目的和征纳行为事实如何的规律的认识——无疑越来越丰富而不会越来越贫乏，无疑越来越真而不会越来越假。就是说，社会越久远，税制知识便越少而假，人们对税制目的与征纳行为事实如何的客观规律的认识便越缺乏真理性，因而所制定和奉行的税制便越不利于实现税制目的，便越恶劣；社会越晚近，税制知识便越多而真，人们对于税制目的与征纳行为事实如何的客观规律的认识便越富于真理性，因而所制定和奉行的税制便越利于实现税制目的。

（三）根据税制活动主体的类型划分

如果以税制活动主体划分，由于任何税制，不论是否优良，都是由一定的税法和税德构成的，因此，现实中的组合有以下类型，见表 2－1。

表 2－1

选择主体 \ 治理规范		税法		税德	
		优良	比较优良	优良	比较优良
政府主导	$Z = 1 - N \geq 0.5$	(1)	(2)	(3)	(4)
	$N < 0.5$				
纳税人主导	$N = 1 - Z \geq 0.5$	(5)	(6)	(7)	(8)
	$Z < 0.5$				

注：Z—指政府在税制选择上处于主导地位；N—指纳税人在税制选择上处于主导地位。

从表 2. 1 可知，现实中的税制有两大类型：

第一，政府主导下的税制：A. 税法优良、税德也优良；B. 税法优良、税德比较优良；C. 税法比较优良、税德优良；D. 税法比较优良、税德比较优良。

第二，纳税人主导下的税制：A. 税法优良、税德也优良；B. 税法优良、税德比较优良；C. 税法比较优良、税德优良；D. 税法比较优良、税德比较优良。可见，在政府主导下的税制中，A（税法优良、税德也优良）是理想的税制，D（税法比较优良、税德比较优良）是最差的税制；在纳税人主导下的税制中，A（税法优良、税德也优良）是理想的税制，D（税法比较优良、税德比较优良）是最差的税制。如果不问类型选择，只讲既定税制模式下的所谓“改革”，也会将税制建设引向歧途。

税制类型是指以一定标准对税收制度进行分类而形成的一种税制，因此，标准不同，税制的类型就不同。如果以税制总体设计为标准进行税制分类，可以将税制分为单一税制和复合税制；以主体税种为标准，可以将税制分为以所得税为主体的税制，以流转税为主体的税制，以财产税为主体的税制和以所得税、流转税为双主体的税制等。但不可否认的是，这种分类的现实意义和价值十分微弱，而且常常使一轮又一轮的改革机遇陷于这种表层的类型转换之中，从而背离税制改革的根本大道。

税制结构与税制类型的辨析告诉我们，结构与类型是两个完全不同的概念，如果将两者混淆，或有三个危害必须注意：

第一，认为税制是可以随意制定的，世界上根本不存在什么绝对的、客观的、普遍的税制，这是典型的相对主义论调。因此他们只看到世界上没有相同的两片树叶，看不到世界上也没有完全不同的两片树叶。不懂得树叶之所以为树叶，是因为它们具有相同的特性——绝对性、客观性和普遍性，这是不因它们的相对性、主观性和特殊性而随意变化的特性。如果用这种理论指导税制改革实践，就会满足于现有税制内部缝缝补补式的微调或枝节性的完善，拒绝结构性的选择与创新。

其实，一个社会究竟选择哪种税制，固然是依据该社会人们的意志，是自由的，但税制的优劣性却是客观的，不以该社会人们的意志为转移，税制是主观性与客观性的统一。就是说，税制选择的随意性、自由性并不能证明税制的客观性和公正性。同样，认为税制是征纳税人之间契约的观点，也不能代替税制的客观性和公正性。可见，税制改革面临的首要问题与根本问题首先是如何在不同的税制之间选择优良的税制，正如我们曾经在计划经济体制与市场经济体制之间做出的选择一样。

第二，认为税制优劣是没有客观统一评价标准的。税制是税收制度的简称，它是关于税收活动主客体应该且必须如何规范的总和，是征纳主客体在税收活动中应该且必须如何的规范的总和，是税收道德与税法的总和。正如一切道德和法的规范产生于人际行为事实如何的客观规律与道德、法的目的一样，税制也是通过社会创建税制的终极目的，从征纳主客体涉税行为事实如何的客观规律推导出来的。就是说，税制的优劣完全取决于一个社会人们对征纳主客体行为事实如何的客观规律以及对社会创建税制的终极目的之真假的认识。

第三，认为税制改革就是既定税制不断的自我完善。自我完善没有错，问题在于是什么前提下的完善。假若现行税制是优良的，这种自我完善肯定是积极的、有价值的；假若现行税制本身就不是优良的，那这种选择的价值和意义无疑是有限的。由于混淆了“结构”与“类型”的本质概念，因而最容易以税种的选择、税制结构一般要素的调整作为税制改革的目标，拒绝真正意义上的税制结构性改革，忽视对税制深层结构性要素的优化。

三、税制结构与类型之异同

上述税制结构与类型之内涵与本质之具体分析表明，税制结构与类型有联系，也有区别。但根本说来，税制结构是指把税制作为一个整体分解若干部分，而被划分的税制与所分成的税制是整体与部分的关系。税制类型是指把税制作为普遍事物分成若干具体事物而成，被划分的事物与所分成的事物是一般与个别的关系。即税制类型可以根据不同的标准来划分，理论上，有多少不同的标准，就有多少税制类型，但税制结构不能。而且，两者都是税制伦理研究的基本方法与必要环节，其价值和意义不可忽视，只是在相对权重上，税制结构分析要大于税制类型分析而已。

但是，尽管税制结构分析的权重相对较大，但以税制性质与税制主体为主的税制类型分析与税制结构分析权重不可忽视。事实上，只有税制结构分析与税制类型分析并重，才可能更加科学地认识税制发展规律，指导税制改革的实践。

第三章 税制核心价值

任何社会的治理都拥有一整套价值导向系统，也即规范体系，道德的或法的。这些道德的或法的规范都是以一定的核心价值为根据和内容的。因此，社会治理核心价值决定和制约社会治理的非权力规范（道德）与权力性规范（法）。同理，税制核心价值也决定税制核心原则与规范，决定核心税制道德原则和规范以及核心税制法律原则和规范，决定和制约一般税制道德原则与规范，也决定和制约一般税制法律原则和规范。以此类推，一般税制道德原则和规范、一般税制法律原则和规范，也就决定制约具体税制道德原则和规范以及具体税制法律原则和规范，包括具体税制道德准则与税制法律准则。由此足见税制核心价值研究的理论与实践价值。

一、税制核心价值的内涵与本质

欲彻底弄清楚“税制核心价值”的内涵，必须分别廓清“税制”“核心”“价值”三个概念各自的内涵。

关于“税制”“核心”“价值”这三个词本身的内涵，学界至今莫衷一是，尚未达成共识。就“税制”而言，如前所述，狭义地讲，税收制度是征纳双方必须且应该如何的权力性规范的总称，是征纳双方具有重大社会税收效用的行为“必须且应该”如何的行为规范的总称；广义地讲，或者从人类税收活动治理的理想高度讲，税收制度不仅是征纳双方具有重大社会税收效用的行为必须且应该如何的行为规范的总称，而且也应该包括征纳双方一切具有一般社会税收效用的行为规范。

关于“价值”的内涵，古今中外的理解歧义纷呈，波吉曼认为：“‘价值’是一个极为含糊、暧昧、模棱两可的概念。”①布赖恩·威尔逊斯（Bryan Wilsons）认为：“即使就全部概念来说，也几乎没有像价值概念这样难以界定的。”② 尽管学界对“价值”内涵的理解分歧很大，有“关系说”，认为“所谓价值，就是客体与主体需要之间的一种特定（肯定与否定）的关系”。③“意义说”，认为“价值是客体对主体所具有的积极或消极意

① Louis P. Pojman：Ethical Theory：Classical and Contemporary Readings，Wadsworth Publishing CompanyUSA 1995：145.

② Bryan Wilsons：Values Humanities Press International，Inc. Atlantic Highlands 1988：P1.

③ 李连科著：《哲学价值论》，中国人民大学出版社 1991 年版，第 62 页。

义”。[1] 也有“属性说”，认为“价值就是指客体能够满足主体需要的那些功能和属性”。但是，正如赖金良先生所言，关于“价值”内涵的基本共识还是存在的。[2] 这即是“价值便是客体的事实属性对于主体需要的效用性，简言之，便是客体对主体需要的效用”。[3] 即价值“在人类所拥有的价值领域则不但表现为客体对于主体的需要、兴趣、欲望、目的的效用，而且还可以表现为客体对于主体的理想——亦即主体的理性的、理智的、远大的需要、兴趣、欲望、目的——的效用”。[4]

“主体就是能够自主选择的活动者，就是具有分辨好坏利害能力的活动者，就是具有‘为了什么’属性的活动者，就是能够为了保持自己存在而趋利避害的活动者。”[5] 因此，税制主体即是指能够自主选择公共资金收支行为的活动者。这一活动者既可能是纳税者、国民，也可能是征税者、官员。而且，征纳税人或者国民与国家是可以互为税制主体的。同样，“因为所谓客体，显然就是主体的活动对象，是能够自主的活动者的活动对象，是活动者的自主活动所指向的对象”。[6] 因此，税制客体既可能是作为主体的征税人和官员，也可能是指作为主体的纳税人

---

① 袁贵仁：“价值与认识”，《北京师范大学学报》，1995 年第 3 期。

② 赖金良先生认为：“从国内价值论研究的情况来看，尽管人们对‘价值’范畴的定义略有区别，例如，有的人把价值规定为客体对主体需要的满足或肯定，也有的人把价值规定为客体对主体需要的适应、接近或一致，等等，但这些定义的效用主义倾向是相当明显的，或者说，都可以归类于关于‘价值’的效用论定义。”转引自王玉梁：《中日价值哲学新论》，陕西人民教育出版社，1994 年版，第 47 页。

③ 王海明著：《新伦理学》，北京：商务印书馆，2008 年版，第 157 页。

④ *Bryan Wilsons*：*Values Humanities Press International*, *Inc. Atlantic Highlands* 1988：P168。

⑤ Bryan Wilsons：*Values Humanities Press International*, *Inc. Atlantic Highlands* 1988：154。

⑥ 袁贵仁：“价值与认识”，《北京师范大学学报》，1995 年第 3 期。

和国民，还可能是指公共资金收支行为。由此看，所谓税制价值就是指税制客体公共资金收支行为“事实如何”的固有属性，对于税制主体需要、兴趣、欲望、目的的效用，同时还可以表现为税制客体对于税制主体的理想，也就是税制主体的理性的、理智的、远大的需要、兴趣、欲望、目的——的效用。毋庸置疑，税制主体需要、兴趣、欲望、目的多种多样，税制价值也就形形色色，有一般普遍的，也有具体特殊的；有绝对的，也有相对的；有主观的，也有客观的，等等。因此，税制价值就呈现不同形态，有一般普遍的税制价值，也有具体特殊的税制价值，有绝对的税制价值，也有相对的税制价值，有主观的税制价值，也有客观的税制价值，等等。但是，无论如何，在这些各种各样的税制价值中，总有一些价值是处于比较重要的层次上，决定和制约着其他的税制价值，处于核心位置，决定和制约处于非核心地位的税制价值。此种税制价值，亦即税制核心价值。

就“核心”概念的内涵而言，也是此意。所谓“核心”，也指事物最主要且赖以生存和发展的那一部分。它的近义词有“中央、中心、重心、中枢、焦点、主题、主旨、重点、主要”等等。因此，税制核心价值就是指处于税制治理最主要最重要，而且决定税制治理体系生存与发展基础的那个价值，它制约和决定着其他层次或类型的税制价值。从本质上讲，税制核心价值是指制约和决定其他一般、具体税制价值的价值，也就是在其他税制价值之间发生冲突、需要据以进行取舍与裁定的价值。无疑，最终的那个发挥终极裁定价值的税制价值，非税制终极价值不可。

二、税制核心价值分析

（一）税制核心价值结构

逻辑上讲，税制核心价值由税制终极价值、税制最高价值、税制根本价值三者构成“核心”，外层是各种类型的税制具体价值。或者说，税制核心价值系统由“税制终极价值子系统、税制最高价值子系统、税制根本价值子系统”三者构成，从而决定税制治理的各种具体的子系统（见图3－1）。这是因为，不论是税制终极价值，还是税制最高价值以及税制根本价值，都决定税制具体价值的生存与发展，是税制具体价值生存与发展的基础，是各种税制具体价值发生冲突时，进行裁定与取舍的标准。

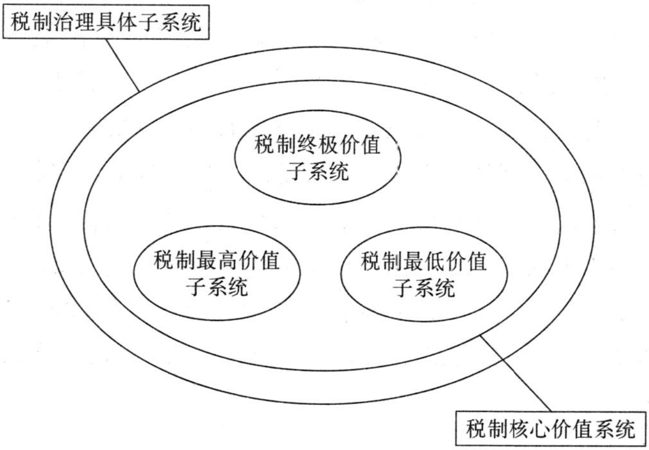

图3－1　税制核心价值系统示意图

毋庸置疑，结构有内容与形式的基本结构，也有价值、价值判断与规范的完整结构以及事实与目的、价值、价值判断与规范之深层结构。

就税制核心价值的基本结构而言，由税制核心价值与税制核心原则、规范构成。无疑，税制核心价值与税制核心原则、规范之间，既可能完全一致，也可能完全背离，或者“一致”与“背离”交错。就实践而言，一个社会标榜的税制核心价值与其实际实行的税制核心价值以及税制核心原则、规范，既可能完全一致，也可能完全背离，或者“一致”与“背离”交错。因此，辨析税制核心价值的形式与内容是非常重要和必要的。

就税制核心价值、税制核心价值判断、税制核心原则与规范的完整结构而言，税制核心价值判断是税制核心价值的思想形式，与税制核心价值相符的核心价值判断就是优良的、值得追求的；反之，与税制核心价值不符的核心价值判断，就是恶劣的、不值得追求的。

就税制核心行为事实、税制核心目的、税制核心价值、税制核心价值判断、税制核心原则与规范的税制深层结构而言，唯有关于税制核心征纳行为事实与税制核心目的的认识同时是真的时候，税制核心价值才是正确的、科学的真理，据此制定的税制规范则是优良先进的；反之，如果税制核心事实与税制核心目的的认识一真一假，或者二者同假，则由此得出的税制核心价值便是错误的、虚假的、伪科学的，是谬误，据此制定的税制规范则是恶劣落后的。

如前所述，“价值”是由价值主体与价值客体构成的，是客体固有属性与主体需要、兴趣、欲望、目的发生关系时产生的效用。由于人们对客体固有属性规律性的认识存在差异和对主体需要、兴趣、欲望、目的的认识或偏好不一，这就会形成多种多样的价值观，从而据此制定出形形色色的调节涉税利害关系的原则与规范。因此，税制核心价值就是税制客体固有属性与税制主体核心需要、兴趣、欲望、目的发生关系时产生的效用，也即税制客体固有属性对税制主体核心的理想，是与税制核心主体理性的、理智的、远大的需要、兴趣、欲望、目的发生关系时所产生的效用。

一个社会对税制客体的固有属性，也即征纳税行为规律的认识存在差异以及对税制主体需要、兴趣、欲望、目的的认识或偏好存在差异，自然对税制核心价值的认识也就存在差异，甚至大相径庭。但是，尽管人们关于税制主客体的具体认识差异很大，但毕竟存在一些共同的认识。比如，在人类社会，税制终极目的无非是增进全社会和每个国民的福祉总量。又比如，尽管征纳税人之间的行为千差万别，但按照行为目的与手段的利他、害他、利己、害己组合有十六种之多，但毕竟是，目的利己手段利他害他是恒久行为，纯粹利他与纯粹害己等都是偶尔行为。因此，也就为税制核心价值、税制终极价值、税制最高价值、税制根本价值等税制价值提供了可能。

或者说，税制核心价值是税制客体满足税制主体核心需要、兴趣、欲望、目的的价值，是决定制约各种一般、具体税制价值的价值，包括税制终极价值、税制最高价值、税制根本价值以及各种各样的税制具体价值。税制终极价值是税制客体固有属性满足税制主体终极需要、兴趣、欲望、目的的价值，包括满足税制核心主体的理性的、理智的、远大的需要、兴趣、欲望、目的的价值；税制最高价值是税制客体固有属性满足税制主体最高需要、兴趣、欲望、目的的价值，包括税制最高主体的理性的、理智的、远大的需要、兴趣、欲望、目的的价值；税制根本价值是税制客体固有属性满足税制主体根本需要、兴趣、欲望、目的的价值，包括税制根本主体的理性的、理智的、远大的需要、兴趣、欲望、目的的价值。自然，税制具体价值是税制客体属性满足税制主体具体需要、兴趣、欲望、目的的价值，包括满足税制具体主体的理性的、理智的、远大的需要、兴趣、欲望、目的的价值。

（二）税制核心价值的契约性分析

事实上，由于“税制”是指国民与国家之间就公共产品交换价款及其“性价比”等缔结的权利与义务契约，因此，税制核心价值也就是决定和制约税制核心权利与义务契约优劣的价值。“任何两个以上的人就某种利益交换关系所达成的同意都是契约”。① 一种交换关系一般分为两类：一类是指目的与手段的关系，即交换主体给予对方某物是为了换取对方的他物；另一类是指因果关系的交换，即交换者给予对方某物不是为了换取对方的他物。契约就是人们对于利益的付出与索取以及义务与权利之作为与不作为所达成的合意，是人们就某种利益交换关系所达成的同意。② 因此，税制契约也就是征纳税者之间就公共产品交换价款及性价比高低达成的一种同意，是一种目的与手段的交换关系，不是原因与结果的交换关系。而且，这种“同意”的契约无非税制道德与税制法律两类，二者都是社会制定和认可的税制行为规范，是得到社会同意的税制行为规范，即公共资金征纳行为规范。简而言之，税制道德是征纳税者就一切具有社会效用的公共资金征纳行为“应该如何”所达成的同意；税法是征纳税

① 王海明：“国家起源：一种新契约论”，《南通大学学报》（社会科学版），2010年第1期。

② 王海明著：《国家学》，中国社会科学出版社2012年版，第56页。

者就一切具有重大社会效用的公共资金征纳行为“应该且必须”如何所达成的同意。

一方面，就这种“同意”的前提即是否自由而言，这种契约——税制道德和税制法律——可以分为自由的契约与不自由的契约两种。自由的税制道德意味着，这种契约是契约主体——纳税者在不受任何外在条件制约的情况下做出的应该如何的征纳行为选择；自由的税制法律则意味着这种契约是契约主体——纳税者在不受任何外在条件制约情况下做出的“应该且必须”如何的征纳行为选择。不自由的税制道德意味着这种契约是契约主体——纳税者在受到某种外在条件制约的情况下做出的“应该”如何的征纳行为选择；不自由的税制法律意味着这种契约是契约主体——纳税者在受到某种外在条件制约情况下做出的“应该且必须”如何的征纳行为选择。

当然，不论是哪种契约，自由的或不自由的税制契约，都得遵守。因为，即使不自由的税制道德与税制法律也无法否认其为“税制契约”的性质。或者说，征纳税者之间就公共产品供求交换价款及其性价比高低缔结的原初或衍生契约，不论是强迫的还是自愿的，都属于“税制契约”，都要履行。只是对自由税制道德与税制法律的遵从与履行是对“优良税制法律”的遵从与履行；对不自由税制道德与税制法律的履行则是对“恶劣税制法律”的遵从而已。因此就逻辑而言，税制自由价值是制约、决定税制契约优劣的重要价值，是税制核心价值的重要构成部分。然而，税制自由价值仅仅具有税制最高价值，即在税制核心价值中具有最高的位阶，却不是最重要、最根本的税制价值。

另一方面，就契约的构成要素而言，税制契约必须满足三个要素：交换的主体、交换物和交换的根本条件。无疑，在税制契约中，交换主体既是纳税者，也是征税者——国家，但归根结底是国民，国家和政府不过是国民为了自身利益最大化而创设的手段和工具而已。而且，税制征纳行为是一种双方或多方的交易行为，交换物是国民与国家相互交换的东西——公共产品，交换的根本条件是国民与国家都“同意”，如果有一方不同意，则交换无法达成。就是说，三个要素分别构成税制契约的必要条件，如果三者合起来则构成税制契约的充分必要条件。更为重要的是，国民与国家之间的这种交换是权利与义务的交换，“应该且必须”是一种等利害的交换，即公正的交换。或者说，国民与国家之间的权利与义务“应该且必须”是一种等利害的交换，公正的交换。国民交税是为了从政府那里购买到高性价比的公共产品和服务，国家收税是为了提供高性价比的公共产品，实现国家的存在与发展，增进全社会和每个国民的福祉总量。一般而言，如果国家公共产品的供给质优量大，国民就应承担相对较重的税负；如果公共产品供给质次量小，国民即应承担相对较轻的税负。无疑，这两种情况都属正常。而另外的两种情况：一是国家供给的公共产品质优量大，国民承担的税负却小，这几乎是不可能的。二是国家供给的公共产品质次量小，国民承担的税负却较重。显然，后一种情况在人类社会中是最普遍的。比如，如果税权缺乏有效监督，少数官员无耻侵吞了大多数国民的财富，把本该用于创获高性价比公共产品的税款用在了私人消费上。由此可见，税制公正价值，也是税制核心价值的重要构成部分，而且在税制核心价值中发挥着根本性的作用，属于税制根本价值。

税制终极价值、税制最高价值、税制根本价值三者共同构成了“税制核心价值”，从而制约和决定了各种类型的具体税制价值，形成了税制治理的价值导向系统以及税制法律的权力性规范体系与税制道德的非权力性规范体系。或者说，相对于税制核心价值，正是因为“税制终极价值子系统、税制最高价值子系统、税制根本价值子系统”三者共同构成了一个社会的税制治理母系统，从而统御了各种具体的税制治理子系统的运转，促进了税制治理目标的实现。自然，税制核心价值的优劣，也就制约、决定整个税制治理系统的绩效与水平。

（三）税制最高价值之自由价值分析

税制自由价值意味着一个社会的税制契约缔结应该遵从人道自由价值，按照人道自由原则去缔结。即必须“把纳税人当人看”并“使纳税人成为人”，不论是征税，还是用税，征多少税，用多少税，向哪里征税或减免税，向哪里支出等重大事项，都应该且必须由纳税人或者其代表说了算。一方面，征税人要尊重每个纳税人，理解每个纳税人，关心每个纳税人，爱护每个纳税人，从仁爱的角度对待每一个纳税人，在税制制度的设计与创建以及政策的制定中，都要主动拒绝一切非人道的理念与思路，具体地说，对社会弱势群体、弱势地区、弱势行业、弱势基层政府机关都要主动施以人道援助和救助，把人道的光辉通过税制途径向一切渴望救助的对象播撒，对残疾群体给予人道关怀，对救助弱势群体的人道行为给予税收政策优惠，等等；另一方面，任何一个优良的税制治理体系都应该有助于促进纳税人的“自我实现”“自我选择”“自我完善”以及自我潜能的实现，必须承认和对待每一个纳税人的独立人格和存在，承认每一个纳税人对自己生存的自主设计和安排，同时承认和认真对待每一个征纳税人个性化的生活、劳动以及追求自己幸福和快乐的权利。

进一步说，税制自由价值意味着凡是优良的税制治理体系都应该给予国民更多更大的自由，如果有可能，社会对国民税制自由的限制应该越少越好。因为，自由是指没有外在强制从而能够按照自己的意志进行的活动，不自由是因为有外在强制而不能按照自己的意志进行的活动。税制自由价值在于它既是一种最深刻的人性需要，同时又是税制行为主体达成自我实现和促进社会进步的根本条件。如果“没有一种最低限度的自由，人就无法生存，这正如没有最低限度的安全、正义和食物，他便不能生存一样。”[①] 因此，税制自由的深层意味在于一切税制立法都要力争真正体现每一个纳税人、每一个国民的真实意志与偏好，切实遵从“无代表不纳税”以及“无代表不用税”的现代税制治理原则，而且在可能的情况下，其税制立法都应该将其强制降到最低限度，为每一个纳税人、每一个国民提供尽可能大的自由空间。同时也要求法治，正如西季威克所言：“在一个组织良好的社会中，最重要、最必要的社会行为规则通常是由法律强制实行的，那些在重要程度上稍轻的规则是由道德来维系的。法律仿佛构成社会秩序的骨架，道德则给了它血与肉。”[②] 税制治理同样，如果没有法治，就不可能实现优良税制治理的终极效用和目的。

事实上，税制自由价值的第一要义就在于，一方面，一切税制强制都必须经过一个社会的税制法律与税制道德来确认，另一方面，所有的税制法律与税制道德都应该且必须经过全体社会成员的同意。对此，里查德·普赖斯（Richard Price）说：“如果一个国家的法律是由一个人或由某个小集团——而不是由公共意志制定，那么，这种‘法律的统治’无异于奴役。”[③] 王海明教授认为：“一个社会的任何强制，都必须符合该社会的法律和道

① ［美］博登海默著，邓正来，姬敬武译：《法理学——法哲学及其方法》，华夏出版社 1987 年版，第 274 页。

② ［美］西季威克著，廖申白译：《伦理学方法》，中国社会科学出版社 1993 年版，第 469 页。

③ *Friedrich A. Hayek*：*The Constitution of Liberty*，*The University of Chicago Press* 1978：174.

德；该社会的所有法律和道德，都必须直接或间接得到全体成员的同意。”① 这就告诉我们，首先，法制是“法治”的必要条件，无“法制”则无“法治”；其次，“全体成员的同意”是“法治”的充分条件，有“同意”未必一定就有法治，但无“同意”，一定不会有法治。即在法律面前人人平等，不仅在立法、执法领域，而且在司法领域也是如此。同时，税制强制还必须有限度，如果一个社会的税制秩序能够存在，就要给予国民或纳税人尽可能多的自由。一句话，强制要尽量最小化，自由要尽量最大化。

同时，税制自由价值还意味着，凡是优良税制治理权力的获得都应该且必须通过民主制的途径。因为，只有通过民主渠道获得的税制权力，才是合法有效的，才可能最大程度地汇集和体现每一个国民与纳税人的税制意志。如果没有民主这个制度性的保障，税制权力的合法性问题就不可能得到彻底的解决，优良税制治理活动就不可能获得必须且应该服从的强制性力量，就不可能有效地保障每一个国民、每一个纳税人权利与义务的公正分配，真正实现征纳税人权利与义务的平等交换。无疑，也就不可能实现对税制权力的有效制衡与监督，无法防止税制权力的被滥用。结果可想而知，失控的税制权力一定会从根本上背离优良税制治理的终极目的——增进全社会和每个国民的福祉总量。

最后，税制自由价值还意味着，凡是优良的税制治理体系都应该遵循宪法来管理。宪法作为国家治理的根本大法，在税制治理领域，就是对征纳税人基本权利与义务等重大社会效用税制行为的法治化管理，或者说是对征纳税人那些具有重大社会效用的税制行为——基本权利与义务的法治化管理。因为，即便是在民

① 王海明著：《新伦理学》，商务印书馆2008年版，第1016页。

主制下，也可能产生“多数的暴政”，从而伤害一部分征纳税人的基本权利，背离优良税制治理的终极目的。正如约翰·马歇尔首席大法官所言：“对于普通公民来说，征税的权力是其最熟知的政府强制力的表现。征税的权力涉及强迫个人和私人机构交费（Charges）的权力。这种收费只能通过向政府转移经济资源来进行，或涉及对这些资源的财政索取权（Financial Claims）——这种收费伴随有在严格的征税权意义上的有效实施权。”[①] 正如阿克顿所说：“权力导致腐败，绝对权力导致绝对腐败。”[②] 具体地说，凡是优良的税制治理体系都应该且必须敬畏权力授予者的地位，不能滥用人民赋予的权力，未经纳税人直接或间接的同意就征税或用税。或者说，政府税制权力的行使是有限度和底线的，是要接受来自社会各个方面的实质性监督与制衡的。

当然，税制自由价值还意味着税制政治自由、税制经济自由以及税制思想自由。税制政治自由告诉我们，每个公民都应该直接或间接掌握国家最高税制权力。税制经济自由则意味着，每个社会成员是在没有外在强制的情况下按照自己意志进行财富的创获活动。税制思想自由意味着，每个社会成员都应该享有获得与传达任何税制思想的自由。

（四）税制根本价值分析

税制根本价值——税制公正价值分析意味着，一个社会的税制契约缔结必须遵从平等原则来分配国民与国家之间的权利与义务。即征纳税者基本权利与义务的分配要遵从完全平等原则，非

① ［美］布坎南著，冯克利译：《宪政经济学》，中国社会科学出版社 2004 年版，第 149 页。

② ［英］阿克顿著，侯健译：《自由与权力：阿克顿勋爵论说文集》，商务印书馆 2001 年版，第 342 页。

基本权利与义务的分配要遵从比例平等原则。具体说，征纳税人之间、征税人之间、纳税人之间、国家之间、代际之间、人类与环境之间社会权利与义务的分配，基本权利与义务的分配要遵从完全平等原则，非基本权利与义务的分配要遵从比例平等原则。

正如亚当·斯密所说："社会存在的基础与其说是仁慈，毋宁说是公正。没有仁慈，社会固然处于一种令人不快的状态，却仍然能够存在；但是，不公正的盛行则必定使社会完全崩溃。"① 也如罗尔斯所言："我们可以设想一种公开的正义观，正是它构成了一个组织良好的人类联合体的基本条件。"②

（五）税制终极价值分析

税制终极价值即增进全社会和每个人福祉总量之价值，这是评价税制优劣之标准的标准，终极的标准。

如果征纳税主体之间尚未发生根本性冲突，可以两全，这一价值标准便是"帕累托最优原则"，即"不伤一人地增进所有人利益"的标准。但是，如果征纳税主体之间发生了根本性冲突，且不可以两全，这一价值标准便是"最大利益净余额原则"，即"最大多数人的最大利益"标准。它是决定税制最高价值、根本价值的价值，也是决定税制一般价值、重要价值、具体价值的价值，是税制改革的价值"北极星"。

① ［英］亚当·斯密著，蒋自强等译：《道德情操论》，商务印书馆 1998 年版，第 106 页。

② ［美］约翰·罗尔斯著，何怀宏等译：《正义论》，中国社会科学出版社 1998 年版，第 5 页。

三、税制核心价值特性分析

任何事物都具有普遍性与特殊性、绝对性与相对性、客观性与主观性，税制也不例外。因此，税制核心价值便具有普遍性与特殊性、绝对性与相对性、客观性与主观性。自然，税制核心价值便分为税制共同核心价值与税制特定核心价值、税制绝对核心价值与税制相对核心价值、税制客观核心价值与税制主观核心价值，从而，税制终极价值也可以分为税制共同终极价值与税制特定终极价值、税制绝对终极价值与税制相对终极价值、税制客观终极价值与税制主观终极价值；税制最高价值同样可以区分为税制共同最高价值与税制特定最高价值、税制绝对最高价值与税制相对最高价值、税制客观最高价值与税制主观最高价值；税制根本价值也可以分为税制共同根本价值与税制特定根本价值、税制绝对根本价值与税制相对根本价值、税制客观根本价值与税制主观根本价值。当然，税制具体价值也可以区分为税制共同具体价值与税制特定具体价值、税制绝对具体价值与税制相对具体价值、税制客观具体价值与税制主观具体价值，等等。

税制共同核心价值是指任何社会任何公共资金征纳行为都“应该且必须”遵从的价值，税制特定核心价值是指一些社会的一些征纳行为应该遵从而另一些征纳行为不一定遵从的价值。税制绝对核心价值是所有社会、所有征纳行为绝对具有的价值，是指一切社会一切税制征纳主体的一切具有税制社会效用的征纳行为所具有的价值，也是一切税制征纳主体在任何条件下都具有的价值。税制相对核心价值仅仅是一些社会一些税制征纳主体具有社会效用的征纳行为所具有的价值，不是一切税制征纳主体的一切具有税制社会效用的征纳行为所具有的价值。

而且就税制价值、税制目的和税制行为事实的内容而言，税制客观核心价值是客观的、不以人的意志为转移的，但就其形式——税制规范（税制法与税制道德）而言，这种价值则是主观的、以人的意志为转移的，由此可将税制核心价值分为优良税制核心价值与恶劣税制核心价值。优良税制核心价值意味着在这种核心价值指导下制定的税制规范能够最大限度地增进全社会和每个国民的福祉总量；恶劣税制核心价值意味着在这种核心价值指导下制定的税制规范能够最大限度地消减全社会和每个国民的福祉总量。

税制核心价值本身的正确性或优良性是客观的、不以人的意志为转移的。这是因为，一方面，税制核心价值取决于客观的、不以人的意志为转移的税制目的，另一方面，税制核心价值取决于客观的、不以人的意志为转移的税制收支行为事实如何之本性。

当然，如果根据税制征纳活动的主体划分税制核心价值的话，还可以将其划分为政府主导和认定的税制核心价值与国民主导和认定的税制核心价值两类。基于人性恒久为己偶尔为他的行为规律，政府主导和认定的税制核心价值注定恒久为己偶尔为他，国民主导和认定的税制核心价值注定恒久为己偶尔为他。由于政府是国民为了实现自己利益最大化不得不创设的手段和工具，因此，唯有国民主导和认定的税制核心价值才可能保证恒久为己偶尔为他，保证自己福祉总量的最大化。即真正优良科学的税制核心价值只有国民主导和认定的税制体制才可能保证，舍此一切的税制核心价值都可能是违背税制主体终极目的的，可能导致税制核心价值与核心原则规范的背离，从而陷入恶劣、落后的泥淖。

总之，税制核心价值决定税制核心原则与规范。税制核心价值的真假决定核心税制道德原则和规范的优劣；税制核心价值的真假也决定核心税制法律原则和规范的优劣。税制核心价值的真假，决定和制约一般税制道德原则和规范以及一般税制法律原则和规范的优劣。由此足见，税制核心价值研究的理论与实践意义。未来中国的税制体制转型，既不能没有税制核心价值，更不能没有真正的税制核心价值。

第四章

税制创建的目的

人类社会为什么要创建税制，或者说社会创建税收的目的究竟是什么？这是任何科学税收学建构必须回答的基础性问题。如果不回答这个问题，一切税制理论研究都可能沦为相对主义思维方式的奴仆，只能在偏离税收原道和根本方向的荒原上徒作无谓的跋涉与耕耘。事实上，税制目的是全部税制研究中最为复杂和争议最大的难题之一，也是税制理论研究面临的根本性课题。

税制目的即人类社会创建税制的目的，既是税制创建活动的价值导向系统，也是“税德”与税法价值得以产生的主体条件与标准，更是评价税制优劣以及税制创建活动得失成败的价值标准。因此，在税制目的认识上的真假以及水平高低，直接关系税制创建与税收立法价值的真假，关系税制创建与税收立法规范之优劣及其完备程度，最终关系税制创建、税收立法终极目的的实现与否。

一、“税制目的”辨析

众所周知，“目的”是指主体为了达到的行为结果。“税制目的”即“税收目的”，即人类社会创建税制（税德与税法）目的。它是税制创建者想要达到的治理征纳税行为的目标，或想要取得的税收治理结果。或者说，“税制目的”是税制创建者为了筹集公共产品经营资金想要达到的目标或结果，也是税制创建者基于对税收制度的认识程度和客观的现实需要而寻求的客观效果。就税制创建的核心目标是税收立法而言，税制目的即税收立法目的。税收立法目的是税收立法者想要达到的目标或想要取得的结果，是税收立法者基于对制度的认识程度和客观的现实需要而寻求的客观效果。[①] 精确地说，“税收立法目的”是指税收立法主体为了达到的“税收立法”目标或结果，即税收立法行为主体为了达到将那些在税收立法者认为具有重大利害社会效应之征纳行为，转变为凭借税权力量调节之“税法”规范的目标和结果，即税收立法行为主体为了达到将一部分目前通过“应该”如何非权力力量调节之具有重大社会效应之征纳利害行为，转变为凭借税权力量调节之“税法”规范的目标和结果。

即税收目的或税收立法目的是税收创制者或立法者为了达到创制税制或税收法律法令的结果，是税收创制者立法者为了达到根据当前社会税收立法者对重大利害社会效应之征纳税行为权重

① 参考孔繁华：“从性质看我国行政诉讼立法目的之定位”，《河北法学》，2007年第6期。

认识之变化，将那些具有重大征纳税利害行为转变为凭借税收权力力量调节之“税法”规范的目标和结果。问题或在于，目的与“为了什么”并不相同：只有“有意识地为了什么”才是目的；而“无意识地为了什么”则是合目的性。① 即“税制目的”一定是“有意识地为了什么”。

人类社会创建税制的目的，不过是创建“税德”与税法的目的。因为，税制作为征纳税者“应该”与“必须且应该”如何参与筹集公共产品经营资金活动的规范总合，不过税德与税法两种。因此，严格说来，税制目的、税德目的、税法目的是一致的，特别是共同目的。二者的最大不同仅在于各自所调节之征纳利害行为凭借的力量以及调节的对象不同，即对征纳利害行为之重要性认识不同。税德关注一切征纳利害行为，税法只是关注那些“具有重大社会效应之征纳利害行为”。因此，人类社会创建税制、税德与税法之目的，本质而言在于对征纳利害行为重要性认识之最高判定权掌握在“谁”手里。或者说，征纳利害行为重要性认识之最高判定权掌握在“谁”手里？是掌握在少数人手里，还是掌握在多数人的手里？因为，谁主导的税制创建目的，很可能成为现实的税制目的与税收立法目的，从而保护或实现谁的税收利益和意志，增进谁的利益总量。

二、“税制目的”的类型

类型是指把一个事物作为普遍事物分成若干具体事物，被划分的事物与所分成的事物是一般与个别的关系。因此，标准不

① 王海明著：《新伦理学》，商务印书馆2008年版，第528页。

同，类型就不同，税制目的类型也是如此。而且，税制目的类型研究是深化税制目的认识的基本方法。

如果以税制创建活动主体为标准划分，税制目的便有国民税制目的与官员税制目的，或者官方税制目的与民间税制目的，等等。即是说，税制创建活动主体不同，其税制创建活动的目的就可能不同。这既是因为不同税制创建主体的需求是有层次的，也是因为不同税制创建主体对征纳利害行为社会效应之重要性认识不同。同时也是因为不同利益相关者各自所处之社会背景存在一定的差异性。因此，即便是同一阶层或群体的税制创建参与主体，他们各自的税制目的也千差万别。正如法国哲学家卢梭所言："每一个个人所喜欢的政府计划，不外是与他自己的个别利益有关的计划，他们很难认识到自己可以从良好的法律要求他们所作的不断牺牲之中得到怎样的好处。"[①] 学者吴大英也认为："公意只着眼于公共的利益，而众意则着眼于私人的利益，众意只是个别意志的总和。" "但是当形成了派别的时候，形成了以牺牲大集团为代价的小集团的时候，每一个这种集团的意志对它的成员来说就成为公意，而对国家来说则成为个别意志。"[②]

毋庸讳言，每有一个新的标准，税制目的便会有一种新的类型。比如就税制创建者的具体目的而言，税制目的可能有定纷止争，令人知事，禁奸止暴，社会控制，保护自由，促进社会正义，尊重和保障人权，确认、保护和发展有利于对统治阶级（或人民）有利的社会关系和社会秩序，等等。以税收立法为例，"每一个法律文本在各种宏大的目的之下，也都有各自特殊

① ［法］卢梭著，何兆武译：《社会契约论》，商务印书馆 1980 年，第 57 页。
② 吴大英著：《比较立法制度》，群众出版社 1992 年，第 396 页。

的目标预设与价值定位，这都集中体现于税制目的条款。”①

同样，若依税制目的之层次性为标准，便有终极税制目的、中层税制目的与直接税制目的之别。若以税制调整的社会关系领域为标准，可以分为税制政治目的、经济目的、文化目的、社会目的和生态目的。若以税制目的所居层次之不同为标准，也可分为直接目的与间接目的。若以目的实现方式之不同为标准，可分为积极目的与消极目的。道理或在于，“目的的概念是灵活和多义的。它的范围根据内容，包括从具体现实的效率，如确立针对一个被摈弃的行为的相反的动机，到抽象和理想的目标，如：维护法的确定性，促进和平，维护公共秩序，社会福利，‘预设生活’，人道，维护法律行为中的信任，满足合理的感觉，促进司法等诸如此类的”②。而且，“每一种类型的法律都是在诱导或阻遏人们做出某种特定类型的行为。”③ 当然，这并不是说税制目的不可能有一致的、共同的，没有最大公约数。事实上，尽管个体税制目的可能千差万别，但群体税制目的毕竟存在一定的共同性，比如不论怎样，立法者的共同目的无不为了增进自己的利益总量，等等。

由于任何事物都具有普遍性与特殊性、绝对性与相对性、客观性与主观性，因此，税制目的也便具有普遍性与特殊性、绝对性与相对性、客观性与主观性。

逻辑上，如果以税制目的之性质的普遍性与特殊性、绝对性

① 刘风景：“立法目的条款之法理基础及表述技术”，《法商研究》（武汉），2013 年第 3 期，第 48—49 页。

② ［德］卡尔·恩吉施著，郑永流译：《法律思维导论》，法律出版社 2004 年版，第 92—93 页。

③ ［美］L. 富勒，郑戈译：《法律的道德性》，商务印书馆 2005 年版，第 72—73 页。

与相对性、客观性与主观性作为划分标准，便有普遍性税制目的与特定性税制目的、绝对性税制目的与相对性税制目的、客观性税制目的与主观性税制目的之类型。进而可划分为共同税制目的与特定税制目的、绝对税制目的与相对税制目的、客观税制目的与主观税制目的。

共同税制目的是指一切社会、民族和国家的税制目的，是一切社会、民族和国家创建税制都必须且应该遵循的税制目的。特定税制目的是指一些税制创建者认可和遵循而另一些税制创建者不必认可和遵循的税制目的，是仅仅适用于一定社会的税制目的，是一定社会税制创建主体认可和遵守而另一社会税制创建主体未必认可和遵守的税制目的。无疑，共同税制目的是超社会的，它们的不同和变化不是取决于社会的不同和变化，而是取决于税制创建者对征纳利害行为权重判断之不同和变化。而特定税制目的是仅仅适用于一定社会的税制目的，是一定社会而非一切社会征纳重大利害行为应该且必须认可和遵循的税制目的，是被社会发展所必然决定的，是随着社会发展到一定阶段必被推行，又随着社会发展到另一阶段必被废止的税制目的。逻辑上，如果比较根本的税制目的与更为根本的税制目的之间发生冲突，便应该服从更为根本的税制目的。

可见，税制目的是特殊性和普遍性的对立统一，税制普遍目的寓于其特殊的目的之中。马克思就强调指出："一个目的如果不是特殊的目的，就不是目的。"[①] 而且，每个税制规范都各有其特殊的目的；它们所包含和表现的税制普遍目的，从社会制度需要看，税制目的是"一总五分"：一个总目的——"社会"之

① ［德］马克思、恩格斯：《马克思恩格斯全集》（第3卷），人民出版社2002年版，第45页。

存在发展；五个分目的——“经济”之发展、文化产业之繁荣、人际交往之自由安全以及法和政治之优良。但若从人类与非人类存在物所结成的利益共同体来看，立法普遍目的则是“一总六分”：一个总目的——保障人类社会和利益共同体之存在发展；六个分目的——“经济”之发展、“文化产业”之繁荣、“人际交往”之自由安全、“法”和“政治”之优良以及增进动植物等非人类存在物的利益①。直言之，税制创建的最终普遍目的，无疑在于满足每个人的个人需求。对此，荀子有精辟论述：“礼起于何也？曰：人生而有欲，欲而不得，则不能无求。求而无度量分界，则不能不争。争则乱，乱则穷。先王恶其乱也，故制礼义以分之，以养人之欲，给人之求。故礼者，养也。”②

具体说，如果从税收共同体角度看，创建税制为了保障人类与非人类存在物利益共同体的存在与发展。或者说，社会创建税制是有意识为了达到的结果——为了保障人类与非人类存在物的利益共同体之存在与发展。具有利益和有利于人类是非人类存在物都应该得到税收关怀从而成为税收共同体成员的充分条件。或者说，任何非人类存在物，只要具有利益，并且有利于人类就应该得到税收关怀，从而成为税收共同体的成员。从保障利益共同体与增进人类利益角度看，税制创建的目的就在于保障利益共同体与增进人类利益的需要。即社会创建税制就是有意识地为了达到保障利益共同体与增进人类利益的目标或结果。

从社会的税收需要看，税制创建目的则在于保障经济活动、文化产业和人际交往以及一切具有社会效用的活动的存在与发展。或者说，税制创建目的在于有意识地保障经济活动、文化产

① 王海明著：《新伦理学》，商务印书馆 2008 年版，第 416 页。

② 荀况：《荀子·礼论》，中国言实出版社 2011 年版。

业和人际交往以及一切具有社会效用的活动存在与发展的需要，即有意识地为了保障“经济、文化产业、人际交往、政治、德治、法、道德”七者的存在与发展。由此看，税制不仅是“经济、文化产业、人际交往”活动的存在与发展的必要手段和根本手段，而且是制定良法、良德和实现优良的政治、德治的必要手段和根本手段。税制创建的总目的在于维持社会活动的秩序，从而保障其存在和发展。税制创建目的在于有意识地为维持社会活动的秩序、保障其存在和发展提供必要的资金，从而实现自己维持社会活动秩序，保障社会存在和发展的总目的。由此可见，社会需要是税制创建的本质，是税制创建的终极本性，也是税制创建的终极目的。而促进经济发展、繁荣文化产业、保障人际交往自由安全、造就良法和优良政治以及良德与优良德治，则是税制创建的分目的。

如果从个人的税收需要看，个人的税收需要仅仅是税收实现的途径与手段，并不是税制目的。这是因为，税制规范（税德与税法）是征纳税者为己利己的最根本、最重要的手段，即任何一个征纳税者对税收的需要都是一种手段的需要。尽管手段可以转化，但这不能成为“税收目的在于满足个人税收需要”观点的论据。因为根本说来，税制规范（税德与税法）对人的效用与经济、文化产业和人际交往不一样，都是对人的自由的一种限制、约束和侵犯，是对人的利益的一种“剥夺”，是人类为了自己的利益而不得不选择的害己的手段，是一种“必要的恶”，但这种“恶”却可以求得更大的善，防止最大的恶。一言以蔽之，税制目的只能是税收之外的他物，即人类社会和利益共同体的税收需要，或者人类社会和利益共同体的存在与发展的需要，最终在于增进每个国民福祉之需要。

概而言之，税制目的可以分为特殊与普遍两大类型。各个税制创建主体都具有各自特殊的目的。一切税制创建主体所具有的普遍的目的，无非直接目的与终极目的：税制创建终极目的是满足每个人需要、增进每个人利益；税制创建直接目的是“一总六分”。

绝对税制目的是指一切社会一切税制创建主体的一切具有重大征纳利害社会效用之行为意欲达到的目标和结果，也就是一切税制创建主体在任何条件下都意欲达到的目标和结果，也是绝对的税制目的。而相对税制目的则仅仅是一切社会、一切税制创建主体具有重大征纳利害社会效用行为意欲达到的目标和结果，不是一切税制创建主体的一切具有重大征纳利害社会效用行为意欲达到的目标和结果。

而客观税制目的是指客观的、不依人的意志而转移的税制目的；主观税制目的是指主观的、偶然的、自由的、可以选择的税制目的。即税制目的看似是主观的，实际上并非。一个人的税制目的可能是主观的、任意的、依其意志而转移的，但在一定领域内人们的税制目的却是客观的、必然的、不可选择的。而且，个人征纳税行为的起因和目的可以是主观任意的，但人们所结成团体的税制目的却大都是客观、必然的。可见税制目的既具有主观性，又具有客观性。就其内容的团体性税制目的与“征纳行为事实”而言，它是客观的、不以人的意志而转移的；但就其形式而言，即税制目的也是一种道德和法的规范而言，则是主观的、以人的意志而转移的。事实上，若依税制目的之主客观性而言，税制目的可分为优良税制目的与恶劣税制目的两大类型。而且，税制目的的主观性是税制目的存在优劣之分的前提。优良税制目的意味着，它必定是每个人都认同且能够遵守的税制目的，因而也必定是可普遍化的税制目的；不可普遍化的税制目的则不是每个人都认同和能够遵守的税制目的。

概而言之，共同税制目的之优劣对错具有绝对性，对于一切社会都是同样的。据此所创建之税制便是一种共同的税制规范（税德与税法），且多是优良的、正确的，而且对任何社会都是优良的、正确的；反之，特定税制目的之优劣对错具有相对性，只是相对于特定社会而言才成立的。至于一个社会究竟选择何种税制目的作为税制价值导向系统，完全以该社会人们的税收意志而转移，是偶然的、自由的、可选择的。

三、税制目的理论的历史考察

毋庸讳言，在以往的税收理论研究中，我们对税制目的或税收目的理论的研究比较忽视。主要表现在：多是以税制特定目的代替税制共同目的，以税制相对目的代替税制绝对目的，以税制主观目的代替税制客观目的。具体说，多是根据征税者的利益需求，随意解释和变动税制目的，致使税收治理实践成为一个根本方向不明、基础不牢的妄为与折腾，既缺乏对税制终极目的和标准的必要坚守与敬畏，又缺少有效的税制创新与作为。结果，便容易陷入税收相对主义的泥淖，使税制创建成为任意裁剪的对象。究其根源，无不因为缺乏对税制目的真理性的理性认识。笔者归纳认为，具体表现有 10 种：

第一，“收入论”认为税制创建目的就是“聚财”，就是为了给国家提供资金。毋庸讳言，这是流行最广、影响最深的一种理论。1980 年出版发行的《辞海》对税收概念的解释是：税收就是“国家对有纳税义务的组织和个人所征收的货币和实物”。日本金子宏教授也认为：“税，不是作为国家对特别支付的一种补偿，而是国家以实现为提供公共服务而筹集资金这一目的，依据法律规定向私人所课征的金钱付给。”日本学者汐见三郎同样认为：税收是凭借“财政权”征收的。他在其《租税之基本知识》一书中说：“‘租税’乃是国家及公共团体为了支付其一般经费，依财政权向一般纳税人民强制征收之财。”日本学者小川乡太郎也认为，“税收是国家为支付一般经费需要，依据其财政权力而向一般人民强制征收的财物或货币。”①

第二，“手段论”认为税制创建是国家为了实现自己的职能而取得财政收入的一种手段。《国家税收》一书认为：“税收是国家为了实现其职能，制定并依据法律规定的标准，强制地、无偿地取得财政收入的一种手段。”②

第三，“形式论”认为税制创建是国家为了实现其职能，凭借政治权力，按照法律规定标准，强制地、无偿地取得财政收入的一种形式。国家税务总局政策研究处主编的《税收工作常用词汇》中的表述则是：税收“是国家为了实现其职能，凭借政治权力，按照法律规定标准，强制地、无偿地取得财政收入的一种形式。”

第四，“分配论”认为税制创建目的是国家按照法律规定对经济单位和个人占有的实物或货币所进行的一种特殊分配。1987年第11期《税务研究》发表的《建立“税收学”科学的结构体系》一文的表述是：“从它的属性概念来看，税收是国家按照法律规定对经济单位和个人占有的实物或货币所进行的一种特殊分配。”

第五，“分配关系论”认为税制创建目的是参与一部分剩余产品价值的分配。1989年第1期《福建税务》发表的《关于税收学若干基础理论问题的探讨》一文的表述为：税收“是国家

① 高培勇著：《西方税收——理论与政策》，中国财政经济出版社1993年版，第10页。

② 转引自蒙丽珍，安仲文著：《国家税收》，东北财经大学出版1988年版，第6章。

按照预先规定的标准占有一部分剩余产品价值的分配关系。”

第六，“活动论”认为税制创建目的是国家对实物和货币的征收，是一个过程、一种活动。1985 年第 5 期《中国税务》的表述为“税收则是对实物和货币的征收，是一个过程、一种活动。”

第七，“公共利益论”认为税制创建是为了公共利益。美国学者塞利格曼认为：“税收是政府为满足公共利益的需要而向人民强制征收的费用，它与被征收者能否因其而得到特殊利益无关。”①

第八，“调节论”认为税制创建是为了调节经济，改变原有的分配关系，从而对经济产生影响。比如对生产结构、消费结构、生产关系结构等方面产生一定的影响。认为“调节经济就成为税收的内在属性，是税收固有的必然起作用的职责和功能。”它既具有调节宏观经济的目的，也有调节微观经济的目的。就微观而言，税收能够影响资源配置，可以作为国家调节资源配置的重要手段。比如，为鼓励社会收益项目，可以采取低税、减税和免税的办法。也可以为限制社会成本项目，采取征税或加重课税的办法，等等。就宏观而言，税制创建目的在于对总需求进行调节。国家既可以运用货币政策，也可以运用财政政策，或者通过两者的相互配合与协调运用调节总需求。运用财政政策调节总需求通常有收入和支出两种手段，但在支出的刚性较大、支出手段的作用力度十分有限的情况下，收入手段（税收）的作用就显得相对突出。

第九，“公平论”认为税制创建目的是实现社会公平，调节收入分配不公。他们认为，在承认财产所有权和劳动力所有权的条件下，国民收入的分配取决于生产要素的分配和各种生产要素在国民收入生产中所做的贡献。因此，贡献大，就在国民收入分

---

① 张守文著：《税法原理》，北京大学出版社 2004 年版，第 5 页。

配中占有的份额多，结果会产生不均等的分配结果。事实上，个人占有的生产要素也存在较大的差异。这是因为，劳动力首先取决于个人的天赋，此外还取决于在教育上的投资，而每个人的天赋和在教育上的投资不同，必然在国民收入的分配上表现为很大的不均等。因此，为了保证最基本的消费需要，就要实行某种程度的平均分配。否则，就会造成社会成员之间的矛盾冲突，就会导致整个社会的动荡不安。为了协调其间的矛盾，国家就要对国民收入的分配进行适当的调节，以达到矛盾双方都能接受的某种公平状态，而税收是其中调节的手段之一，也就自然成为税收目的。

第十，“监督论”认为税制创建目的是监督整个社会的经济生活，认为国家要把税征收上来，必然要进行税收管理、纳税检查、税务审计和统计、税源预测和调查等一系列工作。这一方面能够反映有关的经济动态，为国民经济管理提供依据；另一方面能够对经济组织、单位和个人的经济活动进行有效监督；等等。

事实上，如果我们继续归纳搜索的话，关于税制创建目的的主张还能列举很多。由此可见，在税收目的研究方面，学界的认识分歧有多大，形成必要的共识多么重要和迫切。“收入论”显然是用税制特定目的代替了税制共同目的，也是用税制相对目的代替了税制绝对目的，即用正常情况下的税制目的代替了特殊情况下的税制目的。“手段论”走得更远，它将税收本性的他律性等同于税制目的，无疑是用主观税制目的代替客观税制目的。“形式论”是用税制特定目的代替税制共同目的，用税制特殊目的代替税制一般目的和普遍目的。“公共利益论”“分配论”和“分配关系论”同样是用税制特定目的代替税制共同目的，用税制特殊目的代替税制一般目的和普遍目的。“活动论”是将税制目的与税收活动的事实混淆了，是用主观税制目的代替客观税制目的。“公共利益论”“调节论”“公平论”和“监督论”无不是将税制具体目的等同于税制终极目的，将税制特定目的等同于税制共同目的。

毋庸讳言，上述所列举的“十种税制目的论”的共同缺陷在于：忽视税之创建终极目的的研究，而且缺乏将这种税制终极目的量化的愿望，只是满足于用税制特定目的代替税制共同目的，用税制特殊目的代替税制一般目的和普遍目的，用税制主观目的代替税制客观目的。结果，便导致税制研究和建构缺乏基础性、方向性、结构性与稳定性，缺乏正确的价值导向系统。因此，上述论者最容易在相对主义思维习惯的迷魂阵中醉舞，难以在税制体系的理论建构和实践方面有创造性的突破，无法与现代世界税制对接和融合。

以此观之，以往税制创建的最大缺陷在于，税制目的的系统性错位与冲突，既缺乏对税制终极目的的认识与自觉，更缺乏对税制终极目的的敬畏与信奉，同时也缺乏对税制具体目的的结构性、全面性的认识。要么以单一税制目的代替其他税制目的，以偏概全；要么是以具体税制目的代替总体税制目的、终极税制目的；或者干脆用税制特定目的代替税制共同目的，用税制相对目的代替税制绝对目的，用税制主观目的代替税制客观目的。其缺陷与遗憾显而易见，其危害不可估量。

四、税制目的研究之价值

税制目的既是税收学大厦的三大建筑之一（因为税法是通过税制目的而从重要征纳利害行为事实如何之客观本性中推导出行为“应该且必须”如何之权力性规范的），也是全部税法学最为复杂、争议最大的难题之一。这是因为，税制目的是税制价值得以产生的主体条件，对税制目的认识之真假，直接关涉税制价值之真假，关系税制的优劣。同时，税制目的本身又是一种税制（税德与道德）规范，对税制目的认识之真假，便直接决定所立税制的优劣。因此，税制目的决定税制总体质量与优劣，决定一个税收治理的总体水平及其文明程度。税制目的既是税制实践活动的价值导向系统，也是优良税制得以产生的必要条件，同时又关系所立之税制的社会效应。因为就税制功能而言，税制目的既可以协调税制创建时各方主体的利益，又可以评判税制创建质量的高低。它不仅是税制创建活动的重要方向，指引税收立法的规范化、完整性，而且是税制解释的重要标准和法律修改、完善的重要参考。

事实上，“目的是全部法律的创造者，每条法律规则的产生都源自一种目的。”① 同样，目的也是全部税制的创造者。而且，由于目的是引起、指导、“控制、调节主体活动的自觉动因，它决定着主体活动的方向、性质、方式和后果。相比任何其他人类活动，税制可能更具有目的性。“它不仅从过去，而且从未来获得方向。在某些方面，它可能偏离靶心或达到目标，但在其核心本质上，它是面向未来的，也是一种有意识的工作。”② 而耶林则认为：“目的是全部法律的创造者，每条法律规则的产生都源于一种目的，即一种实际动。”③ 目的也是全部税制的创造者。而且，“如果法律强调原则和目的，那么就有了一种丰富的资源

① 韩佑：“法律文本中立法目的条款设置论析”，山东大学硕士论文，2014 年第 15—18 页。

② ［英］保罗·维诺格拉多夫，徐震宇译：《历史法学导论》，中国政法大学出版社 2012 年版，第 150 页。

③ ［美］E. 博登海默，邓正来译：《法理学—法哲学与法律方法》，中国政法大学出版社 2004 年版，第 115—116 页。

可用于批判具体规则的权威。”[①] 更为重要的是，“如果认真对待目的，它们就能控制行政自由裁量权，从而减轻制度屈服的危险。”[②] 税制亦然。

简言之，税制目的是任何一个税收制度的灵魂。它是税制创建者对其所制定的税制规范所要追求的价值目标最直接、最明确的表达。在税制创建过程中，税制目的的设定是最为重要的。它体现了税制创建的价值观，支撑着税制创建，特别是税收立法的指导思想，决定着税收立法的调整方向。当然，也不能对税制目的之价值估计过高，因为“人的头脑对于未来只能勉强画出一个大致的轮廓。”[③]

税制目的研究的价值与意义在于：税制目的一旦清晰，就成为税收治理活动的规范与标准，成为评价人类一切涉税行为合德、合法与否的标准。关键是，税制终极目的一旦清晰，将既成为评价人类一切具体涉税行为是否合德、合法的终极标准，又成为评价人类一切税制优劣的终极标准，从而为优良税制建立提供稳定的价值导向系统。直言之，税制目的认识的科学与否，直接关系着一个税收理论体系的优劣，更关系着一个税收治理规范体系——税制的优劣，是任何一个税收治理体系构建的基础价值导向系统。同时，税制目的本身的科学性与真理性如何，是优良税收治理体系（税制）得以推导出来的前提和条件，是税制价值得以产生的前提和条件，是判定征纳税行为事实有无价值以及价

① ［美］P. 诺内特，P. 塞尔兹尼克著，张志铭译：《转变中的法律：迈向回应型法》，中国政法大学出版社 2004 年版，第 91 页。

② ［美］P. 诺内特，P. 塞尔兹尼克著，张志铭译：《转变中的法律：迈向回应型法》，中国政法大学出版社 2004 年版，第 91 页。

③ ［法］托克维尔著，董果良译：《论美国的民主》（上卷），商务印书馆 1988 年版，第 417 页。

值大小的标准。

而且，税制终极目的一旦清晰成为税制终极标准，不仅是衡量一切税收征纳行为善恶与合法与否的终极标准，也是判定一切税制规范优劣的终极标准。而且，这个终极税制标准系统由一个总标准和两个分标准构成。总标准是在任何情况下都应当遵循的税制终极标准，即增减每个纳税者的福祉总量。分标准之一是在征纳税者之间的利益不发生根本性冲突、可以两全的情况下的税制终极标准，也就是帕累托标准，即不伤一人地增加每个纳税者的福祉总量。分标准之二是在征纳税者之间的利益发生根本性冲突、不可以两全的情况下的税制终极标准，即“最大利益净余额”标准，即在征税者与纳税者之间利益发生根本性冲突，且不可两全时表现为“最大多数人的最大利益”标准；在纳税者与征税者之间利益发生冲突、不可两全时，表现为“自我牺牲”标准。

同时，税制终极标准的重要功用还在于，它是各种税收治理体系的规范发生冲突时的最后仲裁标准。即当各种税收治理体系的规范发生冲突时，最终只能诉诸和服从最根本的税制标准，也就是税制终极标准。它是产生、决定、推导出其他一切税制标准的标准，是衡量一切征纳税行为善恶与合法与否的终极标准，更是衡量一切税制标准优劣的终极标准。当然其功用还在于，一切税收治理规范都是根据税制价值制定的，因而最终都是以税制目的为标准而从征纳税行为事实推导和制定出来的。即税制目的是产生、决定和推导出其他一切税制规范的前提和条件。

因此，深化对税制目的，特别是税制终极目的的认识，既是税制理论现代化面临的重大课题，也是实现税制现代化目标的实践前提。

第五章

征纳行为之“事实”

征纳行为即税收主体利害征纳关系的行为，是税收主体的征纳利害行为，既包括征税主体的利与害之征税行为，也包括纳税主体的利与害之纳税行为。对征纳行为事实如何规律的研究，其价值在于它是税收价值得以产生的源泉与依据，是优良税制得以产生和推导的根据。即对征纳行为事实如何之规律认识的真假，直接关系税收价值判断的真假，关系税收价值认识的真假，关系税制的优劣和税收治理整体质量水平的高低。基于此，本章拟从征纳行为的内涵、结构、类型、征纳行为之事实如何的规律等方面切入，以期为优良税制的推导和创建以及优良税收政策的制定提供坚实的客观基础，从而减少税制的主观性和相对性。

一、征纳行为的内涵

征纳行为，即税收行为，由“税收”与“行为”两个词构成。因此，要解决征纳行为的内涵问题，首先要分析探讨“税收”与“行为”的内涵。

关于税收的内涵，普泛的界定是：“国家为了实现其职能，凭借政治权力，按照法定标准，无偿地集中一部分社会产品所形成的分配，是国家取得财政收入的一种主要形式，本质上体现以国家为主的分配关系。税收是一个历史范畴，是人类社会发展到一定历史阶段的产物。”① 笔者认为，所谓税收，就是社会管理者依据社会公共权力或非权力，对通过利害社会公共资源获取财富的法人或自然人征收一定公共资源占有费用的活动。或者说，是指国民与国家之间就公共产品交换价款缔结、履行原初或衍生契约的活动。

所谓“行为”，《高级汉语词典》的解释是：“指受思想支配而表现出来的外表活动。”现代心理学的研究表明，行为就是一种反应。而“反应是一事物相对于他事物的作用所发生的变化。”反应分为“合目的性反应”与“非合目的性反应”，“合目的性反应”是指有机体无意识地为了什么的属性，是有机体无意识地为了达到一定结果而发生一定过程的属性；目的性则是有机体有意识地为了什么的属性，是有机体有意识为了达到某种结果而进行过程的属性；② 可见，二者都是指有机体所具有的“为了什么”的属性，都是有机体“为了”达到某种结果而进行

① 张同青等主编：《税收辞海》，辽宁人民出版社 1993 年版，第 1 页。

② ［德］马克思、恩格斯著：《马克思恩格斯全集》（第二十卷），人民出版社 1971 年版，第 48 页。

某种过程的属性，但反应的最高阶段是条件反射与目的反射。行为无疑属于目的反射，即目的性是行为的根本特征。“受思想支配”也是指其活动具有“目的性”。

如果如此界定“行为”，行为无疑是指具有大脑的动物所有，是有机体有意识地为了什么所进行的实际反应活动，是有机体所进行的受意识支配的实际反应或反射活动，是有机体的随意运动，是有机体受大脑支配的实际反应或反射活动。行为的这种有机体受意识支配的实际反射活动，可以根据其反射的条件性分为本能和学习。本能是无条件目的反射，是有机体先天固有而又受意识支配的实际反应活动，是有机体先天固有的随意运动。学习则是条件目的反射，是有机体后天习得而又受意识支配的实际反应活动，即有机体后天习得的随意运动，也即行为是有机体受意识支配的实际反应活动。①

结合“税收”与“行为”的内涵可知，所谓征纳行为，是指能够进行税收评价的行为，或者说，是能够进行“税德”评价的行为，即具有利害征纳税主客体的行为。就征税人作为税收行为主体而言，征纳行为是指社会管理者依据社会公共权力或非权力，对通过利害社会公共资源获取财富的法人或自然人，有意识地征收一定公共资源占有费用的活动。就纳税人作为税收行为的主体而言，则是根据税法规定，有意识交纳一定公共资源占有费用的活动，或是有意识地交纳公共产品交换价款的活动。当然包括税制创建和制定活动，比如税收立法活动；税制的实现——税收执法活动；税制的救济——税收司法活动以及公共权力民主授予与监督活动，等等。简言之，税收是指国民与国家之间就公共产品交换价款缔结、履行契约的活动。广义地讲，税收当然也

① 王海明著：《新伦理学》，商务印书馆2008年版，第541页。

应包括用税活动。

需要特别强调的是，什么样的征纳行为才具有税收价值？即能进行税收评价的征纳行为。众所周知，价值是客体对于主体活动的需要、目的、欲望和兴趣等衍生物的效用，有利的效用即正价值；有害的效用即负价值；无利无害的效用即无价值。因此，具有税收价值的征纳行为，也就是对于税制目的具有效用的征纳行为。税收目的无疑是为了保障人类社会以及人类与非人类存在物所结成的利益共同体的存在与发展，最终则为了增进全社会和每个国民的福祉总量。

抽象地讲，所谓征纳行为，就是对于社会和利益共同体的存在与发展以及每个国民福祉总量增进具有效用的行为，也就是有利或有害于社会和利益共同体的存在与发展和每个国民福祉总量增进的征纳行为，说到底，就是有利征纳主客体的行为。征纳行为的根本特征在于是否受税收价值的意识之支配，也就是受利害征纳主客体意识支配的行为。由此可见，税收行为或征纳行为与非税收行为的区别，无疑在于是否具有利害征纳主客体之意识，而不在于是否具有利害征纳主客体之事实。

即，凡是受利他意识支配的税收行为或征纳行为，符合税收目的，是具有正的税收价值行为，叫作“应该”的税收行为或征纳行为；反之，受害他害己意识支配的税收行为或征纳行为，因不符合税收目的，就是具有负的价值之税收行为，叫作“不应该”的税收行为或征纳行为。而受利己意识支配的行为，既可能符合税收目的又具有正价值，是“应该”的税收行为或征纳行为，也可能不符合税收目的且具有负价值，就是“不应该”的税收行为或征纳行为。

二、税收行为的结构

毋庸置疑，对税收行为或征纳行为结构的研究，是税收行为和税制研究的基本路径和方法。

从“行为是有机体有意识地为了什么所进行的活动”的界定可知，税收行为或征纳行为由税收行为目的与税收行为手段构成。税收目的是税收行为主体，即征税主体——征税人与纳税主体——纳税人有意识地为了达到的涉税行为结果，也就是税收行为主体（征税人或者纳税人）有意识地为了达到的涉税行为结果。税收行为手段则是税收行为主体，也就是征税主体——征税人与纳税主体——纳税人有意识地用来达到某种涉税结果的过程，也就是税收行为主体有意识地用来达到涉税行为结果的行为过程。

关于行为的这个结构，托尔曼先生有十分精辟的论述。他说：“要对任何一件行为本身作一完全的、描述性的鉴定，就必须说明以下三点：一是所趋向或所离去的目标——对象；二是对于这趋向或离去的活动所涉及的手段——与对象打交道的特定方式；三是为这种趋向或离去而选择较短手段的事实”。[①] 从现代心理学，特别是弗洛伊德心理学来看，行为的上述结构仅仅是行为的静态分类。行为动态的、深层的结构应由目的、手段与原动力三者构成。所谓行为的原动力，也就是引发行为的根本原因、根本动因，即引发行为目的与手段的根本原因、根本动因。因此，手段的原因和动因是目的。行为原动力是引发行为目的的根本原因，也是引发其他行为目的的根本原因。行为根本目的与行为原动力的区别在于：根本目的就是目的的目的。如果产生某一目的的原因本身已经不再是目的，而只是原因，已经不是“为了什么”，而只是“因为什么”，它便是原动力。就是说，行为根本目的是某一行为目的的目的因，是尚未深化到超越目的层次

① ［美］爱德华·托尔曼著，李维译：《动物和人的目的性行为》，北京大学出版社 2010 年版，第 326 页。

的行为目的的原因；行为原动力则是行为目的的非目的因，则是已经深化到超越了目的层次的行为目的的原因。因此，行为原动力是行为根本目的的原因。[①]

显然，现代心理学对行为的这一分类意味着：动态的税收行为或征纳行为，由征纳行为目的、征纳行为手段与征纳行为原动力构成。征纳行为原动力是引发征纳行为的根本原因、根本动因，也就是引发征纳行为目的与手段的根本原因和根本动因，还意味着征纳行为手段的原因和动因是税收目的。征纳行为原动力是引发征纳行为目的的根本原因，也是引发其他征纳行为目的的根本原因。征纳行为根本目的与征纳行为原动力的区别在于：征纳根本目的就是征纳行为目的的目的。显然，征纳行为根本目的是某一征纳行为目的的目的因，是尚未深化到超越征纳行为目的层次的征纳行为目的的原因；征纳行为原动力则是征纳行为目的的非目的因，是已经深化到超越了征纳行为目的层次的征纳行为目的的原因。

由此可见，所谓征纳行为目的就是具有税收价值、可以进行税收评价的征纳行为目的，也就是对税收目的具有效用的征纳行为目的，说到底，就是利害征纳的税收行为目的，是税收行为者（征纳主体）所要达到的利害征纳的涉税行为结果。如此而言，征纳行为目的无非四种：即有利于征税人的征纳行为目的；有利于纳税人的征纳行为目的；有害于征税人的征纳行为目的；有害于纳税人的征纳行为目的，也就是“利征目的、利纳目的、害征目的、害纳目的”四种。

同样，所谓征纳行为手段，就是具有税收价值、可以进行税收评价的征纳行为手段，也就是对税收目的具有效用的征纳行为

① 王海明著：《新伦理学》，商务印书馆，2008 年版第 548 页。

手段，说到底，也就是利害征纳的征纳行为手段，是税收行为者所要达到的利害征纳之征纳行为过程。因此，征纳行为手段同样分为四种：即有利于征税人的征纳行为手段；有利于纳税人的征纳行为手段；有害于征税人的征纳行为手段；有害于纳税人的征纳行为手段，也就是“利征手段、利纳手段、害征手段、害纳手段”四种。而所谓税收行为原动力，即引发征纳行为的根本的、非目的的原因，而是引发利害征纳行为的根本的、非目的的原因。说到底，即产生利害征纳行为的非目的因，是产生“利征目的、利纳目的、害征目的、害纳目的”四种目的的非目的因。可见税收行为结构研究的意义在于，它是征纳行为类型与规律研究的基础与前提。

三、税收行为的类型

与税收行为结构自身内部的划分不一样，税收行为类型则属于税收行为相互间的外部划分。由于这种外部的划分因标准的不同而不同，因此，理论上讲，税收行为类型是无限的，有多少个划分标准，就有多少个税收行为类型。如果以税收行为的主客体为根据划分，有税收主体行为与税收客体行为；以税收行为的道德与法为根据划分，有税德行为与税法行为；以税收行为的主体划分，有征税人行为与纳税人行为；以税收行为的对象划分，还有流转税行为、所得税行为、行为税行为，等等。还有抽象征纳税行为与具体征纳税行为，内部征纳税行为与外部征纳税行为，羁束征纳税行为与自由裁量的征纳税行为，等等[①]。从探索税收

① 施正文著：《税法要论》，中国税务出版社2007年版，第451—453页。

行为规律的角度看，我们可以根据税收行为的定义与结构，将税收行为分为以下十六种类型，[1] 具体见表5-1。

表5-1　　　　税收行为的16种类型

目的／类型／手段	利　征	利　纳	害　征	害　纳
利　征	1［目的利征 手段利征］	2［目的利纳 手段利征］	3［目的害征 手段利征］	4［目的害纳 手段利征］
利　纳	5［目的利征 手段利纳］	6［目的利纳 手段利纳］	7［目的害征 手段利纳］	8［目的害纳 手段利纳］
害　征	9［目的利征 手段害征］	10［目的利纳 手段害征］	11［目的害征 手段害征］	12［目的害纳 手段害征］
害　纳	13［目的利征 手段害纳］	14［目的利纳 手段害纳］	15［目的害征 手段害纳］	16［目的害纳 手段害纳］

上述十六种税收类型的内涵分述如下：

第一，目的利征、手段利征。就征税人而言，目的为了征税人，为了政府自己，手段也为了征税人，为了政府自己的行为，是一种完全纯粹为己的税收行为，相当于日常生活中“各人自扫门前雪，莫管他人瓦上霜”的行为。事实上，在现实中这样的征税行为几乎没有，因为政府不可能孤立于社会之外。就一个国家而言，也不大可能建构这样一个完全利己的税制，也不可能有这样一个完全利己的税收政策。就纳税人而言，目的是为了征税人，为了政府，手段也是为了征税人，为了政府的行为，这无疑是一种“无私利他”的纳税行为，是纳税行为的最高境界，

---

① 王海明著：《新伦理学》，商务印书馆2001年版，第186页。

但也只能是一种偶尔的行为。

第二，目的利纳、手段利征。就征税人而言，就是目的利他、手段利己的行为。即目的是有助于纳税人福祉，增进纳税人的福祉总量，手段则是有利于自己征税的行为。比如，税务机关为了多收税、多聚财而不断加强自身建设，提高自身综合素质的涉税行为等。就纳税人而言，目的则是为了有利于自己，增进自己的利益，手段是有利于征税人的行为。比如，纳税人为了赢得一个宽松确定的税收环境，积极配合税务机关执法，严格依法交税的行为等就属于此类。

第三，目的害征、手段利征。就征税人而言，就是目的害己、手段利己的行为。比如，政府个别税收目的是为了少征税、而手段有助于自己的涉税行为等。一些税收减免优惠政策，政府都会选择较小的损失等涉税行为。就纳税人而言，就是目的为了损害征税人——减少政府的可支配收入，从而偷税的行为等。

第四，目的害纳、手段利征。就征税人而言，就是目的害他、手段利己的行为。即目的为了损害纳税人的利益，控制纳税者，让其尽可能多地交税，但手段却是有利于自己的行为——比如不断提高征税能力的各种举措。比如，政府出台的各种增税政策，目的是增加自己的可支配收入，减少纳税人的可支配收入——害纳，但采取的手段却是提高征税队伍的综合素质等。就纳税人而言，比如个别纳税者，目的是因为内疚感而多交税的涉税行为。即个别纳税人为了解脱自己内心深处对曾经偷税行为惩罚的恐惧感以及内疚感，从而自觉要求税务机关严格查处自己的纳税情况。

第五，目的利征、手段利纳。就征税人而言，就是目的利己、手段利他的行为。即目的为了有利于征税人——多收税，有利于政府，从而采取的手段却是有利于纳税人的各种减免税的涉税及方便纳税人的行为等。比如，各种依法征税的行为就属此类。就纳税人而言，是指目的为了有助于增进征税人的利益，从而用心经营企业赚取更多的利润，并依法纳税的行为等，即目的利他、手段利己的行为。

第六，目的利纳、手段利纳。就征税人而言，就是目的利他、手段利他的行为。这是一种无私利他的行为。征税人的行为目的是增进纳税人的利益，手段也是有利于纳税人的行为。比如，一些税收减免政策行为就属于此类。就纳税人而言，则是一种纯粹为己的行为，是一种逃离社会，既不想缴税也不想用税，渴望无税时代的行为。这种涉税行为在现实中无疑很少。

第七，目的害征、手段利纳。就征税人而言，就是目的害己、手段利他的行为。即目的害己——征税人，手段利他——纳税人的行为。比如，一些减免税收的行为以及个别一些自我放弃享有税收特权的行为等。就纳税人而言，是指目的害他——征税人，手段利己——纳税人的行为。比如，个别纳税人为了更多地逃税——害他，不断做强、做大企业的行为等。

第八，目的害纳、手段利纳。就征税人而言，就是目的害他、手段利他的行为。即目的为了损害纳税人的利益，手段则是有利于纳税人的行为等。比如，极个别税务人员为了“整死”一个企业，却采取小恩小惠的少收或“不收税”的手段，最后为了算总账等行为。就纳税人而言，则是目的害己、手段利己的行为，即采取较少的损失来达到害己目的的行为。比如，个别纳税人为了达到破产而害己的目的，采取缴税较少的手段等。

第九，目的利征、手段害征。就征税人而言，就是目的利己、手段害己的行为。即征税人为了自己更大的利益而牺牲部分利益等涉税行为。比如，个别减免税政策，其实都是属于这类行为。就纳税人而言，是指目的利他、手段害他的行为。比如，纳税人为了促进征税人改进税收服务水平而不断对其提出批评意见和监督等行为就属于此类。

第十，目的利纳、手段害征。就征税人而言，就是目的利他、手段害己的行为。比如，在征纳税人之间利益发生冲突不可两全的情况下，政府通过牺牲自己的利益——减税或减少开支、节俭等行为，从而保证纳税人利益的涉税行为等，这属于“自我牺牲”行为。就纳税人而言，即目的利己、手段害他的行为，是典型的“损人利己”的行为。比如，典型的逃税、抗税、骗税等行为。

第十一，目的害征、手段害征。就征税人而言，就是目的害己、手段害己的行为——完全纯粹害己的行为。就纳税人而言，是指目的害他、手段害他的行为——纯粹害他行为。比如，纳税人各种抗税行为等。极端的情况是，如果一个社会的税法极其恶劣，没有体现全体或多数纳税人的意志而导致的涉税行为等。不过，前者非法，后者情况比较复杂。

第十二，目的害纳、手段害征。就征税人而言，就是目的害他、手段害己的行为。比如，一些惩罚性税种的过度开征等涉税行为，即征税目的为了惩罚一些纳税人，但采取的手段却是害己。比如，征收鸦片税为了遏制抽鸦片的行为而采取“包税”的手段就属于此类。就纳税人而言，是指目的害己、手段害他的行为。比如，个别纳税人出于极度内疚想进监狱求得良心安宁而大量逃税等涉税行为。

第十三，目的利征、手段害纳。就征税人而言，就是目的利己、手段害他的行为，即通过损害纳税人利益的手段——增税，从而达到自己多征税、增加可支配财力的涉税行为等。比如，各种过度频繁的增税行为等。就纳税人而言，是指目的利他、手段害己的行为，是一种自我牺牲的行为。比如，纳税人不问税收政策优良与否，都一味地依法照章纳税的行为等。

第十四，目的利纳、手段害纳。就征税人而言，就是目的利他、手段害他的行为，即通过损害或减少他的利益而增进纳税人利益的各种涉税行为等，比如，“朝三暮四”式的减税等，还包括一些不科学的减免税收政策等。就纳税人而言，是指目的利己、手段害己的行为。比如各种抗税、骗税等行为，包括一些税收筹划行为等。

第十五，目的害征、手段害纳。就征税人而言，就是目的害己、手段害他，这是典型的自恨行为。就纳税人而言，是指目的害他、手段害己的行为，是纯粹害他害己的涉税行为，这是典型的涉税报复行为。当然，这类涉税行为的评价比较复杂，需要具体情况具体对待，不能一概而论。

第十六，目的害纳、手段害纳。就征税人而言，就是目的害他、手段害他的涉税行为等。比如，某个税务人员为了报复一个企业老板而主动向上级检察部门交代他们过去曾经一起干过的涉税违法事件等行为。就纳税人而言，是指目的害己、手段害己的行为。比如，一个纳税人因为内疚感或恐惧感而渴望入狱惩罚自己以便解脱，便故意抗税、骗税的行为等。

上述分析过程表明，税收行为分类是极其重要和复杂的，特别是各个抽象的税收行为类型，要在现实中找到一个恰当、准确的事例实在非常困难，此处仅是提供一种思路而已。

四、征纳行为之“事实”

对征纳行为内涵、结构、类型的探讨，不过为了探讨征纳行为规律之“事实”。根据现代行为心理学研究的最新成果，征纳行为“事实”如何之规律如下：

（一）征纳行为原动力之“事实”

征纳行为内涵、结构研究告诉我们：征纳行为，不论是征税行为还是纳税行为，都既可能利人利己（利征利纳），也可能害人害己（害征害纳）。就征税行为而言，既可能利纳税人也可能利征税人，既可能损害纳税人也可能伤害征税人；就纳税人行为而言，既可能利于征税人也可能利于纳税人，既可能损害征税人也可能伤害自己。现代心理学研究成果表明，征纳税人的行为之所以能够无私利他（无私利征、无私利纳），是因为征纳行为主体都有同情心与报恩心。征纳行为主体之所以爱人而有同情心和报恩心，是因为社会和他人（征税人和纳税人）能给予其利益与快乐。就是说，无私利他之征纳行为（无私利他征税行为和无私利他纳税行为）的直接原因与根据，其原动力都在于征纳税人的爱人之心。相反，征纳行为主体涉税行为目的之所以害人（害征或害纳）是因为税收行为主体（征税人和纳税人）恨人（征税人和纳税人）而有嫉妒心和复仇心，他们之所以怀有嫉妒心和复仇心，是因为他人（征税人和纳税人）给了他痛苦与伤害。即征纳行为主体目的害人的终极原因、根据和原动力在于他人（征税人和纳税人）给了自己痛苦与损害。而征纳行为主体之所以会有利己目的，是因为他爱自己，是因为他爱自己的生命而有求生欲和爱自己的人格而有自尊心。因为征纳行为主体自己的生命和人格是其一切快乐的终极原因。征纳行为主体利己的直接原因、根据和原动力是自爱心、求生欲、自尊心；而终极的原因、根据和原动力则是自己给了自己快乐和利益。征纳税行为主体之所以有害己目的，是因为其恨转向了自己而有内疚感、罪恶感和自卑感；其痛苦之因在于自己的缺德和无能。征纳行为主体害己目的的直接动因、根据和原动力在于自恨心，是自卑感、内疚感和罪恶感；而终极的原因、根据在于自己给了自己的痛苦和损害。

而且，任何征纳行为主体涉税行为目的都是自由的、可以选择的、各不相同的，既可能是无私利征，也可能无私利纳，既可能自私利征，也可能自私利纳；同时，既可能自私害征，也可能自私害纳，既可能纯粹害征，也可能纯粹害纳。但产生这些征纳行为主体行为目的的共同的非目的因，即一切征纳行为的原动力却是必然的、不可选择的。任何征纳行为主体都是一样的，只能是征纳行为主体自己的苦乐利害，只能是为了自己。这就是征纳行为主体行为原动力规律的全部内容。但是，这个规律仅仅是我们从征纳行为主体的社会本性所概括之规律。

因为就人的生物本性而言，现代心理学研究成果还告诉我们：第一，生物的合目的性、基因的合目的性是人的一切行为目的性之起源、基础与原动力。第二，生物的合目的性、基因的合目的性是完全利己的。关于这个道理，心理学家道金斯先生说，利己是基因的普遍特性。如果他不是利己，而是利他，把生存机会让与其他基因，自己就不可能生存。所以，生存下来的基因必定利己而不可能利他。[1] 又说："基因是利己的基本单位。"[2] 这就是说，利己是引发人的一切利害行为，包括税收行为之终极原因和原动力。

如果从人的生理本性看，生理需要和欲望是引发每个人行为目的的根本非目的因和原动力，税收行为主体同样如此。而且，每个人的生理需要和欲望也是完全利己的，每个税收行为主体的生理需要和欲望也是完全利己的。这就是说，从人的生理本性看，利己也是引发每个人一切利害行为目的的根本非目的因，是

① 王海明著：《人性论》，商务印书馆2005年版，第81—82页。

② ［英］道金斯著：《利己的基因》（The Selfish Gene）. Richard Dawkins, The Selfish Gene, New Edition, Oxford University Press, Oxford New York, 1989: 36.

引发每个税收行为主体一切利害涉税行为目的的原动力。

（二）征纳行为目的相对数量之“事实”

征纳行为原动力“事实”意味着，征纳行为主体之所以会目的害人（害征或害纳），是因为其恨人而滋生了嫉妒心和复仇心。在嫉妒心和复仇心的背后是因为社会和他人（征税人和纳税人）造成了自己的痛苦，给自己带来了伤害。相反，征纳行为主体目的之所以会利他（利征或利纳）是因为他爱人（爱征或爱纳）而有同情心和报恩心，因为他有完美自我品德之心。而其原因都在于社会和他人（征税人和纳税人）给了自己以利益和快乐。这样，一个征纳行为主体在其全部涉税行为总和中，目的利他（利征或利纳）行为与目的害他（害征或害纳）行为的多少，就取决于他从社会和他人（征税人和纳税人）那里所能得到的利益与所受到的损害的多少。

常识在于，每个人的利益，根本说来无不是社会和他人给予的，即社会和他人是自我利益的根本保证。即每个征纳行为主体利益，根本说来无不是社会和他人（征税人和纳税人）给予的，社会和他人是自我利益的根本保证。但不可否认的是，社会和他人（征税人和纳税人）在给予各个人（征税人和纳税人）利益的同时，也会给其以伤害与痛苦。只是这些伤害有一些是偶然的、个别的，有一些则是必然的、普遍的、不可避免的。但综合起来，社会和他人（征税人和纳税人）给予一个人的利益与快乐还是大于社会和他人（征税人和纳税人）给予个人的损害与痛苦。这是因为任何人如果离开社会既不可能来到世上，也不可能生存下来，人是一种不能独自生存的社会动物。所以，首先就征纳行为总和而言，征纳行为主体利他的（利征或利纳）目的一定多于害他（害征或害纳）的目的，或者说，害他（害征或害纳）的目的必少于利他（利征或利纳）的目的。

其次，征纳行为主体利己（利征或利纳）的目的必多于害己（害征或害纳）的目的。因为现代心理学研究成果表明：每个行为主体之所以会有利己目的，是因为他爱自己。这样，便会因为爱自己的生命而有求生欲和爱自己的人格从而产生自尊心，而在求生欲和自尊心的背后是因为他自己的生命和人格是他的一切快乐与利益的终极原因。因此，他对自己的爱必多于恨，利己目的的行为必多于害己目的的行为。同理，征税行为主体（征税人和纳税人）对自己的爱必多于恨，利己（利征或利纳）目的的涉税行为必多于害己目的的涉税行为。

最后，征纳行为主体利己目的必多于利他目的。这是因为，征纳行为主体之所以无私利人（征税人或纳税人）是因为他爱他人（征税人或纳税人），而之所以爱他人（征税人或纳税人）是因为他的利益和快乐都是他人（征税人或纳税人）给予的。这样，征纳行为主体为他人（征税人或纳税人）谋利益的多少，也就取决于其对他人（征税人或纳税人）爱的多少，取决于他人（征税人或纳税人）给予税收行为主体（征税人和纳税人）利益和快乐的多少。即谁给的利益多就离谁近，反之，则离谁较远。这个道理，孔子早就发现，并名之“爱有差等”。即人对离自己越近的人爱越多，因为他们给予自己的利益与快乐最大。到 19 世纪，这个定理在西方才被德国伦理学家包尔生概括为“心理力学法则”，即“显然，我们的行为实际上是由这样的考虑指导的：每个自我——我们可以说——都以自我为中心将所有其他自我安排到自己周围而形成无数同心圆。离中心越远者的利益，他们引发行为的动力和重要性也就越少。这是一条心理学法则”。[1]

① ［德］包尔生著，廖申白等译：《伦理学体系》，中国社会科学出版社 1987 年版，第 18 页。

同时，征纳行为主体利己目的必超过其涉税行为总和的一半。因为现代心理学研究成果表明，任何行为主体就其一生的行为总和而言，对人、对己的爱必多于对人、对己的恨，即其目的利人、利己的行为必多于目的害人、害己的行为；其自爱又必多于爱人，因此，其目的利己的行为必多于目的利人的行为。如此，就其行为总和而言：（1）其利己目的必最多：既多于害己目的，也多于利他目的，更多于害他目的；（2）其自爱心必最多：既多于爱人之心，也多于恨人之心，更多于自恨心。[①] 而且，行为主体的行为目的与最终产生它的行为原动力必定恒久相符，只能偶尔相违。

（三）征纳行为手段相对数量之“事实”

与征纳行为目的“事实”之非统计性相比，征纳行为手段相对数量之“事实”则具有统计性与非统计性之别。

就征纳行为手段相对数量之非统计性“事实”而言，征纳行为主体（利己与害己）之手段都是通过自己、利用自己，以依靠自己为手段，是依靠自己的两种相反表现。反之，利他与害他之手段，都是通过社会和他人、利用社会和他人，以依靠社会和他人为手段，是依靠社会和他人的两种相反表现。就征税人而言，利己与害己之手段，都是通过征税人自己、利用征税人自己，以依靠征税人自己为手段，是依靠征税人自己的两种相反表现；而利他与害他之手段，都是通过社会和他人（纳税人）、利用社会和他人，以依靠社会和他人为手段，是依靠社会和他人的两种相反表现。

就纳税人而言，利己与害己之手段，也是通过纳税人自己、利用纳税人自己，以依靠纳税人自己为手段，是依靠纳税人自己

① 王海明著：《人性论》，商务印书馆 2005 年版，第 115 页。

的两种相反表现；而利他与害他手段都是通过社会和他人（征税人）、利用社会和他人（征税人），以依靠社会和他人（征税人）为手段，是依靠社会和他人（征税人）的两种相反表现。而且，由于人是一种社会动物，征纳行为主体涉税行为手段必定恒久利他或害他，如果利他手段是恒久的，害他手段必定是偶尔的；如果害他手段是恒久的，利他手段必定是偶尔的——只能偶尔利己或害己。就征税人而言，涉税行为手段必定恒久利他或害他（利纳或害纳），如果利他（利纳）手段是恒久的，害他（害纳）手段必定是偶尔的；如果害他（害纳）手段是恒久的，利他（利纳）手段必定是偶尔的——只能偶尔利己（利征）或害己（害征）。就纳税人而言，涉税行为手段必定恒久利他或害他（利征或害征），如果利他（利征）手段是恒久的，害他（害征）手段必定是偶尔的；如果害他（害征）手段是恒久的，利他（利征）手段必定是偶尔的——只能偶尔利己（利纳）或害己（害纳）。

即是说，就征纳行为手段相对数量的统计性“事实”而言，或者说就一个社会征纳行为的总和来说，首先，利征或利纳必定是恒久的，其他一切手段，比如害征或害纳以及利征或利纳的手段之和也只能是偶尔的。就一个社会的多数征纳行为来说，手段必定利他（利征或利纳）。就征税人而言，意味着利纳必定是恒久的，而其他一切手段，比如损人害纳、害征以及利征的手段之和也只能是偶尔的。或者说，就一个社会的多数税款征收行为来说，手段必定利纳。其次，就绝大多数征纳行为主体行为而言，手段利征或利纳必定是恒久的，而其他一切手段，诸如害征或害纳以及利征或利纳手段之和也只能是偶尔的。即就绝大多数征纳行为主体征纳行为而言，手段必定利征或利纳。就征税人而言，就绝大多数征税主体（征税人）的涉税行为而言，手段利纳必定是恒久的，而其他一切手段，诸如害纳、害征以及利征的手段之和也只能是偶尔的。简言之，就绝大多数征税人的征纳行为来说，手段必定利纳。就纳税人而言，就绝大多数纳税主体（纳税人）的涉税行为而言，手段利征必定是恒久的，而其他一切手段，诸如害征、害纳以及利纳的手段之和也只能是偶尔的。即就绝大多数纳税人的征税行为来说，手段必定利征。即在任何社会，就其征纳行为总和来说，也就是对绝大多数征纳行为主体的征纳行为来说，利征或利纳手段必定是恒久的，而其他一切手段，诸如害征或害纳以及利征或利纳手段之和也只能是偶尔的。

（四）征纳行为类型相对数量之“事实”

由征纳行为目的相对数量“事实”与征纳行为手段相对数量“事实”之结合可知，征纳行为类型相对数量的非统计性“事实”如下：每个征纳行为主体的征纳行为，唯有“为己利他”与“损人利己”可能是恒久的，才可能超过其全部征纳行为之一半；其余一切征纳行为，比如“无私利他”“单纯利己”“纯粹害人”“纯粹害己”的总和也只能是偶尔的，只能少于其全部征纳行为之一半。

就征税人而言，这一“事实”意味着，每个征税人的征税行为，唯有“为己利他”（目的为征税人、手段有利于纳税人的征税行为）与“损人利己”（目的为征税人、手段有害于纳税人的征税行为）可能是恒久的，才可能超过其全部征收行为之一半；其余一切征税行为，比如“无私利他”（目的手段都纯粹无私为纳税人）、“单纯利己”（目的手段都纯粹为征税人）、“纯粹害人”（目的手段都纯粹害纳税人）、“纯粹害己”（目的手段都纯粹害征税人）的总和也只能是偶尔的，只能少于其全部征税行为之一半。

就纳税人而言，这一“事实”意味着，每个纳税人的纳税行为唯有“为己利他”（目的为纳税人，手段有利于征税人的纳税行为）与“损人利己”（目的为纳税人自己，手段有害于征税人的纳税行为）可能是恒久的，才可能超过其全部纳税行为之一半；其余一切纳税行为，比如“无私利他”（目的手段都纯粹无私为征税人）、“单纯利己”（目的手段都纯粹为纳税人自己）、“纯粹害人”（目的手段都纯粹害征税人）、“纯粹害己”（目的手段都纯粹害纳税人）的总和也只能是偶尔的，只能少于其全部纳税行为之一半。

同时，也可以由征纳行为目的相对数量之“事实”与征纳行为手段相对数量之“事实”的结合推出——征纳行为类型相对数量的统计性“事实”。这一“事实”或规律如下：一是任何社会就其征纳行为总和来说，“为己利他”必定是恒久的，其他一切征纳行为，比如“无私利他”“单纯利己”“纯粹害人”“纯粹害己”的总和也只能是偶尔的；二是就绝大多数征纳行为主体的征纳行为来说，“为己利他”必定是恒久的，比如“无私利他”“单纯利己”“纯粹害人”“纯粹害己”的总和也只能是偶尔的。即就其征纳行为总和来说，或就绝大多数征纳行为主体的行为来说，“为己利他”必定是恒久的，其他一切征纳行为，比如“无私利他”“单纯利己”“纯粹害人”“纯粹害己”的总和，也只能是偶尔的。[①]

总之，征纳行为内涵、结构、类型以及“事实”之研究，不仅是优良税制创建和优良税收政策制定的基础，也是伦理视域税制理论研究的基本对象和内容。征纳行为研究的真假程度，特别是对征纳行为事实如何之规律的认识程度，直接关系着一种税收理论的成熟与否，关系着一个社会税收治理质量的高低与文明程度，其理论与实践价值都不可低估。

---

① 王海明著：《人性论》，商务印书馆 2005 年版，第 103—132 页。

第六章

伦理视域之优良税制

正如一切道德与法都有优劣之别一样，税制也有优劣高下之差异。但是，评价一种税制体系优劣的标准究竟是什么，或者说，优良税制之道德特征是什么，却是古往今来一直困扰税收思想界的核心问题之一。这主要与税制及其标准与体系本身存在的复杂性、层次性、情境性等原因紧密相关。因此，基于前五章的探讨，本章拟从税制道德价值视角出发，探讨优良税制之道德特征，以期促进税制学基础理论体系的创新与突破。

一、优良税制的制定过程

从第三章“税制结构与类型”及第四章“税制核心价值”的研究与分析可知，优良税制及其制定绝不是主观随意的，必须从征纳行为“事实”如何的客观属性出发，经由税制目的、税制价值，再经过税制价值判断推导。当然，恶劣落后的税制规范可以随意制定。

事实上，“税制”结构分析告诉我们，税制及其标准制定过程的科学性，直接决定税制体系及其标准的优劣。具体说，第一，优良税制及其标准一定是表层结构完整的。即是由清晰明确的收支主体、客体、原则、罚则等要素，诸如名称、内容及其相应的符号构成的。显然，优良税制及其标准的制定，不能忽视这些要素的优化，尽管这些要素可能是枝节性、技术性的。

第二，优良税制及其标准一定是内容与形式相一致、相统一的。凡是符合税制内在价值的税制才是优良的；凡是违背税制价值的税制则是恶劣的。即，税制规范虽然都是人们制定或约定的，但税制价值却不能由人随意约定。因此，优良税制一定是根据税制价值制定的。凡是与税制价值相符的税制规范便是优良的；凡是与税制价值不相符的税制规范则是恶劣的。因此，要制定和实现优良税制，关键在于把握税制价值。从本质上说，税制价值之真理与谬误，决定税制规范体系之优劣。

第三，优良税制一定是税制价值、税制价值判断与税制规范三者彼此和谐的。这是因为，税制价值要飞跃和转化，必须有一个中间环节，即税制价值判断。因此，优良税制的制定，必须探察税制价值，弄清其价值究竟如何，从而形成税制价值判断，随后方能在这种税制价值判断的指导下，制定与税制价值相符的税制规范。直言之，税制价值判断的真理，乃是达成制定优良税制规范及其标准目的之手段，是制定优良税制规范的充分必要条件。当且仅当税制价值判断是真理，才能够制定出与税制价值相符的优良税制规范。因此，税制价值判断是否为真理，也就成为税制优劣判定的重要标准之一。

第四，优良税制一定是通过税制目的，从征纳行为“事实”如何之客观本性中推导出来的。因为税制深层结构分析表明，人们所制定的征纳行为“应该且必须”如何的税制规范之优劣，直接取决于税制价值判断的真假；根本取决于征纳行为事实判断与税制目的判断的真假。因此，要制定优良税制规范，一方面，税制价值判断必须为真；另一方面，征纳行为事实判断与税制目的判断也必须为真。如果税制价值判断为假，或者说，征纳行为事实判断与税制目的判断任何一项为假，便不可能制定出优良的税制规范。

二、伦理视域之优良税制

税制结构分析及优良税制制定过程分析表明，伦理视域之优良税制意味着：

（一）优良税制终极特征：增进全社会与每个国民的福祉总量

众所周知，一个社会制定税制的具体目的可能多种多样，会因为当时情境的社会需要与国民需求而千差万别，也会基于各种各样的考虑，制定出不同的甚至相互冲突的税制规范。比如，税制目的既可能是聚财，也可能是调节经济，或者化解收入分配不公的问题，甚至是平息一些纳税人的情绪，维稳，还可能是维护执政地位的稳定，等等。

但从税收共同体的角度看，税制目的一定是保障人类与非人类存在物之利益共同体的存在与发展，是有意识地达到保障利益共同体与增进人类利益的结果。从社会的税收需要看，是有意识地保障“经济、文化产业、人际交往、政治、德治、法、道德”

七者的存在与发展。即税制总目的无非在于维持社会活动的秩序，从而保障其存在和发展。换句话说，社会需要是税制的本质，是税制的终极本性，也是税制的终极目的。而促进经济发展、繁荣文化产业、保障人际交往自由安全、造就良法和优良政治以及良德与优良德治，则是税制的分目的。

需要指出的是，个人的税收需要仅仅是税制实现的途径与手段，并不是税制目的。这是因为，税制是征纳税人为己利己之最根本、最重要的手段。因此就本质而言，社会创建税制的终极目的，只能是增进全社会和每个国民的福祉总量。事实上，不论税制具体目的多么纷繁复杂，人类社会创建各种制度，包括税制，其超越时空的普遍目的，就是增进全社会和每个国民的福祉总量。

但在具体的税收实践中，优良税制的这一终极特征通常表现为两个具体特征：一是在征纳税人之间、征税人之间、纳税人之间的利益没有发生根本性冲突、可以两全的情境下，表现为是否遵从"帕累托最优标准"，即"不伤一人地增进所有人的利益"[①] 之特征。最早提出这一标准的是中国的孟子，他将这一标准概括为一句话："杀一无辜而得天下，不为也。"[②] 即凡是符合

① 转引自胡寄窗：《1870年以来的西方经济学说》，经济科学出版社1988年版，第191页。帕累托说："我们看到，要取得一个集体的福利最大化，有两个问题待解决。如某些分配的标准为既定，我们就可以根据这些标准去考察哪些状态将给集体的各个人带来最大可能的福利。让我们来考虑任何一种特定状态，并设想做出一个与各种关系不相矛盾抵触的极小变动。假如这样做了，所有各个人的福利均增加了，显然这种新状态对他们每个人是更为有利的；相反的，如各个人的福利均减少了，这就是不利。有些人的福利仍旧不变亦不影响这些结论。但是，另一方面，如这个小变动使一些人的福利增加，并使别人的福利减少，这就不能再说作此变动对整个社会为有利的。因此，我们把最大效用状态定义为：做出任何种微小的变动不可能使一切人的效用，除那些效用仍然不变者外，全都增加或全都减少的状态。"

② 杨伯峻译注：《孟子·公孙丑章句下》，中华书局2009年版。

“帕累托最优标准”的税制及其标准，就是优良的税制体系及其标准；相反，凡是违背“帕累托最优标准”的税制及其标准，就是恶劣的税制及其标准。

二是在征纳税人之间、征税人之间、纳税人之间的利益发生了根本性冲突、不可两全的情境下，则表现为“最大利益净余额”特征，即最大多数人的最大利益之特征。凡是符合“最大利益净余额”的税制就是相对优良的税制；凡是违背“最大利益净余额”的税制就是恶劣、落后的税制。

当然，“最大利益净余额”特征具有正与反、积极与消极两个方面内容。正的、积极方面意味着，在增进一方利益的同时，一定会减少另一方利益的情况下，可以概括为“两利相权，取其重”，即优良税制特征此时意味着，能否选择最大的利益、牺牲较小的利益？因为此时选择最大的利益而牺牲较小的利益，可以最大限度地增进利益净余额。比如，为了增进国民的利益而打击官员滥用税权的腐败与浪费行为，就是因为全体国民的利益大于腐败分子的利益。此时牺牲腐败分子的利益，就等于增进国民的利益。而反的、消极方面意味着，在不可避免地要遭遇到两种以上的损害情况下的最大利益净余额标准，此时优良税制特征意味着能否“两害相权，取其轻”，即能否选择最小的损害而避免更大的损害。道理在于，此时选择最小的损害而避免更大的损害，是最大地增进了利益净余额。

可见，凡是有助于增进全社会和每个国民最大利益净余额的税制就是优良的、善的，值得追求的；相反，凡是无助于增进全社会和每个国民最大利益净余额的税制便是恶劣的、恶的，不值得追求的。

毋庸讳言，征纳税人之间的一切利益冲突，主要表现为大多数纳税人与少数纳税人、多数国民与少数国民之间的利益冲突。

在一般的、正常的、常规的情况下，多数纳税人、多数国民之利益的价值一定大于少数纳税人、少数国民之利益的价值。因此，一旦二者之间发生冲突时，优良税制意味着，能遵从“最大利益净余额原则”，能为最大多数人最大利益考虑，即可以牺牲少数纳税人和国民的利益而保全多数纳税人和国民的利益。问题或在于，在例外的、非常的情况下，即少数纳税人、国民的利益可能大于多数纳税人、国民的利益，当二者发生冲突之时，如果按照“最大利益净余额原则”，似乎应该牺牲多数纳税人、国民的利益而保全少数纳税人、国民的利益。这岂不意味着，“最大利益净余额原则”与“最大多数人最大利益标准”发生了冲突。或者说，此时究竟遵从哪一个标准才是优良税制应该的呢？直觉似乎告诉我们，应该服从“最大利益净余额标准”，牺牲最大多数纳税人、国民的最大利益标准，因为最大多数纳税人、国民的最大利益标准是从“最大利益净余额标准”推导出来的分标准或子标准。但细究则不然，优良税制应该遵从最大多数纳税人、国民的最大利益标准，牺牲最大利益净余额标准。道理在于，最大多数纳税人、最大多数国民的最大利益标准优先于“最大利益净余额标准”。

可见，优良税制之终极特征并不是单一的，是由若干个分标准构成的，是由一个总特征与两个分特征构成的。无疑，总特征是绝对的，是优良税制在任何条件下都应该具备的终极特征，即增进每个国民的福祉总量。而分特征是相对的，一个是在征纳税人、纳税人、征税人之间利益不发生冲突、可以两全条件下的终极特征，亦即帕累托标准或特征；另一个则是在征纳税人、纳税人、征税人之间利益发生冲突、不能两全条件下的终极特征，即“最大利益净余额”特征和“最大多数人的最大利益”特征。需要特别指出的是，这两个具体特征虽然都是相对的，但却不同。

"不伤一人地增加利益总量"是一个恒久特征与标准；而"最大利益净余额"和"最大多数人的最大利益"则是一个偶尔特征与标准。这是因为，任何社会要存在和发展，人们的利益一致而不相冲突是正常的、常规的、一般的情况，故而恒久；相反，人们的利益发生冲突、不可两全则是例外的、非常的情况，因而是偶尔的。[①] 一句话，伦理视域的优良税制意味着，它能够有效调节征纳税人之间、纳税人之间、征税人之间、国家之间、人与非人类存在物之间代际之间涉税利益冲突、不可两全的行为，也就是调节国家或政府公共资金收支活动中重大冲突和矛盾的行为，进而为全社会和每个国民提供高性价比的公共产品和服务，增进全社会和每个国民的福祉总量。

（二）优良税制之最高特征：人道与自由

第一，人道特征。人道，即作为人当行之道。作为一种道德原则，其广义的、浅层的、初级的律令是应该"把人当人看"；但其狭义的、深层的、高级的要求则是应该"使人成为人"。前者意味着要视人本身为最高价值，将"把人当人看"当作待人的最高原则，关键词是"博爱"。具体说，要善待一切人、爱一切人、把任何人都当人看。后者则意味着，要视人本身的自我实现为最高价值，把"使人成为人"奉为待人的最高原则，关键词是"自我实现"。要视人本身的完善为最高价值，从而使人能够成为可能成为的完善之人。要视人的创造性潜能之实现为最高价值，并促使人实现自己的创造性潜能。可见，"把人当人看"是衡量一切行为是否人道的广义的、浅层的、初级的总原则，是广义人道总原则与标准。"使人成为人"是衡量一切行为是否人

① 王海明："道德终极标准新探"，《东南学术》（福州），2005 年第 2 期。

道的狭义的、深层的、高级的总原则，是狭义人道总原则与标准。但是，人道虽然是一种应该如何待人的最高道德原则，但就其实质而言，则是统治者应该如何治理社会和国家的最高价值标准，同理，也是一个社会应该如何治理征纳行为活动的最高价值标准，是优良税制的最高特征。难怪潘扎鲁曾说："人道主义已经获得了一种政治纲领的意义……一种组织和管理社会的标准和法则。"①

人道作为优良税制的最高特征或价值标准意味着，凡是优良税制，一定是奉行人道原则，并把人道精神嵌入税制体系的。一方面，优良税制视人本身为最高价值，从而善待一切征纳税人、爱一切征纳人、把任何征纳税人都能当人看。另一方面，优良税制视人本身的自我实现为最高价值，把"使每个纳税人和国民成为人"奉为税收治理的最高原则。即优良税制是将"未经同意不得征税原则"嵌入税制的税制，是视纳税人和每个国民本身的完善为最高价值，从而使其能够成为可能成为之完善的人。从本质上说，优良税制是视人的创造性潜能实现为最高价值，并促使每个纳税人和国民实现自己创造性潜能的税制。

第二，自由标准。将每个纳税人和国民当人看，并使每个纳税人和国民成为人，尽管是广义与狭义的人道总原则与标准，但却不是人道的根本原则。因为它并没有告诉我们，究竟怎样才能使每个纳税人和国民成为人？答案无疑是"自由"。这是因为，自由乃是使人成为人——亦即使每个人实现自己的创造潜能从而成为一个可能成为的最有价值的人的最根本的必要条件：这是自

① 沈恒炎、燕宏远著：《国外学者论人和人道主义》（第三辑），社会科学文献出版社 1991 年版，第 37 页。

由最重要的价值。[①] 哈耶克也说："自由并不仅仅是许许多多价值中的一个，而是一切价值的根源。"[②] 即是说，自由虽不是社会进步的唯一要素，却是社会进步的最根本的要素与条件。自由是达成自我实现和社会进步的根本条件，也是最根本的人道，是人道的根本原则。因此，当代著名人道主义思想家保罗·库尔茨一再说："人道主义的核心价值观是个人自由。"[③]

同理可知，税制自由乃是使每个纳税人和每一个国民成为人，从而使每个纳税人和每一个国民实现自己的创造潜能，成为一个可能成为的最有价值的人——的最根本的必要条件。因此，凡是优良税制，一定是给予每个纳税人、每一个国民自由最多的；凡是恶劣税制，一定是给予每个纳税人、每一个国民自由最少的。

税制自由是优良税制的最高价值标准或特征，同样不是简单、单一的，是由多种特征组合而成的复杂体系。具体说，是由两大类型、六个特征构成的，即由税制自由的法治特征、自由的平等特征和自由的限度特征三个普遍标准与政治自由、经济自由和思想自由三个具体特征构成的。

税制自由的法治特征意味着，一个社会的所有税收强制都应该且必须得到每个国民、纳税人的一致同意。同理，税制自由的法治特征意味着，一方面，统治者必须按照税德与税法进行公共资金征收活动的管理，不能违背税德与税法。另一方面，一个国家的税制，必须由全体国民或其代表参与制定或认可，从而是公

① 王海明著：《国家学》，中国社会科学出版社 2012 年版，第 376 页。

② ［美］霍伊著，刘锋译：《自由主义政治哲学》，上海三联书店 1992 年版，第 40 页。

③ ［美］保罗·库尔茨著，余灵灵等译：《保卫世俗人道主义》，东方出版社 1996 年版，第 254 页。

共税收意志的体现，不能是个别人税收意志的体现。而且，这个国家的所有税德与税法，都必须直接或间接地得到全体国民的同意。因此，税制自由的法治特征既是衡量一个国家税制优劣之自由法治标准，也是衡量一个国家税制是否自由和人道的法治标准。

税制自由的平等特征意味着，一个国家所有税收强制都符合其税德和税法，并且所有的税德和税法都是公共税收意志的体现。这是因为，一种税制要是真正自由人道的，还必须每个国民都能同样平等地服从这种税收强制，同样平等地享有税制自由。换言之，如果一些国民或纳税人必须服从税制，而另一些国民或纳税人却不必服从税制，或者说，如果一个社会的一些人能够享有税制自由，而另一些人却不能够享有税制自由，也不能说这个国家的税收治理是自由的。道理在于，“为自由而斗争的伟大目标，一直是法律面前人人平等”①。

税收自由是每个纳税人和国民平等享有之权利的依据，既是人道之本，是发挥每个纳税人和每一个国民创造性潜能，使人成其为人的根本条件，同时也是一种人权，是每个纳税人和每一个国民作为人类社会的一员、一分子、一个人所应该得到的最低的、起码的、基本的权利：“自由所能向个人提供的只是种种机会。”②

税制自由的限度标准意味着，一个社会的税收强制应该保持在这个社会能够存在所必需的最低限度；一个社会的税制自由，应该广泛到这个社会存在所能容许的最大限度。即，税收自由的

① Friedrich A. Hayek：The Constitution of Liberty，The University of Chicago Press 1978：85.

② Friedrich A. Hayek，The Constitution of Liberty，The University of Chicago Press 1978：71.

限度特征是衡量一种税制优劣好坏的最高标准，也成为衡量一个国家税收治理是否自由和人道的最高标准之一。

与上述衡量税制三大普遍自由原则与标准不同，税制政治自由特征、经济自由特征与思想自由特征，则是评价税制优劣的三大具体自由标准。税制政治自由特征意味着，税收治理要按照每个纳税人与国民的意志进行。为此，每个纳税人、每个国民必须拥有税权。一个国家要使税收活动的被统治者，同时又是税收活动的“统治者”，就必须使每个国民都能直接或间接地掌握国家的最高税权。唯有如此，被统治者才能够与统治者同样直接或间接地掌握国家最高税权，同样成为最高税权的掌握者，是国家的最高税收治理活动的统治者，才能使国家的重要公共资金征收活动能够按照每个纳税人、每一个国民的涉税意志进行，从而拥有最高的税制政治自由。

毋庸置疑，要如此，必须建立民主制。因为民主就是全体公民直接或间接地掌握最高权力的政治，是被统治者与统治者一样拥有最高政治自由的政治。因此，一个国家的政治，包括对公共资金征收活动的管理，就应该直接或间接地得到每一个国民的同意，从而使得公共资金征纳活动应该且必须直接或间接地按照每个纳税人、每一个国民的涉税意志进行。具体地说，一个国家的重要公共资金征纳活动，未经纳税人或国民的同意，既不能随意地征税，也不能任性地用税。

税制经济自由特征意味着，优良税收治理应该尊重市场主体——纳税人的财富创获之主体地位，即以市场机制为基础，一切创获财富的经济活动由市场机制自行调节，尽量减少政府管制与干预。或者说，政府的干预只能限于确立和保障经济规则，包括确立税制。而且在这些经济规则的范围内，每个纳税人、每一个国民都是完全独立的主体，都应该享有完全按照自己的意志进行创获财富经济活动的自由。具体地说，每个纳税人、每一个国民都享有完全按照自己的意志进行生产、分配、交换和消费等财富创获活动的自由。对此，弗里德曼曾明确地指出："政府应该是仲裁者而不应该是当事人"，而且，"自由市场的存在当然并不排除对政府的需要。相反地，政府的必要性在于，它既是'游戏规则'的论坛和制定者，又是解释和强制执行这些既定规则的裁判者。"①

事实上，哪个国家建立了纳税人主导的财税体制，实行了市场经济，产权明晰，哪个国家的经济便会繁荣昌盛，国民的生活水平便会极大地提高。可见，税制经济自由特征既是一个极其重要的税制优劣评价标准，也是衡量一个国家公共资金征收活动是否拥有自由的价值标准，更是衡量一个国家税收人权、公正、人道和效率状况的价值标准。

税制思想自由特征意味着税收言论自由与出版自由。因为任何思想，包括税收思想，不论它多么荒谬危险，都不会危及国家的存在。所以科恩说："在民主国家中可以随心所欲地说和写，但不能随心所欲地做。"② 只有税收的行动自由才应该有所限制，而税收思想自由完全不应该有任何限制。即每一个国民、每个纳税人都应该享有获得与传达任何税收思想的自由。

（三）优良税制之根本特征：公正与平等

公正平等是优良税制的根本特征。这是因为，公正的核心是指平等的利害相交换，是征纳税人之间平等的利害相交换，也就

① Milton Friedman, Capitalism and Freedom, the University of Chicago Press, 1962: 15.

② ［美］科恩著，聂崇信译：《论民主》，商务印书馆 1988 年版，第 149 页。

是征纳税人之间权利与义务之平等的利害相交换。具体说，税制公正既是指国民与政府之间、征纳税人之间权利与义务之平等的利害相交换，也是指征税人、纳税人之间权利与义务平等的利害相交换。关键在于，公正关乎一个社会基础的稳固与否。当代正义论大师罗尔斯说："我们可以设想一种公开的正义观，正是它构成了一个组织良好的人类联合体的基本条件。"[①] 亚当·斯密也说："与其说仁慈是社会存在的基础，还不如说正义是这种基础。虽然没有仁慈之心，社会也可以存在于一种不很令人愉快的状态之中，但是不义行为的盛行却肯定会彻底毁掉它。"[②] 因为公正的根本问题是权利与义务的交换问题。"正义的主要问题是社会的基本结构，或更准确地说，是社会主要制度分配基本权利与义务。"[③]

进而言之，税制公正是指公共资金征纳活动中国民与政府"应该且必须"如何的行为原则，是指国民与政府之间，或者说征（纳）税人之间平等（相同、同等）的利（害）相交换的善之行为，是等利（害）交换的善行；税制不公正意味着国民与政府之间，或者说征（纳）税人之间不平等（不相同、不同等）利害相交换的恶行，是不等利（害）交换的恶行。或者说，税制公正的根本问题就是国民与政府之间，征（纳）税人之间公共资金征收权利与义务的交换，即国家对每个国民、每个征（纳）税人权利与义务应该如何分配的问题。对此，从古到今，

① ［美］罗尔斯著，何怀宏等译：《正义论》，中国社会科学出版社 1988 年版，第 3 页。

② ［英］亚当·斯密著，焦维娅译：《道德情操论》，商务印书馆 1998 年版，第 106 页。

③ ［美］罗尔斯著，何怀宏等译：《正义论》，中国社会科学出版社 1988 年版，第 5 页。

一直争论不休。有费因伯格的五原则说，有彼彻姆的六原则说，也有弗兰肯纳的三原则说。此处同样采信王海明先生的观点，即社会应该以“贡献、品德与才能、需要、平等”四大原则对每一个国民、每个征（纳）税人权利与义务进行分配。[①] 毋庸置疑，税收权利与义务的分配同样应该遵从这四大原则。

因此，所谓税制公正便意味着，国家或政府应该按照每一个国民、每个征（纳）税人的贡献、品德与才能、需要、平等这四个原则分配其税收权利与义务，或者说公共资金征收的权利与义务。同理，这也就成为评价一个税制优劣的根本标准。具体地说：

一是按照贡献原则分配每一个国民、每个纳税人税收权利与义务是评价税制体系优劣的第一根本标准，也是第一根本特征。即每一个国民、每个征（纳）税人的贡献越大，每一个国民、每个征（纳）税人的税收权利就应该越大；贡献越小，每一个国民、每个征（纳）税人的权利就应该越小。或者说，每一个国民、每个征（纳）税人的税收权利与其贡献成正比，但每一个国民、每个征（纳）税人所拥有的税收权利再大也不应该多于而只应该少于其贡献。

二是按照德才原则分配每一个国民、每个纳税人税收权利与义务是评价税制体系优劣的第二根本标准，也是第二根本特征。无疑，德才原则不过是贡献原则的推演与引申，因为德才是潜在的贡献。

三是按照需要原则分配每一个国民、每个征（纳）税人税收权利与义务是评价税制体系优劣的第三根本标准，也是第三根

① 王海明著：《公正　平等　人道——社会治理的道德原则体系》，北京大学出版社2000年版，第40页。

本特征。而这要成为国民与政府之间、征（纳）税人之间财税权利与义务公正分配的原则，成为评价税制优劣的根本标准之一，那它所分配给每一个国民、每个征（纳）税人的权利就必须是基本的权利，是能够满足每一个国民、每个征（纳）税人基本的、必要的、最低的、起码的生存需要的权利。同理，纳税人基本权利的分配也应按照需要原则进行。诸如，税前权利的财会设置权、建议权、知情权等的分配，税中权利的延期申报或缴款权、委托代理权、申请减免权、申辩权、拒绝合作权、申请听证权等的分配，以及税后之权利保密权、申请退税权、求偿权、复议起诉权、监督检举权等的分配。也包括纳税人在履行纳税义务过程中享有的知情权、保密权、税收监督权、纳税申报方式选择权、申请延期申报权、申请延期缴纳税款权、申请退还多缴税款权、依法享受税收优惠权、陈述与申辩权、税收法律救济、依法要求听证的权利、索取有关税收凭证的权利等的分配，都应完全平等，按需分配。

四是按照平等原则分配每一个国民、每个征（纳）税人税收权利与义务是评价税制体系优劣的第四根本标准，也是第四根本特征。这一特征标准意味着完全平等标准与比例平等标准。完全平等标准要求每一个国民、每个征（纳）税人以及不同征税人之间基本权利与义务的分配必须对所有的国民与征（纳）税人一视同仁，让所有的国民与征（纳）税人都享有相同的税收税权利与义务。比例平等标准要求每一个国民、每个征（纳）税人非基本税收权利与义务的分配应该且必须对同样的国民与征（纳）税人一视同仁，即相同的国民和征（纳）税人之基本财税权利与义务相同，不同国民和征（纳）税人的财税权利与义务不同。

即国民与政府之间、征（纳）税人之间基本权利完全平等原则是税收公正最重要的公正原则。而国民与政府之间、征（纳）税人非基本权利应该比例平等地分配意味着，社会应该不平等地分配每一个国民、每个征（纳）税人的非基本权利。要使每一个国民、每个征（纳）税人所享有的权利与他们所做出的贡献比例达到平等，在这种国民与政府之间、征纳税人之间非基本权利的不平等分配中，获利较多者就必须对获利较少者给予相应的补偿。这是“因为获利较多者比获利少者较多地利用了双方共同创造的资源：‘社会’与‘社会合作’。”“若是没有社会、社会合作，这些大歌星、大商贾、大作家们统统都会一事无成。”①

当然，必须通过税收政治平等、税收经济平等与税收机会平等去全面实现平等原则。因为税收政治平等要求每一个国民、每个纳税人要掌握税权，能对税收活动进行统治与管理。一方面是直接的统治与管理，另一方面是间接的统治与管理。前者是指担任税收管理与统治组织中一定职务的权利，后者是指每一个国民、每个纳税人对税收统治与管理活动的参政权，如选举权、罢免权、创制权、复决权等权利。其实，每一个国民、所有纳税人完全平等地享有税收领域的政治自由意味着，一个社会的税收命运应当由每一个国民、所有纳税人决定，未经纳税人同意，既不能征税，也不能用税。而每一个国民、每一个纳税人享有的这种权利意味着，他们是国家最高税权的执掌者，任何团体和个人都无权剥夺国民和纳税人的这一基本权利。它是全体国民和纳税人共享的最高权力，也是民主政治的基本依据之一。“平等是民主合理性的关键”。② 税收经济平等是指按照每一个国民、每个征

① 王海明著：《新伦理学》，商务印书馆 2001 年版，第 356 页。

② ［美］科恩著，聂崇信译：《论民主》，商务印书馆 1988 年版，第 278 页。

（纳）税人的基本物质需要分配基本经济权利，这是每一个国民、每个征（纳）税人因为他是社会的一分子所应该享有的基本物质需要的权利。税收机会平等意味着，每一个国民、每个征（纳）税人获得政治、经济等具体权利之机会，主要是指竞争非基本权利——税收领域的职务、地位、权力和社会财富等机会平等。需要指出的是，每一个国民、征（纳）税人的这种机会平等并非机会平等的全部，而是一种表面的、形式的机会平等。因为一些国民和征（纳）税人的才德较差，贡献较少，从而享有较少的非基本权利，完全可能是因为他们缺乏发展才德、做出贡献的机会。萨托利就说："我建议把机会平等再分为平等进入和平等起点。"而且，"平等进入就是在进取和升迁方面没有歧视，为平等的能力提供平等的进入机会……平等起点的概念则提出了一个完全不同的基本问题，即如何平等地发展个人潜力。"①

概而言之，优良税制的根本特征是公正与平等。就税收公正而言，关键是国民与政府之间平等的利害相交换行为，即国民与政府之间重要公共资金征纳权利与义务交换的平等，根本说来，是指政府与国民之间的公共产品交换是平等的。即不论是政府与国民之间，还是征税人之间、纳税人之间以及国民之间的权利与义务交换是平等的。精确地说，这些税收主体之间的基本权利与义务交换符合完全平等原则，非基本权利与义务的交换符合比例平等原则。

事实上，优良税制终极特征、最高特征与根本特征，也就是增进全社会和每一个国民、每个纳税人福祉总量的终极标准及其两个分标准，与人道自由标准（法治、平等、限度；财税政治

① ［美］萨托利著，冯克利译：《民主新论》，东方出版社1993年版，第350页。

自由、经济自由、思想自由标准)、公正平等标准共同构成了税制评价的核心价值标准体系。一种有助于增进全社会和每个国民福祉总量，而且符合人道自由和公正平等特征的税制就是优良、先进的。反之，一种无助于增进全社会和每个国民福祉总量，而且不符合人道自由和公正平等特征的税制就是恶劣落后的。

（四）重要特征：诚信、便利、最小成本

显然，优良税制不仅有核心价值特征，还应有一些具体特征与之配套。这些具体特征，至少应该有三个：

一是诚信特征。凡是优良税制都应诚信，既“心口一致”，也“言行一致”。即国家的重要公共资金征纳行为，一方面要传达与自己思想相符合、相一致的税收信息，另一方面也要传达与自己的实际公共资金征纳行动相符合、相一致的税收信息。准确地说，“心口一致”意味着国家的税收管理目的要与其实际思想相符合、相一致，公开透明；“言行一致”意味着国家的税收管理行为必须与其税制要求一致。

二是便利特征。便利原为亚当·斯密首先提出的，主要是针对政府的征税活动。毋庸置疑，便利也应该成为优良税制的重要特征。因为“便利”意味着，国家的公共资金征纳活动，既要方便政府自己，也要方便纳税人，不能人为增加公共资金的征纳难度，阻碍税制终极目的的实现。

三是最小成本特征。国家对公共资金征纳活动的管理应该尽量减少成本，提高公共产品的性价比，不能仅仅为了聚财或者为了花钱而不顾及征纳税的成本。因为税收管理成本的无限增大，本身就是对国民财富的浪费，是违背税制增进全社会与每个国民利益总量这个终极目的的。

当然，优良税制特征，还应该包括税制及其标准制定方法与

过程方面的标准。而且，这也是十分重要且不可忽视的特征。

毋庸置疑，为了全面客观地认识优良税制的核心、重要与基本特征，增强对优良税制内涵与本质重要性与必要性的认识，需要对其特征进行深度分析。至少在笔者看来，优良税制特征本身具有复杂性、层次性与情境性的特点。

（五）具体特征

税制及其标准优劣评价的具体标准很多，诸如，收支主体、客体、原则、罚则等要素方面的评价标准；税制的名称、税制的内容以及表现税制内容的符号等方面的评价标准；还有税制及其标准之语言表述等方面的标准，等等。无疑，具体标准很多，各层次各方面的都有。客观地说，税制及其标准优劣评价也离不开这些具体评价标准。

三、小结

总之，分析优良税制的特征，无疑为了更加客观全面地认识优良税制的本质，增强对优良税制重要性与必要性的认识。优良税制的复杂性意味着，其特征是混沌性的局部与整体之间的非线性形式。这种局部与整体之间的非线性关系，就使得人们很难通过局部来认识优良税制的整体。

优良税制的层次性是税制结构的基本特点，是指税制系统内部各要素的排列组合方式。税制及其标准既有形式的技术要素层次的，也有内容核心层面的；既有道德层面的，也有法律层面的；既有价值层面的，也有价值判断层面的，还有道德与税制规范层面的；既有税制及其标准之目的层面的，也有财税行为事实如何层面的；等等。因此，优良税制便可以分为税制目的、事实、价值、价值判断与税制及其标准五个层面。因此，一个完整的优良税制特征，无疑应该涵盖这五个方面的内容。同时就一个完整税制体系而言，还可分为核心与非核心、根本与非根本、决定与被决定的层次，等等。这加剧了税制的复杂性特征。

优良税制的另一个特征是“情境性”。这是指在一定的时空里，优良税制会面临各种相对的或相互结合的境况。因此，优良税制的优良性并不是绝对的，会因为国情、社情和环境的改变而改变。而且，税制优劣评价会与具体情境中的问题相适应，具有一定的弹性，包括一定的目的性与新颖性。

第七章

“税痛”与税制

“税痛”问题同样关涉税制的优劣，是税制优劣的“晴雨表”，透过“税痛”的大小强弱及其社会效应，可从另一个视角观察判断税制之优劣。“税痛”越大的税制，越恶劣落后；“税痛”越小的税制，越优良先进。税制越优良，“税痛”便越少；税制越恶劣落后，“税痛”便越大。由此可见，研究“税痛”规律，有效化解“税痛”，也是探索优良税制形态，为现实税制改革提供优选方案的一个主要途径与方法。

一、“税痛”的内涵与本质

探讨“税痛”的基本问题，前提无疑是：“痛苦”的内涵、本质与根源是什么？

（一）"痛苦"的内涵与本质

何谓"痛苦"，古今中外思想者与专家们一直在努力给出一个科学的界定。国际疼痛研究协会曾要求一个由精神病学家哈罗得·摩尔斯领导的小组为"疼痛"下一个现代的定义。这个小组给出的界定是："疼痛是一种不愉快的感觉和情绪体验，与实际的或潜在的组织损伤相联系，或是被用来形容这样的损伤。"同时，这个小组也给这个界定增加了一个重要的注解："疼痛永远是主观的……这一定义避免了将疼痛绑缚在刺激之上。"① 国际疼痛研究协会给出的另一个界定是："疼痛是组织损伤或与潜在的组织损伤相关的一种不愉快的躯体主观感受和情感体验，同时可伴有代谢、内分泌、呼吸、循环功能和心理学等多系统的改变。"② 事实上，"痛苦则是主体对其需要得不到满足的心理反应、心理体验。"③

毋庸置疑，行为主体的苦乐是指导一切生命体生存与发展的更为直接的根本条件。道理在于，通过快乐与痛苦的感受性，行为主体可以趋乐避苦，或者趋利避害。正如爱因·兰德所言："躯体的快乐感觉是一种信号，标志有机体的行为进程是正常的。而躯体的痛苦感觉则是一种警告信号，意味着有机体的行为进程是错误的，有某种东西正在损害其适当功能，必须做出矫正。"④ 换句话说，痛苦或疼痛也是机体疾病的一种症状，不仅

① ［英］帕特里克·沃尔著，周晓林等译：《疼痛》，生活·读书·新知三联书店 2004 年版，第 28—29 页。

② 谭冠先著：《疼痛诊断学》（第 3 版），人民卫生出版社 2000 年版，第 1 页。

③ 王海明著：《新伦理学》，商务印书馆 2008 年版，第 558 页。

④ ［美］爱因·兰德著，关键译：《新个体主义伦理观》，上海三联书店 1996 年版，第 54 页。

会给机体带来物质和精神上的痛苦，也会对整个机体系统产生不良影响，或导致肌体病理的改变，甚至严重影响机体的运行质量。[①] 即痛苦是一切有生命的行为主体损害或恶的信号与代表，意味着一切有生命的行为机体失去了利益或善，实现不了自己的欲望，满足不了自己的需要，自然也就不能顺利生存和发展。根本说来，痛苦是行为主体疾病的一种症状，既会给行为主体带来痛苦，也会对行为主体的系统与结构产生不良影响，进而导致其病理的改变，甚至严重影响行为主体的运行质量与效率。

（二）“税痛”的内涵

“痛苦”内涵与本质探究表明，“税痛”是指税收痛苦，是“税收痛苦”的简称。因为痛苦是指行为主体的痛苦，因此，“税痛”也就是指税收行为主体的痛苦。由于税收行为主体既可能是征税人，也可能是纳税人，所以，“税痛”既有征税人之“税痛”，也有纳税人之“税痛”。征税人之“税痛”是指征税人涉税需要、欲望、目的、兴趣及其衍生物等得不到满足时的心理反应、心理体验；纳税人之“税痛”是指纳税人涉税需要、欲望、目的、兴趣及其衍生物等得不到满足时的心理反应、心理体验。由于在正常的征纳税人关系中，从税收发生学的逻辑看，先有纳税人，后有征税人，纳税人为主，征税人为次。因此，本章所指“税痛”特指纳税人之“税痛”。

这样，“税痛”的内涵，即是指纳税人涉税需要、欲望、目的、兴趣及其衍生物等得不到满足时的心理反应、心理体验，也是纳税人在痛苦时正常的、健康的而不是病态的、反常的前

① ［英］帕特里克·沃尔著，周晓林等译：《疼痛》，生活·读书·新知三联书店2004年版，第28—29页。

提下——对于有害其生存与发展的心理反应、心理体验。具体地说，“税痛”是指纳税人心理感到难过或不愉快，是当其涉税需要、欲望、目的、兴趣及其衍生物得不到满足和实现时，所感到难过或不愉快的心理反应、心理体验。毋庸置疑，“税痛”是指向纳税人主体的感情，是纳税人对自身涉税需要没有得到满足时的心理反应、心理体验。而纳税人的这种难过或不愉快的心理反应、心理体验，既可能是肉体的、物质性的，也可能是意识的、精神性的；既可能是特殊的，也可能是普遍的；既可能是主观的，也可能是客观的。可以说，凡是令纳税人的一切感觉系统不愉快的涉税心理反应、心理体验，都属于“税痛”的范畴。

由于纳税人的涉税需要、欲望、目的、兴趣及其衍生物，不过是为了从政府那里交换到高性价比的公共产品与服务，从而满足他们的公共需要、欲望、目的、兴趣及其衍生物，因此，“税痛”的本质就在于，纳税者的公共需要、欲望、目的、兴趣及其衍生物得不到满足和实现时，感到难过或不愉快的心理反应、心理体验。而纳税人这种难过或不愉快的涉税心理反应、心理体验，既可能是肉体的、物质性的，也可能是意识的、精神性的；既可能是物质层面的，也可能是社会层面的，还可能是精神层面的；既可能是主观的，也可能是客观的；既可能是共同的，也可能是特定的；既可能是绝对的，也可能是相对的。

（三）“税痛”的本质

“税痛”内涵研究表明，“税痛”的本质和根源在于纳税人作为主体的需要、欲望、目的、兴趣及其衍生物等没有得到及时有效的满足。而且，“税痛”不仅仅是指对纳税人的一种损害、一种恶，而且是指对纳税人的全部损害，意味着纳税人失去了涉税利益或善，满足不了自己的需要，达不成自己的目的，实现不了自己的欲望，难于顺利生存和发展。

更为重要的是，“税痛”也是税收治理系统疾病呈现的一种症状，既会给纳税人带来痛苦，也会对税收治理体系的系统与结构产生不良影响，从而严重影响税收治理体系的运行质量与效率，消减全社会和每个国民的福祉总量，无法实现社会创建税制旨在增进全社会和每个国民福祉总量的终极目的。

正如医学研究“疼痛”机理一样，“税痛”研究不仅是为了缓解“税痛”，更在于要化解“税痛”，优化税制，增进全社会和每个国民的福祉总量。作为税收学者，则要通过探索“税痛”机理，及时发现和辨识现实税制存在的各种“税痛”，并及时探寻具体的病因，有针对性地施治，缓解“税痛”，消减“税痛”，特别是治理系统性的“税痛”，促进税制优化并健康高效地运行，从而增进全社会和每个国民的福祉总量。

遗憾的是，学界关于“税痛”的研究几乎是一片空白，就是“税收痛苦指数”的研究也只是停留在表面上。因为“税收痛苦指数”全称为“福布斯全球税收痛苦和改革指数”，仅仅是将公司所得税、个人所得税、雇主和雇员的社会保险税（费）、商品税以及财产税等六大税种的最高一档名义税率加总得出。观察和反映的仅是“最高一档名义税率加总”反映之税负与纳税人“税痛”之间的关系。所以，比较准确地说，这应该叫作“税负痛苦指数”。这是因为，一方面，这种加总自身就存在先天性的缺陷与不完善，无法全面真实地反映一个国家和地区纳税人的真实“税痛”程度。另一方面，“税收痛苦指数”显然忽视了不同国家税制政体背景的差异性、税种结构的差异性等重要因素。事实上，税制政体背景的差异性、税种结构的差异性等，也是影响纳税人“税痛”大小的重要因素。

同样，在税负一定的条件下，直接税的“税痛”之所以较大，间接税的“税痛”之所以较小，就是因为间接税纳税义务人不是税收的实际负担人。换句话说，间接税纳税义务人能够用提高价格或提高收费标准等方法把税收负担转嫁给别人。因此，间接税很容易使纳税人处于“植物人”状态，对“税痛”变得麻木，从而会遮蔽“税痛”，扭曲税制运行信号，丧失救治最佳时机。但直接税就不同，纳税义务人就是税收的实际负担人，纳税人交了多少税自己十分清楚，因此“税痛”感就强，最容易唤醒纳税人的权利意识，进而有动力监督税款的去向，有助于持续不断地化解“税痛”，优化税制，增进全社会和每个国民的福祉总量。关于这个道理，日本税法学者北野弘久先生曾明确地指出：在间接税情况下，纳税人通常在法律上被置于“植物人”的地位，纳税人在国民主权原理下所享有的监督权、控制租税国家的权利几乎不可能实现。而且，身为主权者的大多数纳税人（国民）在间接税中不能享受从法律上保护的任何权利，这对于一个租税国家来说，无疑是一个重大的法律问题。甚至可以说，如果一个国家的消费税占据了这个国家财政的中枢，就会导致国民不能监督、控制租税国家运行状况的可怕局面。与间接税不同的是，由于个人所得税是从属于纳税人自己的财产中拿出一部分来直接缴纳，因此，最能引起纳税人的“税痛”，增强其“税意识”，纳税人对税率的微小提高也都相当敏感并极力反对，因而对政府如何使用税款也最为关切，这对促进一个国家税制结构的民主转型具有十分特殊的意义。①

对此，马克思也有非常精辟的论述。他说：“如果需要在两种征税制度间进行选择，我们则建议完全废除间接税而普遍代之

① 姚轩鸽：“21世纪将会是和平·福利的租税国家社会——著名税法学家北野弘久教授访谈”，《中国经济时报》，2005年6月23日。

以直接税。”因为“间接税使每个纳税人都不知道他向国家究竟交纳了多少钱，而直接税则什么也隐瞒不了，它是公开征收的，甚至最无知的人也能一目了然。所以，直接税促使每个人监督政府，而间接税则压制人们对自治的任何企求”。①

二、“税痛”的结构

“税痛”结构是“税痛”的内部划分，这种划分是一种整体与局部之间的关系。“税痛”有基本结构与深层结构之分。

（一）“税痛”的基本结构

从“税痛”的定义可知，“税痛”的基本结构应由纳税人“‘税痛’的心理体验”与其“涉税需要、欲望、目的、兴趣及其衍生物之未实现和生存发展的缺憾”两大要素构成。“税痛”的心理反应、心理体验是“税痛”的主观形式，因为心理、意识是由认知、感情、意志构成，心理反应、心理体验就是感情，是心理、意识之一种。因此，“税痛”的心理反应、心理体验因素就是一种感情，属于主观意识范畴。同时，由于纳税人的“税痛”是以他自己的主观感觉为转移的，因此，一个纳税人只要他觉得痛苦，有“税痛”，他可能确实就是痛苦的、不幸的，或者说，只要他觉得有“税痛”和“税不幸”，他确实就正在遭遇。

同时，纳税人涉税需要、欲望、目的、兴趣及其衍生物实现

① ［德］马克思：“临时中央委员会就若干问题给代表的指示”，《马克思恩格斯全集》（第十六卷），人民出版社 1972 年版，第 221—222 页。

和生存发展缺憾之痛苦心理反应、心理体验是客观的。这是因为，纳税人重大涉税需要、欲望、目的、兴趣及其衍生物之未实现和生存发展之不完满无疑是“税痛”、心理反应、心理体验的客观内容；纳税人重大涉税需要、欲望、目的、兴趣及其衍生物之未实现和生存发展之不完满，不仅是“税痛”的内容，而且是“税痛”“税不幸”的客观内容。道理在于，纳税人涉税需要的未满足、生存发展的不完满，就其自身来说，是客观的东西，属于客观的范畴，而且，纳税人重大涉税需要、欲望、目的、兴趣及其衍生物之未实现和生存发展之不完满，则属于“税不幸”，属于最大最根本的“税痛”。

事实上，“税痛”专指纳税人所有涉税需要、欲望、目的、兴趣及其衍生物之未实现和生存发展之不完满。“税痛”就是任何税制的常态（意味着纳税者可支配收入的减少），“税不幸”则是特定税制的特殊状态，指纳税者的重大涉税需要、欲望、目的、兴趣及其衍生物之未实现和生存发展之不完满。有“税痛”未必就有“税不幸”，但有“税不幸”则必然存在“税痛”，而且是深度的“税痛”。如此而言，化解“税痛”固然是一切税制改革的基本目标，但不断消减“税不幸”——系统性“税痛”，才是一切税制改革的最高且根本之目标。

（二）“税痛”的深层结构

从“税痛”的客观内容看，纳税人“涉税需要、欲望、目的、兴趣及其衍生物之未实现”与“生存发展之不完满”，严格说来还是有区别的。纳税人“涉税需要、欲望、目的、兴趣及其衍生物之未实现”无疑是指“税痛”的客观标准，“生存发展之不完满”则是指“税痛”的客观实质。

这是因为，纳税人涉税需要、欲望、目的、兴趣及其衍生物的满足与否，是其生存发展的根本手段。而纳税人涉税行为的全部意义，无不在于满足其欲望、需要、目的、兴趣及其衍生物，从而使他的生存和发展达到某种完满。因此，生存发展之完满就是纳税人重大涉税需要、欲望、目的、兴趣及其衍生物实现的根本原因、原动力。或者说，纳税人涉税行为的全部意义，无不在于克服其欲望、需要、目的、兴趣及其衍生物之不满足，从而使他的生存和发展接近某种完满。其生存发展之不完满，就是纳税人重大涉税需要、欲望、目的、兴趣及其衍生物无法实现的根本原因、原阻力。而且，由于纳税人“重大涉税需要、欲望、目的、兴趣及其衍生物得不到满足或实现”与“生存和发展之不完满”是决定“税痛”“税不幸”主观形式——“痛苦的心理体验”之客观内容。如此，纳税人生存发展之不完满是其“税痛”或者“税不幸”最为深刻的客观内容，便是纳税人“税痛”或者说“税不幸”的客观实质。

这就意味着，虽然一个纳税人认为自己是有“税痛”的，处于“税不幸”状态，但是，这个纳税人究竟是否真正具有“税痛”以及“税痛”有多大，是否存在“税不幸”，则是不以纳税人自己的意志为转移的。按照马斯洛的需要层次理论，人的需要从低级到高级顺次排列为七个层次：生理需要、安全需要、归属和爱的需要、自尊需要、认识和理解的欲望、审美需要、自我实现需要。[①] 以此推论，如果纳税人的涉税需要、欲望、目的、兴趣及其衍生物未满足和实现，也就是指纳税人的低级层次需要欲望、目的、兴趣及其衍生物未满足和实现，就属于“税痛”；如果是纳税人的涉税重大需要、欲望、目的、兴趣及其衍生物

① Robert Maynard Hutchins：Great Books of The Western World，Volume. 43. On Liberty，by，John StuartMill，Encyclop Aedia Britannica，Inc，1980：35/55.

生物未满足和实现，就是指纳税人的高级层次需要、欲望、目的、兴趣及其衍生物未满足和实现，就属于“税不幸”。

问题或在于，如果纳税人的低级、中级、高级需要中的低层次涉税需要、欲望、目的、兴趣及其衍生物未满足和实现，就属于“税痛”；如果纳税人的低级、中级、高级需要中的重要需要、欲望、目的、兴趣及其衍生物未满足和实现，就属于“税不幸”。即纳税人低级、中级、高级涉税需要、欲望、目的、兴趣及其衍生物之满足和实现与否，并不与“税痛”或“税不幸”直接挂钩。但是，尽管“税痛”并不与纳税人低级的涉税需要、欲望、目的、兴趣及其衍生物之满足与实现直接相关；“税不幸”并不与纳税人高级的涉税需要、欲望、目的兴趣及其衍生物之满足与实现直接相关。关键在于，哪一级的涉税需要、欲望、目的、兴趣及其衍生物的满足与实现相对重要？一般而言，纳税人越是高级的涉税需要、欲望、目的、兴趣及其衍生物之未满足与未实现，多与“税不幸”相关；而纳税人越是低级的涉税需要、欲望、目的、兴趣及其衍生物之未满足与未实现，多与“税痛”相关。

必须强调的是，一个纳税人涉税生存和发展之完满是相对的、不固定的，而且，一个社会的纳税人，其涉税生存和发展之完满是完全不同的，或者说，相对每个纳税人的重大涉税需要、欲望、目的、兴趣及其衍生物来说，如果其重大涉税需要、欲望、目的、兴趣得不到满足或实现，他的生存和发展便没有达到某种完满，便是不完满。由于每个纳税人的重大涉税需要、欲望、目的、兴趣及其衍生物各不相同，他们涉税生存和发展之完满标准便各有不同。自然，纳税人重大涉税需要、欲望、目的、兴趣及其衍生物是否得到满足或实现，就成为判定一个纳税人涉税生存和发展是否完满的客观标准。就是说，重大涉税需要、欲望、目的、兴趣及其衍生物之实现与否是判定“税痛”大小与“税不幸”的客观标准，也是区别“税痛”与“税不幸”的客观标准，也成为判定“税不幸”心理体验的客观标准，也是判定一个纳税人生存发展完满与否的客观标准。

“纳税人重大需要、欲望、目的、兴趣及其衍生物是否得到实现”作为“税不幸”的客观标准，也有实在与潜在之别，因为已引发行为、产生目的的需要、欲望、目的、兴趣及其衍生物，便是“为了满足、追求满足的需要和欲望”，便是“目的”，可以名之为“实在需要和欲望”；未引发行为、产生目的的需要和欲望，便是“不求满足而被压抑的需要和欲望”，便不是“为了满足的需要和欲望”，不是“目的”，可以称之为“潜在的需要和欲望。”① 可见前者为实在标准，后者为潜在标准。无疑，纳税人痛苦的涉税心理反应、心理体验是“税痛”的主观形式，其生存和发展之不完满则是“税不幸”的客观实质，介于二者之间的涉税重大需要、欲望、目的、兴趣及其衍生物等得不到满足或实现，则是“税不幸”的客观标准。

三、“税痛”的性质与特征

（一）“税痛”的主观性与客观性

“税痛”作为纳税人涉税需求、欲望、目的、兴趣及其衍生物未得到满足的主观形式和心理体验，其首要特征就是主观性。就是说，所有纳税人“税痛”都是主观的，有多少个纳税人，

① 王海明著：《新伦理学》，商务印书馆 2008 年版，第 1223—1229 页。

就有多少个“税痛”。纳税人认为有“税痛”就有“税痛”，纳税人认为没有“税痛”就没有“税痛”。纳税人认为“税痛”大就大，纳税人认为“税痛”小就小，即“税痛”是主观的。但是，“税痛”的深层根源、客观内容却是纳税人重大涉税需要、欲望、目的、兴趣及其衍生物之未得到满足或没有实现以及生存发展之不完满。而纳税人“生存发展之不完满”是其“税痛”和“税不幸”的客观实质，纳税人重大涉税需要、欲望、目的、兴趣及其衍生物之未得到满足或没有实现，处于“税不幸”的主观形式与客观实质之间，则是衡量二者的客观标准。

道理在于，“税痛”或“税不幸”作为纳税人的一种心理反应、心理体验，属于主观意识范畴，完全依据纳税人的主观意识而转移，即只要一个纳税人觉得有“税痛”就是“税痛”，纳税人觉得“税不幸”就是“税不幸”。即所谓“税痛”和“税不幸”，只是就纳税人自身或者形式来说才是一种心理体验、一种感情，属于主观意识范畴。若就“税痛”和“税不幸”的内容与实质而言，则是一种客观的东西，是指纳税人重大涉税需要、欲望、目的、兴趣及其衍生物未得到满足或实现以及生存发展之不完满。道理就在于，一切主观意识都是被它所反映的客观内容所决定的。

进而言之，一个纳税人是否有“税痛”和“税不幸”的感觉，完全取决于这个纳税人涉税需求、欲望、目的、兴趣及其衍生物，或者重大涉税需要、欲望、目的、兴趣及其衍生物之是否实现以及生存发展是否完满。尽管一个纳税人的“税痛”与“税不幸”是主观的，但其真实的“税痛”和“税不幸”感觉，却不是以他个人的意志为转移的，必然取决于其涉税需求、欲望、目的、兴趣及其衍生物，或者重大涉税需要、欲望、目的、兴趣及其衍生物是否实现和其生存发展是否完满。

当然，如果涉税需求、欲望、目的、兴趣及其衍生物实现，生存发展完满，就会必然感到“税乐”，如果重大涉税需求、欲望、目的、兴趣及其衍生物实现，生存发展完满，就会必然感到“税幸福”。即“税痛”和“税不幸”虽然是一种纳税人觉得怎样就怎样的主观东西，却是一种对于纳税人涉税需求、欲望、目的、兴趣及其衍生物，或者重大涉税需要、欲望、目的、兴趣及其衍生物是否得到满足和实现的客观的、必然的、不以任何人的意志为转移的心理反应与心理体验。

尽管一个纳税人只要认为“税痛”与“税不幸”便存在“税痛”与“税不幸”，但一个纳税人究竟实际得到的是哪种“税痛”与“税不幸”，其性质如何？则受制于它得到满足的涉税需要、欲望、目的、兴趣及其衍生物之性质，取决于他所达到的某种完满的生存发展的客观性质。对此，R. 罗伊（Ramashray Roy）的论述或许更能佐证这一观点。他认为：“需要就其自身来说是生而固有的，并且形成生物遗传体系的一部分，成为个性发展的基础。如果这些需要得不到满足或满足得不充分，个人的发展便会被扭曲、变残，个性就会残缺不全。……只有依靠基本的人类需要的基本满足，那创造性的、完全的、自由的、合群的和多方面发展的人，才会由可能变成现实。”①

一个纳税人是否处于“税痛”与“税不幸”的标志，并不取决于“税痛”与“税不幸”的主观性，只取决于“税痛”与“税不幸”的客观性，取决于这个纳税人涉税需求、欲望、目的、兴趣及其衍生物之是否满足及其生存发展之是否完满。“税痛”与“税不幸”既有主观性也有客观性，主观性是“税痛”

① John Burton：Conflict：Human Needs Theory The MACMILLAN Press Ltd 1990：125.

与“税不幸”所具有的痛苦之心理体验本性，是其主观形式之本性；客观性则是纳税人涉税需求、欲望、目的、兴趣及其衍生物，或重大涉税需求、欲望、目的、兴趣及其衍生物满足和生存发展完满的本性，是其所具有的客观内容之本性。而且，在“税痛”与“税不幸”的主客观统一体中，主观性是被动、被决定的、次要的方面，客观性具有主动、决定意义。同时，主观性有可能超越客观性而具有相对的独立性。

（二）“税痛”的真实性与虚幻性

“税痛”与“税不幸”的真实性与虚幻性是因为其主观性与客观性、主观形式与客观内容的统一体。“税痛”与“税不幸”的主观形式，既可能与其客观内容相一致，也可能与其客观内容不一致、不相符。但在现实中，要判定一个纳税人的“税痛”与“税不幸”之主观形式与其客观内容究竟是否一致和相符，确实很难。

“税痛”与“税不幸”的主客观性告诉我们，一个纳税人是否存在“税痛”与“税不幸”，完全取决于他的涉税需求、欲望、目的、兴趣及其衍生物，或者重大涉税需要、欲望、目的、兴趣及其衍生物之是否实现，生存发展之是否完满。因此，一个纳税人的涉税需求、欲望、目的、兴趣及其衍生物，或者重大涉税需要、欲望、目的、兴趣及其衍生物之未实现，生存发展之不完满便存在两种可能：真实的未实现与不完满及虚幻的未实现与不完满。比如，一个纳税人的涉税需求是减税，但企业并没有享受到真正的减税优惠，其生存发展就不完满，就存在真实的“税痛”。当然，如果他的重大涉税需要、欲望、目的、兴趣及其衍生物未实现，生存发展不完满，也就存在真实的“税不幸”。相反，假如一个纳税人的涉税需求是减税，也没有享受到真正的减税优惠，其生存发展仍然不完满，但政府却通过各种宣传让其以为自己已享受到了减税优惠，生存发展很完满，那其“税痛”就是虚幻的。同样，假如一个纳税人的重大涉税需求是“征税要经过纳税人的同意”，现实中也没有享受到纳税人主体地位的待遇，其生存发展自然不完满，但政府却通过各种宣传让其认为自己已经享受到了纳税人主体地位的待遇，生存发展很完满，那其“税不幸”也是虚幻的。为了遮蔽纳税人的真实“税痛”与“税不幸”，政府也可以通过税制的设计，比如建立“以间接税为主，直接税为辅”的税制，从而便让交了间接税的纳税人，虽然承担了一定的税负，却由于不知情而消减其“税痛”与“税不幸”的主观性心理体验，结果使得政府实现多聚财的目的。自然，在这种税制下纳税人的“税痛”与“税不幸”就是虚幻的，是必须通过税制改革消减的。问题在于，纳税人真实的“税痛”与“税不幸”是衡量一种税制优劣的指标与符号，可以随时提醒、动员管理者及时修正完善。相反，虚幻的“税痛”与“税不幸”，则会扭曲这种指标与符号的意义，从而丧失推动税制改革优化的动力。

纳税人“税痛”与“税不幸”的真实性与虚幻性的来源是因为客观内容与主观形式的不相符，也就是只有主观形式而没有客观内容。或者说，只有真实的“税痛”与“税不幸”心理体验，而没有真实的涉税需求或者重大涉税需求之不满足以及生存与发展的真实不完满。

事实上，虚幻性“税痛”与“税不幸”不是指其本身是虚幻的、假的，也不是指其心理体验是虚幻的、假的，而是指其内容或实质是虚幻的、假的，是指一个纳税人的涉税需求、欲望、目的、兴趣及其衍生物，或重大涉税需求、欲望、目的、兴趣及其衍生物未满足和生存发展不完满，是虚幻的、假的。自然，真实性的“税痛”与“税不幸”不是指其本身是真实的、真的，也不是指其心理反应、心理体验是真实的、真的，而是指其内容或实质是真实的、真的，是指一个纳税人的涉税需求、欲望、目的、兴趣及其衍生物，或重大涉税需求、欲望、目的、兴趣及其衍生物未满足和存在发展不完满是真实的、真的。

需要特别强调的是，虚幻的“税痛”与“税不幸”并不是假的、谬误的，只是人们在有关虚幻的“税痛”与“税不幸”之假的、谬误的认识指导下所得到的，特别是一个具体的纳税人关于虚幻的“税痛”与“税不幸”的内容（涉税需求或重大涉税需求未得到实现）之假的、谬误的认识指导下所得到的“税痛”与“税不幸”。如此，所谓虚幻的“税痛”与“税不幸”就是纳税人涉税需求、欲望、目的、兴趣及其衍生物，或重大涉税需求、欲望、目的、兴趣及其衍生物已得到满足，而主观上却误以为没有得到满足的心理体验，是其生存和发展实际上已实现完满，主观上却误以为尚未达到完满，是主客观不一致的“税痛”与“税不幸”。

虚幻的“税痛”与“税不幸”未必就是不好的，不应该的，而真实的“税痛”与“税不幸”未必就是应该的！对此显然不能做简单的回答。首先，必须看这些“税痛”与“税不幸”能不能避免？如果这些“税痛”与“税不幸”能避免，就应该消减，追求真实的“税痛”与“税不幸”；相反，如果这些“税痛”与“税不幸”不能避免，或许接受虚幻的“税痛”与“税不幸”也是有利无害的。比如，如果唤醒纳税人的“税痛”与“税不幸”有助于推动税制改革向好的方向发展，不会引发大的社会风险时，唤醒纳税人的“税痛”与“税不幸”就是应该的。相反，如果唤醒纳税人真实的“税痛”与“税不幸”，无助于推动税制改革向好的方向发展，甚至会引发大的社会风险时，或许容忍一定程度的虚幻的“税痛”与“税不幸”是理智的。

（三）“税痛”的相对性与绝对性

既然“税痛”与“税不幸”是一种心理体验，是一种主观性的东西，是以纳税人自己的主观感觉为转移的，因此，其“税痛”与“税不幸”便会因为纳税人主体的不同而不同，甚至大相径庭。比如，同样是17%的增值税税率，有些纳税人的“税痛”感就很强，甚至觉得是“税不幸”；但对另一些纳税人而言，甚至没有一点感觉，这就是“税痛”与“税不幸”的相对性。事实上，这也给我们研究“税痛”与“税不幸”带来了诸多困难。

关于“税痛”与“税不幸”的相对性，可以从“质”和“量”两个方面进行探讨。就“税痛”与“税不幸”质的方面而言，无疑是指不同的纳税人，或者同一个纳税人在不同时期所规避的“税痛”与“税不幸”，在质的方面是根本不同的。但从“税痛”与“税不幸”量的方面而言，其相对性是指不同的纳税人，或者同一个纳税人在不同时期所规避的“税痛”与“税不幸”，在量的方面也是根本不同的。比如，政府要开征房产税或资源税，对一些纳税人而言可能预示着灾难，“税痛”反应很强烈，甚至感到“税不幸”；但对另一些纳税人而言，其“税痛”感可能十分轻微，自然也就谈不上“税不幸”。

“税痛”与“税不幸”之所以具有相对性，就是因为纳税人的涉税需要、欲望、目的、兴趣及其衍生物的重要性与生存和发展的完满性都是相对的、因人而异的。当然，这并不是说“税痛”与“税不幸”不具备绝对性。

事实上，“税痛”与“税不幸”既具有相对性，也具有绝对性，既存在相对的“税痛”与“税不幸”，也存在绝对的“税痛”与“税不幸”。绝对的“税痛”与“税不幸”是指不因纳税人主体不同而不同的“税痛”与“税不幸”，是不以纳税人主体为转移的“税痛”与“税不幸”，也就是对任何主体都同样是“税痛”与“税不幸”的“税痛”与“税不幸”。道理在于，纳税人的涉税需要、欲望、目的、兴趣及其衍生物和一切事物一样具有普遍性与特殊性之性质。即普遍的“税痛”与“税不幸”和绝对的“税痛”与“税不幸”是统一的；“税痛”与“税不幸”的绝对性是普遍“税痛”与“税不幸”的本性。

特殊的、相对的“税痛”与“税不幸”与普遍的、绝对的“税痛”与“税不幸”之关系，跟虚幻的“税痛”与“税不幸”与真实的“税痛”与“税不幸”之关系有所不同，后者是各自可以分离独立的。而且，相对而言，真实的“税痛”与“税不幸”高于虚幻的“税痛”与“税不幸”。因此，应该首先规避真实的“税痛”与“税不幸”。但是，由于普遍性存在于特殊性之中，普遍的、绝对的“税痛”与“税不幸”是一切特殊的“税痛”与“税不幸”之中那些共同的、普遍的、抽象的成分，任何普遍的、绝对的“税痛”与“税不幸”都存在于各种特殊的、相对的、真实的“税痛”与“税不幸”之中。同时，任何特殊的、相对的、真实的“税痛”与“税不幸”都包含着普遍的、绝对的、真实的“税痛”与“税不幸”。因此，既不能说普遍的、绝对的“税痛”与“税不幸”的价值就小，也不能说特殊的、相对的“税痛”与“税不幸”的价值就大，既不能纯粹规避特殊的、相对的“税痛”与“税不幸”，也不能纯粹规避普遍的、绝对的“税痛”与“税不幸”。因为，规避任何一种特殊的、相对的“税痛”与“税不幸”，同时也就规避了普遍的、绝对的“税痛”与“税不幸”。当然，规避了任何一种普遍的、绝对的“税痛”与“税不幸”，同时也就规避了任何一种特殊的、相对的“税痛”与“税不幸”。这意味着，我们要规避“税痛”与“税不幸”只能在各种特殊的、相对的“税痛”与“税不幸”之间选择。

四、“税痛”的类型

“税痛”与“税不幸”类型是指“税痛”与“税不幸”的外部划分，是指由各个特殊的“税痛”或现象抽出来的共通点，是具有共同特征的“税痛”与“税不幸”所形成的种类。因此，“税痛”与“税不幸”的分类，可根据“税痛”与“税不幸”所具有的某种性质划分，比如，其普遍性与特殊性、绝对性与相对性、客观性与主观性，等等。

（一）根据“税痛”的普遍性与特殊性、绝对性与相对性、客观性与主观性分类

因为任何“税痛”与“税不幸”都具有普遍性与特殊性，“税痛”与“税不幸”也就分为普遍性“税痛”与“税不幸”、特殊性“税痛”与“税不幸”，进而分为共同型“税痛”与“税不幸”、特定型“税痛”与“税不幸”。普遍性“税痛”与“税不幸”是任何时代、任何纳税人都具有的“税痛”与“税不幸”，就是所有纳税人的涉税需要、欲望、目的、兴趣及其衍生物，或者重要的涉税需要、欲望、目的、兴趣及其衍生物之未实现，生存发展未完满的心理反应、心理体验；特殊性“税痛”则是部分纳税人在特定时代所具有的“税痛”与“税不幸”，是部分纳税人的涉税需要、欲望、目的、兴趣及其衍生物，或者重要的涉税需要、欲望、目的、兴趣及其衍生物之未实现，生存发

展未完满的心理反应、心理体验。这是因为，任何“税痛”与“税不幸”的性质都决定于其结构，“税痛”的结构由纳税人主观的心理体验与涉税需要、欲望、目的、兴趣及其衍生物未满足二者构成，其中，纳税人主观的心理反应、心理体验是形式，涉税需要、欲望、目的、兴趣及其衍生物未满足是内容。因此，“税痛”与“税不幸”也就有了普遍与特殊、共同与特定之分。

因为任何“税痛”都具有绝对性与相对性，“税痛”与“税不幸”自然也就有绝对性“税痛”与“税不幸”、相对性“税痛”与“税不幸”之别。绝对性“税痛”与“税不幸”就是所有纳税人的涉税需要、欲望、目的、兴趣及其衍生物，或者重要涉税需要、欲望、目的、兴趣及其衍生物之未实现，生存发展未完满的心理反应、心理体验。相对性“税痛”与“税不幸”，一方面是指不同纳税人或者同一纳税人在不同时期的涉税需要、欲望、目的、兴趣及其衍生物，或者重要涉税需要、欲望、目的、兴趣及其衍生物之未实现，生存发展未完满的心理反应、心理体验是不同的；另一方面是指不同纳税人或同一纳税人在不同时期的涉税需要、欲望、目的、兴趣及其衍生物，或者重要涉税需要、欲望、目的、兴趣及其衍生物之未实现，生存发展未完满的心理反应、心理体验是不同的。

同样，因为“税痛”与“税不幸”的客观性与主观性，“税痛”与“税不幸”也可以分为客观性“税痛”与“税不幸”、主观性“税痛”与“税不幸”。主观性“税痛”与“税不幸”是指一个纳税人涉税需要、欲望、目的、兴趣及其衍生物或者重要涉税需要、欲望、目的、兴趣及其衍生物之未实现，生存发展未完满的纯粹的心理体验，是指这种“税痛”与“税不幸”完全是纳税人自己主观的心理体验，属于主观意识范畴的。客观性“税痛”与“税不幸”则是指一个纳税人的涉税需要、欲望、目的、兴趣及其衍生物或者重要涉税需要、欲望、目的、兴趣及其衍生物未实现和生存发展之不完满，是实际存在的“税痛”与“税不幸”，是不以个别纳税人的主观体验为转移的“税痛”与“税不幸”。

（二）根据“税痛”的客观内容——涉税需要特性的分类

马斯洛将人的一切需要归结为三大类型：一是“低级需要”“物质主义动机”，亦即生理需要和安全需要，也就是物质性需要；二是“中级需要”“社会性动机”，也就是社会性需要，包括归属和爱的需要以及自尊需要；三是“高级需要”“超越性动机”，也就是精神性需要，包括认识和理解的欲望、审美需要、自我实现需要。詹姆斯也将人的需要、欲望、目的分为物质、社会、精神三类。因此，也可以将纳税人的涉税需要、欲望、目的、兴趣及其衍生物分为物质、社会、精神三类。如果纳税人物质、社会、精神的涉税需要、欲望、目的未得到满足，便会产生相应的“税痛”与“税不幸”，从而就有物质型“税痛”与“税不幸”、社会型“税痛”与“税不幸”和精神型“税痛”与“税不幸”。

（三）根据“税痛”产生的总根源分类

“税痛”产生的根源可能多种多样，因此，“税痛”也就可以分为多类。比如，如果“税痛”是因为政治体制的落后，就有政治体制型的“税痛”与“税不幸”；如果“税痛”是因为经济体制的落后，就有经济型的“税痛”与“税不幸”；如果“税痛”是因为文化体制的落后，就有文化型的“税痛”与“税不幸”。当然，“税痛”更多因为税制的恶劣与落后，因此就有税制型“税痛”与“税不幸”。而且，政治体制、经济体制、文化体制、税制的恶劣与落后会从总体上决定纳税人涉税需求、欲望、目的或者重大涉税需求、欲望、目的的未实现程度及其处于发展的不完满程度，也就是“税痛”与“税不幸”。

就“税痛”与“税不幸”的政治体制根源而言，无疑有民主型“税痛”与“税不幸”、寡头型“税痛”与“税不幸”、专制型“税痛”与“税不幸”。由于各自导致“税痛”与“税不幸”的性质与原因不同，“税痛”与“税不幸”的深度与广度也就不同。毋庸讳言，专制型“税痛”与“税不幸”最大，消减的阻力最大；寡头制的“税痛”与“税不幸”次之，消减的阻力次之；民主制“税痛”与“税不幸”最小，消减的阻力最小。

（四）根据“税痛”产生的具体根源分类

根据“税痛”产生的具体根源，可以将“税痛”与“税不幸”分为国有企业的“税痛”与“税不幸”、民营企业的“税痛”与“税不幸”；也可以根据企业纳税人的规模，将“税痛”与“税不幸”分为大中小企业的“税痛”与“税不幸”；根据企业纳税人的所在地不同，可以将“税痛”与“税不幸”分为东、西部企业的“税痛”与“税不幸”等；也可根据纳税人交纳的税种性质之不同，将“税痛”与“税不幸”分为直接税“税痛”与“税不幸”和间接税“税痛”与“税不幸”。

当然，还可以根据税种不同，划分为增值税“税痛”与“税不幸”、消费税“税痛”与“税不幸”、营业税“税痛”与“税不幸”、所得税“税痛”与“税不幸”；也可以根据纳税人“税痛”与“税不幸”产生的环节，将“税痛”与“税不幸”分为过程性的“税痛”与“税不幸”、结果性的“税痛”与“税不幸”；还可以根据纳税人“税痛”与“税不幸”产生的领域，将“税痛”与“税不幸”分为立法型的“税痛”与“税不幸”、执法型的“税痛”与“税不幸”以及司法型的“税痛”与“税不幸”；等等。

（五）根据税制本身性质分类

众所周知，税制有优劣，极恶的税制会产生最大的“税痛”与“税不幸”，“次恶”的税制产生较大的“税痛”与“税不幸”，次优的税制产生较小的“税痛”与“税不幸”，最优的税制产生最小的“税痛”与“税不幸”。这是因为，极恶的税制是仅仅为一个人服务的税制，伤害的几乎是所有人的利益，总体上会让所有纳税人处于“税痛”与“税不幸”境遇；“次恶”的税制仅仅为少数人服务，伤害的是大多数人的利益，总体上会让大多数纳税人处于“税痛”与“税不幸”境遇；次优的税制是为大多数人服务，伤害的是少数人的利益，总体上会让少数纳税人处于“税痛”与“税不幸”境遇；最优的税制是为全体人服务，伤害的可能是极少数人的利益，只会使极少数人总体上处于“税痛”与“税不幸”境遇。

当然，也可以根据税制本身的自由性，“税痛”与“税不幸”可分为自由性“税痛”与“税不幸”、强制性“税痛”与“税不幸”。自由性“税痛”与“税不幸”是一种“必要的税痛”“必要的税不幸”；强制性“税痛”与“税不幸”则是一种相对性的“税痛”，是可以规避的“税痛”与“税不幸”。

同样，根据税制本身的公正性，“税痛”与“税不幸”可分为公正性“税痛”与“税不幸”、不公正的“税痛”与“税不幸”。公正性“税痛”与“税不幸”是一种“必要的税痛”与“必要的税不幸”，而不公正性“税痛”与“税不幸”则是一种相对性的“税痛”与“税不幸”，是可以规避的“税痛”与“税不幸”。

事实上，凡是人道自由、民主法治、公正平等制度下的“税痛”与“税不幸”，都是一种“必要的税痛”与“必要的税不幸”，是纳税人不得不承受的“税痛”与“税不幸”。反之，则是一种“不必要的税痛”与“不必要的税不幸”，是需要努力化解的“税痛”与“税不幸”。正如柏克所言，“人在权利上所受的伤害之深，与在钱袋上受到的伤害之大，是可以同样或更甚的。一项剥夺人民之全部自由的法案，未必使其财产大受损失。一个人在大路上被抢了两文钱，使他大为愤恼的，主要不在于这两便士”。①

五、“税痛”的价值

“税痛”有强弱、久暂、先后、大小、确定性、远近、增值性、纯粹性、广度、质量等特性，因此，便与税制形成一定的联系，从而折射和反映出税制的优劣，凸显“税痛”本身的价值。

要弄清楚“税痛”的价值，首先得弄明白何为“价值”？关于价值的界定，目前学界公认的表述如下：“价值便是客体的事实属性对于主体需要的效用性，简言之，便是客体对主体需要的效用。”② 这样，“税痛”的价值指“税痛”客体的事实属性对于“税痛”主体需要的效用性。“税痛”客体的事实属性是指客体事实上具有的某种属性，这种属性对主体具有好坏之效用，从而会引起主体指向它的活动，以便获得有好处的东西，避免有坏

① ［英］埃德蒙·柏克著，缪哲选译：《美洲三书》，商务印书馆 2003 年版，第 128 页。

② 王海明著：《新伦理学》，商务印书馆 2008 年版，第 157 页。

处的东西。无疑，“税痛”主体是指能够分辨好坏利害的自主的活动者，而能够分辨好坏利害的自主活动者，既可能是单个纳税人，也可能是纳税人的总体。因此，所谓“税痛”之价值就是“税痛”客体之中事实上具有的某种属性，对于单个纳税人或总体纳税人需要的效用。

关于“疼痛”的价值，美国达特茅斯学院哲学系理性哲学与道德哲学讲座教授伯纳德·格特（Bernard Gert）说得最为透彻。他说：“说疼痛是一种恶，并不是说疼痛不能达成一种有用的目的。疼痛以某种方式向我们提供需要医治的警告。如果我们感觉不到疼痛，我们便不会注意到这种必要的医治，以致可能导致死亡的恶果。关于疼痛作用的这一事实在某种程度上可以用来解析恶的问题。它以某种方式表明，恶可能是世界上最好的东西：所有这种恶便叫作必要的恶。”[①] 爱因·兰德也认为：“在人类的躯体中，感觉快乐和痛苦的能力是天生的；它是人类本性的组成部分，是这一种类存在的一部分。对此他无法选择，决定他快乐和痛苦的躯体感觉的标准是既定的。这种标准是什么？那就是他的生命。人类躯体中的快乐和痛苦机制是有机体生命的自然引导者，对于所有具备意识功能的有机体生命都是一样的。躯体的快乐感觉是一种信号，标志有机体的行为进程是正常的。而躯体的痛苦感觉则是一种警告信号，意味着有机体的行为进程是错误的，有某种东西正在损害其适当功能，必须做出矫正。”[②] 这就是说，第一，“疼痛”虽是一种恶，却是一种“必要的恶”。这种“必要的恶”，就其结果而言是利大于弊，是善的，也是具

① Bernard Gert：Moraility：A New Justification of The Moral Rules，Oxford University Press New York Oxford 1988：48.

② ［美］爱因·兰德著，秦裕译：《新个体主义伦理观》，上海三联书店 1993 年版，第 54 页。

有价值的。第二，“疼痛”是衡量生命机体运行状态的一种指标，借此人们可以知道自身生命机体存在的问题，以便及时提供“需要医治的警告”。第三，“疼痛”的部位、形式、特点等有助于给化解“疼痛”提供有针对性的知识支持。

以此而言，“税痛”与“税不幸”也是一种“必要的恶”，对纳税人而言，也是有一定价值的，既可以衡量一种税制的优劣，又可以显示一种税收治理体系运行中存在的问题和错误，提出相应的矫正意见，从而及时化解其“税痛”与“税不幸”，增进全社会和每个国民福祉总量。而且，“税痛”与“税不幸”的这种价值，可以从单个纳税人与总体纳税人两个方面分开来探讨。

从“税痛”与“税不幸”的界定看，“税痛”与“税不幸”是指纳税人对其涉税需要、欲望、目的、兴趣及其衍生物或高级需要、欲望、目的、兴趣及其衍生物未满足、生存发展未完满的心理体验。因此，就单个纳税人而言，“税痛”与“税不幸”的价值就在于，可以随时提醒其涉税需要、欲望、目的、兴趣及其衍生物或高级涉税需要、欲望、目的、兴趣及其衍生物之未满足，生存发展未完满的状态，诸如强弱、久暂、确定性、远近、增值性、纯粹性、广度以及所承受的“税痛”与“税不幸”的性质，从而通过这种心理体验唤醒自己的“税痛”与“税不幸”意识和情感，呼吁社会关注自己的“税痛”与“税不幸”，从而通过税制改革，化解一些“税痛”与“税不幸”。而且，这种“税痛”与“税不幸”意识和情感是一种原动力，可以产生相应的化解“税痛”与“税不幸”的行为，进而化解自己的“税痛”与“税不幸”，有助于自己的生存与发展。比如，“税痛”与“税不幸”的心理体验能够催生纳税人对导致其“税痛”与“税不幸”根源的追寻，进而产生消除这种根源的意识和行为，比如，追问“税款”的去向、使用的状况以及监督税权的运行、防范税权的滥用，等等。自然，唤醒纳税人的“税痛”与“税不幸”意识和感觉就是在推进税制改革，在为文明社会的构建积聚能量。

就全体纳税人而言，“税痛”与“税不幸”的价值则在于，它是衡量一种税制优劣的重要指标。“税痛”与“税不幸”越大的税制，就越恶劣和落后；“税痛”与“税不幸”较大的税制，较恶劣和落后；“税痛”与“税不幸”极大的税制，最恶劣和落后。总体而言，凡是生活在较大“税痛”与“税不幸”税制下的纳税人，不论其低级涉税需要、欲望、目的、兴趣及其衍生物，还是高级涉税需要、欲望、目的、兴趣及其衍生物，都不会得到充分的满足，其生存和发展就很难完满。

总而言之，“税痛”基本问题的研究直接关涉税制的优劣，有助于预知“税痛”的大小，利于有效化解“税痛”，为税制改革提供优选方案，实现税收增进全社会和每一个国民福祉总量的终极目的。因此，其理论与实践意义不可小觑。

第八章

税制异化论

“税制异化”是指纳税人在不自由、受奴役、被强制的情况下，自己做出而又异于自己的税收行为，是自己做出的异己的、非己的税收行为，是自己做出的不是自己的税收行为。因此，消除税制异化便与“使纳税人自由”相当，符合人道根本原则，是人类社会税收治理极其重要的道德原则，是人道税收治理的负根本原则，是人类社会税收治理的负面最高原则。

一、何谓“税制异化”

要弄清“税制异化”的内涵与本质，前提是必须分别厘清“税制”与“异化”的内涵与本质。

关于“税制”的内涵与本质前已述及，

是指国民与国家之间就公共产品交换价款缔结的“必须且应该”如何的权力性规范——原初或衍生契约——之总称，是征纳税人双方“必须且应该”如何的权力性规范的总称，主要是征纳税人双方具有重大社会税收效用的行为“必须且应该”如何之行为规范的总称。广义地讲，即从人类税收活动治理的理想高度讲，税制不仅是指国家与国民之间就公共产品交换价款缔结的“必须且应该”如何的权力性规范——原初或衍生契约——的总称，同时也包括国民与国家之间就公共产品供求交换价款缔结的一切具有一般社会税收效用之“应该如何”的非权力性规范——原初或衍生契约——的总称，即征纳税人双方一切具有一般社会税收效用的行为规范（权利与义务）。因此，“税制异化”的内涵与本质之探讨，重点在于如何认识“异化”的内涵与本质。

（一）“异化”的内涵与本质

现代汉语词典对“异化”一词的基本解释有两点：一是指同类事物演变成不同类的；二是作为一个哲学用语，指将自己拥有的东西转化成同自己对立的东西。前者是就一般的科学术语而言，是指事物向他物的变化，或者说是事物自己向异己物的变化，是事物自身向异于自身的他物的转化。在生物学里，异化就是相对“同化”而言的。只是，异化与同化虽然都是指变化，但就质而言，二者却完全不同。同化是他物向自身的转化，而异化是指自身向他物的转化。显然，前者隶属、依附于变化范畴，不具备独立的科学研究价值。马克思也在这个意义上理解过异化的内涵，把异化与对象化、外化、物化并列使用而将其理解为事物向与自身对立、差别、非同一的他物之变化：异化“这个范畴又是反思的规定，它可以被理解为对立、差别、非同一等等。”①但本章要探讨的是一种特殊、具体的科学术语的异化概念，也就是作为人道主义思想体系基本概念的“异化”。

而且，正是在这个意义上，马克思、恩格斯与黑格尔和费尔巴哈有了本质的区别。在马克思恩格斯著作中，“异化”主要是指人的不自由、受奴役、被强制的行为。在《经济学哲学手稿》中，马克思说：“劳动的异化性质明显地表现在，只要肉体的强制或其他强制一停止，人们就会像逃避鼠疫那样逃避劳动。”②在《资本论》中说：“工人本身不断地把客观财富当作资本，当作同他相异化的统治他和剥削他的权力来生产。”③ 需要特别注意的是，自从1932年马克思《1848年经济学哲学手稿》首次发表以来的“异化热”，无不是这么理解异化内涵的。弗罗姆说：“异化是一种体验方式，在这种体验方式中个人觉得自己是一个外人，或如人们所说的他变得和自己疏远起来。他体验不到自己是自我世界的中心、自己行动的创造者——而他的行动和行动的结果却变成了他的主人，他要服从它们，甚至他要崇拜它们。”④就连《不列颠百科全书》的“异化”词条也是这么理解的，认为异化主要是“指人的命运不由自身主宰，而受外界力量、他人命运、他人运气或一定制度等的支配时所产生的感受。”

问题是，不自由、受奴役、被强制的行为就是异化，或者说

① ［德］马克思、恩格斯著：《马克思恩格斯全集》（第三卷），人民出版社1971年版，第316页。

② ［德］马克思、恩格斯著：《马克思恩格斯全集》（第三卷），人民出版社1971年版，第51页。

③ ［德］马克思、恩格斯著：《马克思恩格斯全集》（第三卷），人民出版社1971年版，第626页。

④ 沈恒炎、燕宏远：《国外学者论人和人道主义》（第一卷），社会科学文献出版社1991年版，第226页。

异化可以定义为不自由、受奴役、被强制的行为吗？如是，异化岂不就与不自由、受奴役、被强制成为同一概念，就将失去独立存在的必要？其实，不自由、受奴役、被强制仅仅是导致异化产生的原因。对此，马克思精辟地指出："劳动的异化性质明显地表现在，只要肉体的强制或其他强制一停止，人们就会象逃避鼠疫那样逃避劳动。外在的劳动，人在其中使自己外化的劳动，是一种自我牺牲、自我折磨的劳动。最后，对工人说来，劳动的外在性质，就表现在这种劳动不是他自己的，而是别人的；劳动不属于他；他在劳动中也不属于他自己，而是属于别人。在宗教中，人的幻想、人的头脑和人的心灵的自主活动对个人发生作用是不取决于他个人的，也就是说，是作为某种异己的活动、神灵的或魔鬼的活动的。同样，工人的活动也不是他的自主活动。他的活动属于别人，这种活动是他自身的丧失。"① 就是说，异化劳动是劳动者在被强制的条件下做出的。而且，虽是劳动者做出的却并不属于劳动者而属于强制者，是劳动者做出的不是自己的、异于自己的、异己的劳动。这样，异化的内涵岂不是指：在不自由受奴役被强制的情况下，自己做出而又异于自己的行为，是自己做出的异己的、非己的行为，是自己做出的不是自己的行为。② 无疑，这就是作为人道主义基本概念之异化定义，是作为科学术语的异化在人的行为上的具体推演。因此，美国《哲学百科全书》说："异化这个术语在日常生活、科学和哲学中具有多种不同涵义。其中大部分涵义都可以看成是由词义学和语源学所提出来的一种广泛涵义的修正；就此种涵义来说，异化就是一

---

① ［德］马克思、恩格斯著：《马克思恩格斯全集》（第三卷），人民出版社1971年版，第51页。

② 王海明著：《新伦理学》，商务印书馆2008年版，第1087页。

种活动或活动结果，某物或某人由于这种活动结果变得同某物或某人疏远了。”

异化的定义形形色色、多种多样。但目前比较流行的定义是：异化是指自己的活动及其产物成为统治、支配、奴役自己的异己力量的变化过程。持这一意见的代表人物当属沙夫。他说：“所谓异化就是指能动的人同自己活动的产物之间的一种社会关系。在这一关系中，这种社会化了的、对象化了的并被纳入一定社会体制中的产物不仅独立地（即不顾创造者的意志）起作用，而且在一定条件下，同创造者的意志和愿望相对立，甚至威胁创造者的利益和存在。”① 当前我国意见比较一致的异化定义也持此论，认为“异化就是人本身的活动变成一种独立于人的异己的力量，如宗教、权力、资本等等，并且这种力量反过来剥夺了人的自由，使人从属于它，变为它的工具。”② 十分惋惜的是，这一流行性定义是错误的。一方面因为这一定义所界说的是奴役概念，或者说这一定义所描述的只是人的被强制、受奴役、不自由的一种类型。因为人的被奴役有两种类型，或者被自己的活动及其结果所奴役，如个人被资本所奴役；或者被自己的活动及其结果之外的力量所奴役，比如被强者所奴役。显然，如果按照流行性异化的定义，就意味着只把人被自己的活动及其结果所奴役的类型纳入异化，无疑是片面的。它把被他人的活动及其产物所奴役的行为排除在异化行为之外。这岂不意味着：如果奴役工人的资本是自己创造的就是异化劳动，如果不是自己创造的就不属于异化劳动。问题根本在于，“被奴役的行为之所以是异化，恰

① 沈恒炎、燕宏远：《国外学者论人和人道主义》（第一卷），社会科学文献出版社 1991 年版，第 276 页。

② 人民出版社编辑部：《人是马克思主义的出发点》，人民出版社 1981 年版，第 164 页。

恰因为奴役者不是自己而是他人。”“只不过，这奴役自己的外在力量，既可能是自己活动的结果，如奴役工人的资本；也可能不是自己活动结果，如侵华日军。”①

上述异化内涵分析表明，异化的价值首先取决于被异化者意志的道德价值。或者说，就是要看在被异化者意志支配下的行为是有利于社会和他人，还是有害于社会和他人。如果被异化者的意志有害于社会和他人，就具有负道德价值。如此，迫使他放弃自己的意志，从而屈从于社会和他人有助于社会和他人的意志而发生的异化行为，则具有正道德价值。比如对罪犯的强制劳动等。相反，如果被异化者的意志是有利于社会和他人，包括自己（自己也是社会的组成部分），或者说无害于社会和他人，如果使其行为发生异化，则要慎重判定。比如，成年人对儿童的某些强制行为，有识杰出之士对无知者、愚蠢者的强制等等，也是有益于社会的具有正道德价值的行为。因此，我们只能说，如果被异化者的意志是有利于社会和他人，或者说无害于社会和他人，如果使其行为发生异化，总体说是具有负道德价值的。

需要特别指出的是，不论异化具有多少正道德价值，总体说来，异化的正道德价值都是有限的、局部的、非根本的。根本长久地看，异化都具有负道德价值。这是因为，异化是自己因受奴役、不自由、被强制而做出的不受自己意志支配而受他人意志支配的异己的、非己的行为。因为异化是每个社会成员自我实现的根本障碍。换句话说，一个人越是被异化，他受他人意志支配的异己的、非己的行为就越多。因此，他便会越缺乏个性，他的独创潜能便越得不到充分的发挥，他的自我实现程度便会越低。反之，如果一个人越少受异化，他的受他人意志支配的异己行为便

① 王海明著：《新伦理学》，商务印书馆 2008 年版，第 1089 页。

会越少，因此，其个性便越突出，其独创潜能便越能得到充分的发挥，他的自我实现程度便会越高。所以，卢卡奇一再强调：异化是“阻碍人成为真正的人、真正的个性的诸多最大障碍当中的一个障碍。”①

这是因为，异化会阻碍每个人自我实现的需要的满足。而每个人自我实现需要的满足程度意味着每个人最高需要的满足程度。因此，阻碍每个人最高需要——自我实现需要的满足，就具有最高的负道德价值，意味着每个人最高的不幸和悲哀。就是说，每个人最高的不幸和悲哀就是最高需要得不到满足和实现的不幸和悲哀。而自我实现有助于最大限度地满足全社会和每个人的一切需要。众所周知，社会的全部财富，无论是物质的还是精神的，无疑都是人的活动的产物，都是人的创造性潜能实现的结果。因此，每个人的自我实现越充分意味着，每个人的创造性潜能实现就越多，全社会的物质与精神财富便会越丰富，社会就会愈发繁荣和进步，每个人的需要就会越加容易得到满足。相反，如果一个社会异化严重，每个社会成员的自我实现就被遏制，每个人的创造性潜能便得不到最大限度的发挥，全社会的物质与精神财富就会贫乏，社会便会停滞不前，每个人的需要之满足就不会充分。然而，问题之复杂性更在于，究竟应该如何废除无害他人的行为之不自由、受奴役、被强制从而消除异化？

（二）“税制异化”的内涵与本质

合而言之，“税制异化”意味着，纳税人在不自由、受奴役、被强制的情况下，自己做出而又异于自己的税收行为，是自

① ［匈］卢卡奇、（德）本泽勒著：《关于社会存在的本体论》（下卷），重庆出版社1993年版，第676页。

己做出的异己的、非己的税收行为，是自己做出的不是自己的税收行为。具体说，是指在不自由、受奴役、被强制的情况下，国民与国家之间就公共产品交换价款缔结的“必须且应该”如何的权力性规范——原初或衍生契约，诸如征纳税人双方“必须且应该”如何的权力性规范——征纳税人双方具有重大社会税收效用的行为“必须且应该”如何之行为规范。精确地说，是指纳税人自己做出的但却违背自己真实税收意志的行为规范和契约，是自己做出的异己的、非己的税收意志行为规范和契约，是自己做出的不是自己真实意愿的税收意志行为规范和契约。

广义地讲，是指在不自由、受奴役、被强制的情况下，国民与国家之间就公共产品交换价款缔结的“必须且应该”如何的权力性规范——原初或衍生契约，也包括国民与国家之间就公共产品供求交换价款缔结的一切具有一般社会税收效用之“应该如何”的非权力性规范——原初或衍生契约，也即征纳税人双方一切具有一般社会税收效用的行为规范。

税制异化的价值首先取决于被异化者——纳税人意志的道德价值，即要看在被异化者意志支配下的涉税行为——税制，是有利于社会和他人，还是有害于社会和他人。如果被异化者的税收意志有害于社会和他人，就具有负道德价值。如此，迫使其放弃自己的税收意志，从而屈从于社会和他人的税收意志，无疑有助于社会和他人的税收意志而发生的税制异化行为，便具有正道德价值。比如对逃避纳税义务者的强制等。

但是，不论税制异化具有多少正道德价值，总体说来，税制异化的正道德价值都是有限的、局部的、非根本的。因为长久地看，税制异化都具有负道德价值。道理在于，税制异化是纳税者因受奴役、不自由、被强制而做出的不受自己税收意志支配而受他人税收意志支配的异己的、非己的税收行为。即税制异化是每个纳税者自我实现的根本障碍。换句话说，一个纳税者越是异化，他受他人涉税意志支配的异己的、非己的纳税行为就越多。因此，他便会越来越缺乏个性，他的独创潜能便越得不到充分的发挥，他的自我实现程度便会越低；如果一个纳税者越少受异化，他的受他人涉税意志支配的异己行为便会越少，其个性便越突出，其独创潜能便越能得到充分的发挥，他的自我实现程度便会越高。

进而言之，税制异化会阻碍每个纳税者自我实现需要的满足。而每个纳税者自我实现需要的满足程度意味着——每个纳税者最高需要的满足程度。因此，阻碍每个纳税者最高需要——自我实现需要的满足，就具有最高的负道德价值，意味着每个纳税者最高的不幸和悲哀。无疑，每个纳税者最高的不幸和悲哀就是最高需要得不到满足和实现的不幸和悲哀。同时，由于自我实现有助于最大限度地满足全社会和每个纳税者的一切需要。而全部社会的财富，无论是物质的还是精神的，不论是公共产品，还是私人产品，都是人的活动的产物，都是人的创造性潜能实现的结果。因此，每个人、每个纳税者的自我实现越充分，每个人、每个纳税者的创造性潜能实现就越多，全社会的物质与精神财富便会越丰富，社会就会愈发繁荣和进步，每个人、每个纳税者的需要就会越容易得到满足；如果一个社会的税制异化严重，每个人、每个纳税者的自我实现就被遏制，每个人、每个纳税者的创造性潜能便不会得到最大限度的发挥，全社会的物质与精神财富就会贫乏，社会便会停滞不前，每个人、每个纳税者的需要之满足就不会充分。

二、“税制异化”产生的根源与类型

“税制异化”产生的原因很多，但总根源主要有三个：经济、政治与社会（此处暂不涉及宗教原因）。

（一）税制经济异化

税制经济异化是指由于经济原因导致的税制异化，也就是由经济异化导致的税制异化。经济异化一方面是因为人身占有、人身依附等非经济强制，另一方面是因为财产、资本等经济强制。异化定义表明，经济异化就是自己做出的不属于自己的关于物质财富的行为。就是自己创造不属于自己的物质财富的劳动，或者说创造不属于自己而属于异于自己的他人的物质财富的劳动，就是把物质财富的创造者与享有者分离开来，即“共建”与“共享”分离，“共建”者并非享有者；享有者并非“共建”者的劳动。用马克思的话说：“工人在他的对象中的异化表现在：工人生产得越多，他能够消费的越少；他创造价值越多，他自己越没有价值、越低贱。”① “工人生产的财富越多，他的产品的力量和数量越大，他就越贫穷。”②。即导致经济异化的总根源，最初源于奴隶主对奴隶的人身占有，到了封建社会则主要源于农民对地主的人身依附，只是到了资本主义社会，经济异化才主要起因于经济强制，比如财产、资本等。而且，在资本主义社会里，个人的人身虽然是自由的，但由于没有生产资料，就不得不为了生存，被迫为资本家劳动，创造剩余价值。因此，一切资本、私有财产归根结底，都是劳动者自己创造的，都是劳动者的劳动之物化，都是劳动者的异化劳动之结果：“通过异化的、外化的劳动，工人生产出一个跟劳动格格不入的、站在劳动之外的人同这

---

① ［德］马克思著：《1848 年经济学哲学手稿》，人民出版社 1985 年版，第 49 页。

② ［德］马克思著：《1848 年经济学哲学手稿》，人民出版社 1985 年版，第 47 页。

个劳动的关系。工人同劳动的关系，生产出资本家同这个劳动的关系。从而私有财产是外化劳动即工人同自然界和自身的外在关系的产物、结果和必然后果。”①

因此，逻辑上，要消除经济异化，一要消除人身占有，二要消除人身依附，三要消除私有制。同理，要消除税制异化，就得首先消除经济异化。

固然，私有制、私有财产根本说来是经济异化的结果，但反过来不仅成为经济进一步异化的原因，而且越来越成为经济异化的主要原因。因此，马克思认为要消灭私有制而代之以公有制，最终实现共产主义。“私有财产的积极扬弃，作为对人的生命的占有，是一切异化的积极扬弃。”② 又说：“共产主义是私有财产即人的自我异化的积极的扬弃。”③ 当然，何时消灭私有制显然是一个十分复杂的问题。在马恩看来，根本是生产高度发展，但全面地说，既需要物质生产的高度发达，也需要精神的及全社会品德的普遍提高。如果两个条件尚未满足就消灭私有制，实现社会主义或共产主义，既会丧失私有制能够使经济有效率地提高的优势，使被剥削者付出更大的代价，也无法发挥社会主义或共产主义的优势，实现消除经济异化的目的。

（二）税制政治异化

税制政治异化意味着，税制异化是由于政治异化产生的，政

① ［德］马克思、恩格斯著：《马克思恩格斯全集》（第25卷），人民出版社1971年版，第57页。

② ［德］马克思、恩格斯著：《马克思恩格斯全集》（第25卷），人民出版社1971年版，第78页。

③ ［德］马克思、恩格斯著：《马克思恩格斯全集》（第25卷），人民出版社1971年版，第77页。

治异化是税制政治异化的原因。

政治异化是指服从那种只体现他人意志而不体现自己意志的政治强制的行为，是服从那种体现异己意志的政治强制之行为。毋庸置疑，导致政治异化的原因主要是国家的国体和政体。就政治异化的国体根源而言，由于国家的一个根本的和重大的实际目的是维护剥削阶级对被剥削阶级的剥削，因此，恩格斯毫不避讳地说："国家照例是最强大的、在经济上占统治地位的阶级的国家。这个阶级借助于国家而在政治上也成为占统治地位的阶级，因而获得了镇压和剥削被压迫阶级的新手段。因此，古代的国家首先是奴隶主用来镇压奴隶的国家，封建国家是贵族用来镇压农奴和依附农的机器，现代的代议制国家是资本剥削雇佣劳动工具。"① 这意味着，在阶级社会里的国家政治强制，只可能是剥削阶级意志的体现，而不可能是被剥削阶级意志的体现，也就只有剥削阶级才可能享有政治自由，而被剥削阶级则必定遭受政治奴役而发生政治异化。而且，阶级社会的政治异化既是必然的，也是整个阶级的。同理，阶级社会的税制异化既是必然的，也是整个阶级的。

问题还在于，在阶级社会里，作为统治阶级，作为享有政治自由的统治阶级，其中的全体成员并不必然享有政治自由而免于政治异化的命运。要使作为享有政治自由的统治阶级中的全体成员不仅享有政治自由，而且可以免于政治异化的命运，其前提在于这个社会运行的是何种政体。因为政体就是以掌握国家最高权力的公民人数为依据的国家分类：一个人掌握最高权力的国家，是君主政体；若干人掌握最高权力的国家，是共和政体。具体说，

① ［德］马克思、恩格斯著：《马克斯恩格斯选集》（第四卷），人民出版社1972年版，第168页。

一个人不受限制地掌握最高权力的国家，是君主专制政体；一个人受议会、宪法等限制地掌握最高权力的国家，是君主立宪政体；部分公民直接或间接掌握最高权力的国家，是寡头共和政体；全体公民直接或间接掌握最高权力的国家，是民主共和政体。显然，只有实行民主共和政体，统治阶级中的每个成员才既可能摆脱阶级政治异化，又可能摆脱个人政治异化。也只有实行民主共和政治，统治阶级的全体成员才因享有政治自由而不会发生政治异化。而实行民主共和之外的任何政体，其绝大多数公民便均因失去政治自由而发生政治异化。所以马克思说："君主制是这种异化的完整的表现，共和制则是这种异化在它自己的领域内的否定。"①这岂不意味着，要消除政治异化，或者税制政治异化，既要消灭阶级专政和阶级剥削、消灭经济异化，也要实行民主共和制。

（三）税制社会异化

"税制社会异化"是因为"社会异化"而产生的异化，"社会异化"是"税制社会异化"产生的异化。

就异化的本质内涵而言，社会异化是指违背自己意志而屈从社会意志的行为，是自己所进行的不是按照自己意志的属于自己的行为，而是屈从社会意志的属于社会的行为。或者说，社会异化就是指违己而屈从群众意志、集体意志、他人意志的行为。而且，社会异化有一个突出特点是：大量表现在日常生活之中，不易被人觉察。对此，卢卡奇说："一个优秀的、明智的、富有牺牲精神的斗士，他虽然能看清劳动中的异化，并理所当然地反抗它，但在与妻子的关系中，他却连想也不会想到要去摆脱异化的

① ［匈］卢卡奇、（德）本泽勒著：《关于社会存在的本体论》（上卷），重庆出版社1993年版，第232页。

锁链。因此，只有在个人日常生活的活动中，才能最终克服社会异化。"① 推而言之，税制社会异化是指纳税人违背自己的税收意志而屈从社会税收意志的征纳行为，是纳税人自己所进行的不是按照自己涉税意志的属于自己的征纳行为，是屈从社会税收意志的属于社会的征纳行为。也就是违己而屈从群众税收意志、集体税收意志、他人税收意志的征纳行为。同样，大量表现在日常涉税生活之中，不易被人觉察。

但导致社会异化、税制涉税异化的原因在于社会生活的本性。正如尼采的"末人论"，海德格尔的"常人论"，萨特的"注视论"所反复论证的那样，"末人""常人""注视"，即他人和社会是使自我发生异化的根源。因此，逻辑上要避免社会异化，就要逃离社会和他人。可以说，存在主义者对社会异化现象的特别关注，对社会异化产生根源的矢志求索，对消除社会异化之原则的论证与确立，都做出了不可忽视的贡献。其划时代的、原创性的重大价值自将写入人类异化思想史。但存在主义思想体系致命的缺陷在于，它"断定社会异化是社会生活的本性、社会是社会异化的根源，确系以偏概全。因为社会异化并非社会生活的本性，而只是某种社会生活的本性：社会异化是非法治、不民主、无人权的社会生活的本性；社会异化的根源并不是社会，而只是某种社会：是非法治、不民主、无人权的社会。"②

因此，要避免社会异化，消除税制社会异化，既需享有人权，更需强化自我实现的热烈追求。社会异化与经济异化、政治异化有所不同，既源于社会的非法治、不民主、无人权，也源于

---

① ［匈］卢卡奇、（德）本泽勒著：《关于社会存在的本体论》（上卷），重庆出版社 1993 年版，第 232 页。

② 王海明著：《新伦理学》，商务印书馆 2008 年版，第 1112 页。

个人缺乏自我实现的热烈追求。所以，要消除社会异化、税制社会异化，一方面要创造法治、民主、人权的社会，另一方面要培养热烈追求自我实现的个人和纳税人。

三、消减“税制异化”的一般途径

（一）税制经济异化之消减

由于经济异化主要源于人身占有、人身依附等非经济强制与财产、资本等经济强制两大因素，所以，要消减税制经济异化，一方面要着力消减经济领域的人身占有、人身依附，大力推进市场经济体制，发挥市场在资源配置中的主导作用；另一方面要着力消减财产、资本等经济强制，建立有效的“闭环式”资本权力监督制衡机制，把资本权力装进“制度的笼子”，能用其积极一面，防范其消极一面；同时也要消灭私有制。

就税制经济异化消减而言，就是要建立防范税制被资本权力绑架的制度体系。这是因为，资本也是一种强大的力量。正如亚当·斯密所言，私有财产乃是一种权力，是迫使无产者不得不服从的强制的、支配的力量。因为“财富就是权力……财产直接且即刻赋予所有者的权力，是购买力，是对于市场上各种劳动或劳动产品的某种支配权。这种支配权的大小与他的财产的多少恰成比例；或者说，他能够购买和支配的他人劳动量或他人劳动产品量的大小，与他的财产的多少恰成比例。”① 一句话：“占有巨

① Adam Smith, An Inquiry into The Nature And Causes of The Wealth of Nations, volume 1 , Clarendon Press. Oxford, 1979, P. 48.

大的财富就意味着掌握了统治男人、女人和物质的权力。”[①] 可见，要消减税制经济异化，只有将“税权”和“资本权力”同时装进“制度的笼子”才有可能，但根本说来，还必须消灭私有制。

（二）税制政治异化之消减

政治异化源于非民主制的政治权力垄断。非民主制意味着政治权力为少数官吏阶级所垄断，国民毫无政治权力；只有少数官吏才享有政治自由，国民只能处于政治异化状态。因此，消除政治异化的原则是实现民主；只有实行民主，全体公民才因共同执掌最高权力而消除政治权力垄断，从而享有政治自由而避免政治异化。

同理，要消减税制政治异化，也有赖实行民主。只有实行民主，全体公民才会因为共同执掌最高权力而消除政治权力垄断，从而享有政治自由而避免政治异化。这样全体纳税者因为共同执掌最高税权而消除税权垄断，从而享有税收政治自由，不会发生税收政治异化。毋庸讳言，如果在民主之外的任何政体下，国家税权皆为少数官吏阶级垄断，更多纳税者毫无税权，纳税者便只能处于税收政治异化状态之下。可见，专制等非民主制的政治权力垄断，乃是政治异化、税制政治异化的根源；而民主共和制则是消除政治权力、税权垄断和政治异化、税制政治异化的唯一途径。所以，马克思说：“君主制是这种异化的完整的表现，共和制则是这种异化在它自己的领域内的否定。”[②]

---

① ［英］拉斯基著：《思想的阐释》，贵州人民出版社 2002 年版，第 255 页。

② ［德］马克思、恩格斯著：《马克思恩格斯全集》第一卷，人民出版社 1971 年版，第 283 页。

（三）税制社会异化之消减

一个人、一个纳税者自我实现的热烈追求乃是他避免社会异化、税制社会异化的必要条件。因此，只有建立了法治、民主的社会，一个人、一个纳税者若要不发生社会异化、税制社会异化，才可能不需顽强反抗，或做出重大牺牲。因此，建立法治、民主的社会，乃是消减税制社会异化的主要途径。如果要在非法治、不民主、无人权的社会，一个人、一个纳税者若要消减社会异化、税制社会异化，便必须进行顽强反抗，或者做好遭受重大牺牲的心理准备。

四、结语

总之，税制社会异化与税制经济异化、税制政治异化不同。税制经济异化和税制政治异化的起因都是社会的、客观的，不是个人的、主观的：税制经济异化起因于人身占有、人身依附之非经济强制和私有制之经济强制或经济权力垄断；税制政治异化则起因于专制等非民主制的政治权力垄断。因此，二者的消除原则如前所述，税制经济异化的消减在于消灭人身占有、人身依附和废除私有制、消除经济权力垄断；税制政治异化的消减则在于实行税制民主、消除税权垄断。但税制社会异化消减一方面在于创建法治、民主、人权的社会，这是消除税制社会异化的客观条件；另一方面，培养热烈追求自我实现的纳税人，则是消除税制社会异化的主观条件。

第九章

先秦诸子税制观分析

“历史不仅是经验参照，而且是价值标尺和道德准则，因而对治国理政具有重大影响。”从历史中汲取智慧，可分为四个层次：一是方法和技巧的模仿；二是以历史为借鉴；三是提高理性认知水平；四是增进人类的智慧。[①] 其实，运用本著所构建的优良税制道德标准全面检视先秦诸子税制的优劣得失，其意义也不外是汲取先秦时期税收管理的方法与技巧，寻求税史的借鉴，提高税制理性认知水平和汲取人类税收治理的智慧，从而有助于当前税制的优化与改革。

---

① 刘文瑞：“从历史中汲取治国理政智慧”，《西北大学学报（哲学社会科学版）》，2017 年 5 月第 3 期。

一、先秦诸子税制观的共同特征

先秦各家各派从其社会统治思想基本价值观出发，都直接或间接地提出了自家的税制主张。令人讶异的是，各家各派在回答税制核心与根本问题——税权方面惊人一致，几乎异口同声地认为：应该由君主一个人独掌国家的最高税权，而且君主一个人应该不受任何约束地独掌国家最高税权，认为只有君主一个人才是国家税制的最高立法者和决策者，享有税制决断的一切自由权。除此之外，其他任何社会成员都不应该享有一丝一毫的税权与自由，都只是国家赋税活动的管理对象和纳税义务的承担者。而且，不仅儒家如此，墨家如此，法家如此，道家等等同样如此。

孔子说："君君臣臣、父父子子。"[①] 即君应该像君那样掌权，应该由君主自己独掌国家最高权力，包括税权。而且认为君主应该不受任何限制地——亦即专制地——独掌国家最高税权。孔子一再强调：天子应该不受诸侯、大夫、陪臣、庶人限制地独掌国家最高权力。这是因为，"天下有道，则礼乐征伐自天子出；天下无道，则礼乐征伐自诸侯出……天下有道，则政不在大夫，天下有道，则庶人不议。"[②] 这岂不是说，只有君主才应该掌握国家的各种最高权力，包括最高税权；而且认为只有这样，社会以及赋税活动才能治理好，才能安定，才能达于盛世，实现王道。否则，就会天下大乱，背离仁政王道。固然，孔子的"君君臣臣、父父子子"这一专制思想理论，只是到了西汉才被

① 杨伯峻译注：《论语·颜渊》，中华书局2006年版。
② 杨伯峻译注：《论语·季氏》，中华书局2006年版。

董仲舒发挥为系统的“三纲”说，即：“君为臣纲、父为子纲、夫为妻纲。”① 但笔者以为，就孔子政治思想的核心与本质而言，始作俑者为孔子当为无疑。而且孔子还认为，专制及其赋税专制是在任何历史条件下，即在任何社会和任何时代都是应该的。因为“君君臣臣、父父子子”的关系就如同君臣关系一样，是永远不变的，任何时代都是一样的，即将君臣比附于父子；而孟子则将君主直接比附、等同于“天子”，认为“天无二日，民无二王。”② 这意味着，国家之有君主，就如同家庭之有父母和天之有日一样天经地义。

对此，荀子表述得最为清晰。他说：“君臣、父子、兄弟、夫妇，始则终，终则始，与天地天理，与万世同久。”③ 而这种比附式的论证，在西方专制主义者阿奎那和霍布斯那里最为系统。他们认为“既然自然界总是以最佳方式劳作，那么，最接近大自然方法的，就是最佳的方法。自然界，总是由一个东西进行管理。身体各器官都由一个器官来指挥，那就是心；灵魂中也只有一个最卓越的能力，那就是理性。蜜蜂有一个王，而整个宇宙也只有一个上帝，即造物主和统治万物的君主。这完完全全依据于理性：所有众多皆源于统一。这样一来，既然艺术作品只不过是一种对大自然作品的模仿，既然最好的艺术作品就是忠实表现其自然范本的作品，那么，结论必然是：人类社会最佳的政府形式就是由一个人执掌的政体。”④ 然而，比附不能代替论证，

① 班固著：《白虎通疏证（新编诸子集成）·三纲六纪》，中华书局 1994 年版。

② 杨伯峻译注：《孟子·万章上》，中华书局 2008 年版。

③ 王先谦著：《荀子集解·王制》，中华书局，2008 年版。

④ ［意］托马斯·阿奎那著，马清槐译：《阿奎那政治著作选》，商务印书馆 1982 年版。

自然由比附而得出的结论也就经不起严密的逻辑推敲。即由宇宙间的“一”，并不能推出人类社会治理最高权力应由一人独掌的结论。其实对儒家伦理思想的这一价值取向，近代思想家多有警觉。陈独秀说：“儒家的独特主张是什么呢？除去三纲的礼教，他没有任何主张，孔子只不过是一个笃行好学的君子而已，人们凭什么奉他为万世师表呢？”① “所谓君道臣节，名教纲常，不过儒家之主要部分而亦非其全体。”②

墨家和儒家一样，不仅也主张由君主不受任何约束地独掌国家最高税权，而且同样认为，由君主不受任何约束地独掌国家最高税权是天经地义的真理，是永恒的、超历史的真理，认为如果不是由君主不受任何约束地独掌国家最高税权，就必然天下大乱；同时认为人类只有通过确立这种专制的君臣关系，才可能远离混乱与无序的自然状态。墨子在《尚同篇》宣称：“无君臣、上下、长幼之节，父子、兄弟之礼，是以天下乱焉！明乎民之无正长以一同天下，而天下乱也。是故选择天下贤良、圣知、辩惠之人，立以为天子，使从事乎一同天下之义。”③

需要强调的是，法家比儒墨更极端，公开主张绝对专制赋税，认为专制赋税在任何历史条件下，即任何社会和任何时代都是应该的。韩非子一再强调君臣之道，认为君主专制，包括赋税专制是永恒的超历史的天下之常道。他说：“臣事君、子事父、妻事夫，三者顺而天下治，三者逆而天下乱，此天下之常道

① 任建树等编：《陈独秀著作选（第三卷）》，上海人民出版社 1993 年版，第 388 页。

② 任建树等编：《陈独秀著作选（第三卷）》，上海人民出版社 1993 年版，第 487 页。

③ 吴毓江著：《墨子校注·尚同中》，中华书局 2006 年版。

也。”[①] 并直接剥夺百姓的言论自由，“言无私论，士无私议，民无私学，言行不轨于法令者必禁。”[②]

更不可思议的是，竟然连主张远离社会、归于山野、隐于山泉的道家，比如庄子，也大谈君臣之道，认为专制就是天道，是天地之行、天经地义。“君先而臣从，父先而子从，兄先而弟从，长先而少从，男先而女从，夫先而妇从。夫尊卑先后，天地之行也，故圣人取像焉。”[③] 可见，先秦专制赋税思想的影响之广泛和严重。

二、先秦诸子税制观的具体主张

先秦各家各派虽然共同主张永恒的超历史的专制税制，但就他们各自具体的税制主张而言，和先秦时代特征一样，呈现百花齐放、百家争鸣的气象。但严格说来，不过两大流派：一是以孔子为代表的儒家王道专制税制思想；二是以韩非为代表的法家霸道专制税制思想。关于王道与霸道，冯友兰的解释最经典：“照孟子和后来的儒家说，有两种治道：一种是‘王道’，另一种是‘霸道’。它们是完全不同的种类。圣王的治道是通过道德指示和教育；霸主的治道是通过暴力和强迫。王道的作用在于德，霸道的作用在于力。”[④] 两大流派的具体税制主张如下：

① ［清］王先慎：《韩非子集解 · 忠孝》，中华书局 1998 年版。
② ［清］王先慎：《韩非子集解 · 五蠹》，中华书局 1998 年版。
③ 庄子著，孙通海 译注：《庄子》，中华书局 2007 年版。
④ 冯友兰著：《中国哲学简史》，北京大学出版社 1985 年版，第 90 页。

（一）王道税制

王道税制观认为：君主的赋税专制，只有在赋税专制者的统治符合专制赋税道德的前提下才是应该的。这种赋税观比较完整、完善的形态就是儒家的“仁政”和“王霸”专制赋税观。认为明君治税必须符合道德，即君主的赋税专制只有在其符合道德的前提下才是应该的，臣民也只有在君主征税符合赋税道德的前提下才应该服从，按照圣旨缴纳赋税；否则，如果君主的赋税统治违背道德，就不应该服从，臣民也不应该服从君主，不应该照章缴纳皇粮国税。因为：“贼仁者谓之贼，贼义者谓之残。残贼之人，谓之一夫。闻诛一夫纣也，未闻弑君也。”[①] 而王道、开明、仁慈的专制赋税观主要包含在儒家所谓的“民本论”里。所谓“民本”是指君主治国应该以民为本，即“民惟邦本，本固邦宁”。[②] 儒家这种君主应该以“民本”为原则来治国的理论，通常归结为“民贵君轻”说、“民视民听”说、“立君为民”说和“得民为君”说。“民贵君轻”说主张：“民为贵，社稷次之，君为轻。是故得乎丘民为天子，得乎天子为诸侯，得乎诸侯为大夫。”[③] 即是说，君主专制治税，要以民为本，体恤百姓的疾苦，要薄赋敛，不要横征暴敛。所谓“立君为民”，就是说，君主要明白上天设立君主是为了民生。因此，君主治税，一定要有度，要节用爱民，不要奢侈浪费，荒淫无度。对这种主张表述最明确的是董仲舒。他说：“天之生民，非为王也；而立王，以为民

① 杨伯峻译注：《孟子·梁惠王上》，中华书局 2008 年版。
② 慕平注著：《尚书·五子之歌》，中华书局 2009 年版。
③ 杨伯峻译注：《孟子·尽心下》，中华书局 2008 年版。

也。故其德足以安乐民者，天予之；其恶足以贼害民者，天夺之。"[①] 所谓"得民为君"就是说，国君治税，一定要关心百姓的生活，只有老百姓能过上好日子，国君才能保住君位，否则，就会失去老百姓的支持和拥护。孟子说："桀纣之失天下也，失其民也。失其民者，失其心也。得天下有道，得其民，斯得天下矣。"[②] 所谓"民视民听"，就是说，国君治税，要多听民意。孟子说："《秦誓》曰：'天视自我民视，天听自我民听。'此之谓也。"[③]

正是基于这种"民本"赋税观，儒家提出了不少具体的税制规则。比如，孔子认为，君主治理赋税应该"度于礼""敛从其薄"。"君子之行也，度于礼，施取其厚，事举其中，敛从其薄。"[④] 反对破坏周公之籍，认为"初税亩，非正也"[⑤]。反对当时以增加君主收入为目的的赋税改革，立意减轻老百姓的负担。认为君主敛财，一定要坚持"非礼勿动"[⑥]，要"义然后取"[⑦]，并发出千古感叹："苛政猛于虎。"[⑧] 他对自己的学生冉求帮助季孙氏进行以聚敛财富为目的的田赋改革十分生气，号召门徒讨伐：李氏富于周公，而求也为了聚敛而附益之。子曰："非吾徒也，小子鸣鼓而攻之可也"[⑨]。同时，孔子主张"政在节财"[⑩]，

① 董仲舒撰，凌曙注：《春秋繁露尧舜不擅移汤武不专杀》，中华书局 1975 年版。

② 杨伯峻译注：《孟子·尽心上》，中华书局 2008 年版。

③ 杨伯峻译注：《孟子·万章上》，中华书局 2008 年版。

④ 刘利，纪凌云，译注：《左传·哀公十一年》，中华书局 2007 年版。

⑤ 徐正英，邹皓：《春秋谷梁传·宣公十五年》，中华书局，2016 年版。

⑥ 杨伯峻译注：《论语·颜渊》，中华书局 2006 年版。

⑦ 杨伯峻译注：《论语·先进》，中华书局 2006 年版。

⑧ 王文锦著：《礼记译解·檀弓下》，中华书局 2001 年版。

⑨ 杨伯峻译注：《论语·学而》，中华书局 2006 年版。

⑩ 司马迁著：《史记·孔子世家》，中华书局 1976 年版。

认为“道千乘之国，敬事而信，节用而爱人。”[1] 也主张“使民以时”，认为“择可劳而劳之，又谁怨？”[2] 认为“薄赋敛则民富。”[3]

孟子基于当时社会“乐岁终身苦，凶年不免于亡”[4] 的残酷现实，认为赋税治理的终极目的就是使百姓能够有恒产。因此主张君主必须体察百姓的疾苦，行仁政，“制民之产”。[5] 就是说，君主要让百姓有一份可以长期“养生丧死无憾”[6] 的财产。而这份财产的规模，要“仰足以事父母，俯足以畜妻子，乐岁终身饱，凶年免于死亡。”[7] 他认为，百姓缴纳皇粮国税是天经地义的事。因为，国家机器的正常运转需要百姓缴纳的赋税来支撑。同时，孟子虽然也主张薄赋敛，认为“王如施仁政于民，省刑罚，薄税敛，深耕易耨。壮者以暇日修其孝、悌、忠、信，入以事其父兄，出以事其长上，可使制梃，以挞秦楚之坚甲利兵矣。”[8] 要“易其田畴，薄其税敛，民可使其富也。”[9] 强调“不违农时，谷不可胜食也；数罟不入洿池，鱼鳖不可胜食也；斧斤以时入山林，材木不可胜用也。谷与鱼鳖不可胜食，材木不可胜用，是使民养生丧死无憾也。养生丧死无憾，王道之始也。”[10] 认为只有“以佚道使民，虽劳不怨。”[11] 但同时也反对白圭提出

① 杨伯峻译注：《论语·学而》，中华书局 2006 年版。
② 杨伯峻译注：《论语·尧曰》，中华书局 2006 年版。
③ 司马迁著：《史记·孔子世家，中华书局 1976 年版。
④ 杨伯峻译注：《孟子·离娄上》，中华书局 2008 年版。
⑤ 杨伯峻译注：《孟子·梁惠王上》，中华书局 2008 年版。
⑥ 杨伯峻译注：《孟子·尽心下》，中华书局 2008 年版。
⑦ 杨伯峻译注：《孟子·梁惠王上》，中华书局 2008 年版。
⑧ 杨伯峻译注：《孟子·梁惠王上》，中华书局 2008 年版。
⑨ 杨伯峻译注：《孟子·尽心上》，中华书局 2008 年版。
⑩ 杨伯峻译注：《孟子·梁惠王上》，中华书局 2008 年版。
⑪ 杨伯峻译注：《孟子·尽心上》，中华书局 2008 年版。

二十而税一的“轻税”主张，认为“欲轻之于尧舜之道者，大貉小貉也；欲重之于尧舜之道者，大桀小桀也。”[1] 同时认为，在灾害等危急情况下，赋税有救济百姓于水火的功能。不仅灾荒之年要开仓赈济，就是在平时，也要注意抚恤鳏寡孤独等“天下之穷民无告者。”[2] 因为这是君主的责任：“君子于氓也，固周之。”[3] 反之，如果君主滥用民力，横征暴敛，不与民同乐，就会引来百姓的憎恨，失去民心。孟子用夏桀的教训警示君主：“汤誓曰：时日害丧，予及女偕亡。民欲与之偕亡，虽有台池鸟兽，岂能独乐哉！”[4] 强调“贤君必恭俭礼下，取于民有制。”[5] 并从这一薄赋敛的原则出发，提出了一些具体的治税建议。比如，孟子主张只对农业征税，要“去关市之征”[6] 认为只有这样，才能实现王道天下的目的：“市廛而不征，法而不廛，则天下之商皆悦而愿藏于其市矣。关讥而不征，则天下之旅皆悦而愿出于其路矣。耕者助而不税，则天下之农皆悦而愿耕于其野矣。廛无夫里之布，则天下之民皆悦而愿为之氓矣。信能行此五者，则邻国之民仰之若父母矣。率其子弟，攻其父母，自生民以来，未有能济者也。如此，则无敌于天下。无敌于天下者，天吏也。然而不王者，未之有也。”[7] 但对少数垄断市利的商人则主张征税：“古之为市业，以其所有易以其所无者，有司者治之耳。有贱丈夫焉，必求龙断而登之，以左右亡而罔市利。人皆以为贱，

---

① 杨伯峻译注：《孟子·告子下》，中华书局 2008 年版。
② 杨伯峻译注：《孟子·梁惠王上》，中华书局 2008 年版。
③ 杨伯峻译注：《孟子·万章下》，中华书局 2008 年版。
④ 杨伯峻译注：《孟子·梁惠王上》，中华书局 2008 年版。
⑤ 杨伯峻译注：《孟子·滕文公上》，中华书局 2008 年版。
⑥ 杨伯峻译注：《孟子·滕文公下》，中华书局 2008 年版。
⑦ 杨伯峻译注：《孟子·公孙丑上》，中华书局 2008 年版。

故从而征之。征商自此贱丈夫始矣。"① 并主张实行劳役租税的"助"法，反对实物税的"贡"法；主张"什一税率"和井田"九一而助"的税率。

在认同最高税权应该由皇上一人独揽、可以不受任何约束的前提下，墨家赋税观也主张：赋税对于国家统治是十分必要的："今农夫入其税于大人，大人为酒醴粢盛，以祭上帝鬼神，岂曰'贱人之所为'，而不享哉！故虽贱人也，上比之农，下比之药，曾不若一草之本乎！"② "士君子竭股肱之力，亶其思虑之智，内治官府，外收敛关市、山林、泽梁之利，以实仓廪府库，此其分事也；农夫蚤出暮入，耕稼树艺，多聚叔粟，此其分事也；妇人夙兴夜寐，纺绩织纴，多治麻丝葛绪捆布縿，此其分事也。今惟毋在乎王公大人说乐而听之，即必不能蚤朝晏退，听狱治政，是故国家乱而社稷危矣。"③ 认为国家只有赋税足，才可能祭祀上天和鬼神，交结诸侯，才可以"食饥息劳，持养其万民"④，才可能"怀天下之贤人。"⑤ 因此，君主治国一定要重视赋税这个大事："故国家治则刑法正，官府实则万民富。…… 故唯昔三代圣王尧、舜、禹、汤、文、武之所以王天下、正诸侯者，此亦其法已。"⑥ 就赋税治理的道德原则而言，墨家一方面主张赋敛要"以其常征，收其租税。"⑦ 另一方面主张"用税"要"反中民之利。"⑧ "常征"即君主的赋敛制度要相对稳定，定时定量，只

① 杨伯峻译注：《孟子·公孙丑下》，中华书局2008年版。
② 吴毓江著：《墨子校注·贵义》，中华书局2006年版。
③ 吴毓江著：《墨子校注·非乐上》，中华书局2006年版。
④ 吴毓江著：《墨子校注·非乐上》，中华书局2006年版。
⑤ 吴毓江著：《墨子校注·非命》，中华书局2006年版。
⑥ 吴毓江著：《墨子校注·尚贤中》，中华书局2006年版。
⑦ 吴毓江著：《墨子校注·辞过》，中华书局2006年版。
⑧ 吴毓江著：《墨子校注·辞过》，中华书局2006年版。

有“以其常征，收其租税，则民费而不病。”① “反中民之利”意味着国家“用税”要有利于百姓的生活、生存需要。如果赋税使用能从这个方面着手，哪怕赋税稍微重一些，也不会引起百姓的怨恨。“故万民出财赍而予之，不敢以为戚恨者，何也？以其反中民之利也。然则乐器反中民之利，亦若此，即我弗敢非也。”② 墨子极为反对君主对百姓的横征厚敛，认为“厚敛于百姓，暴夺民衣食之财”③，就会加剧社会矛盾，危及统治者的政权。“是以富贵者奢侈，孤寡者冻馁，虽欲无乱，不可得也。”④ 就是说，“厚敛”与“暴夺”就会破坏生产，挫伤经济，使百姓失去生存的基本条件，饥寒交迫，无以为生，结果减少社会劳动力。“今天下为政者，其所以寡人之道多。”⑤ 统治者如果“厚作敛于百姓”，就要节用，“君实欲天下治而恶其乱，当为食饮不可不节。”⑥ “厚措敛乎万民，以为大钟鸣鼓、琴瑟竽笙之声，以求兴天下之利，除天下之害，而无补也。”⑦ 所以他一再告诫君主及其官僚机构，必须厉行节约，谨记“俭节则昌，淫佚则亡”⑧ 的教训，坚决去除无用之费。“王为政，其发令兴事，使民用财也，无不加用而为者，是故用财不费，民德得不老。”⑨

① 吴毓江著：《墨子校注·非乐上》，中华书局2006年版。
② 吴毓江著：《墨子校注·非乐上》，中华书局2006年版。
③ 吴毓江著：《墨子校注·辞过》，中华书局2006年版。
④ 吴毓江著：《墨子校注·辞过》，中华书局2006年版。
⑤ 吴毓江著：《墨子校注·节用上》，中华书局2006年版。
⑥ 吴毓江著：《墨子校注·辞过》，中华书局2006年版。
⑦ 吴毓江著：《墨子校注·非乐上》，中华书局2006年版。
⑧ 吴毓江著：《墨子校注·辞过》，中华书局2006年版。
⑨ 吴毓江著：《墨子校注·节用》，中华书局2006年版。

（二）霸道税制

霸道赋税观主张野蛮、邪恶的专制赋税，认为君主赋税专制即使在君主的赋税统治是野蛮的、邪恶的、不道德的情况下也是应该的。主张这种赋税统治主要是以韩非为代表的法家学派，强调通过“法、术、势”的手段，实现赋税统治的专制。按照这种赋税观的逻辑，明君治国治税，必须用“法、术、势”，核心是不要问是否符合赋税道德，认为必要时应该不择手段地实施专制，独掌大权。就是对自己的大臣，君主也不必按照道德去对待，只要“杀戮和奖赏”两手就足够了，更何况对老百姓的赋税统治。韩非说：“明主之所以导制其臣者，二柄而已矣。二柄者，刑德也。何谓刑德？曰，杀戮之谓刑，庆赏之谓德。为人臣者，畏诛罚而利庆赏。故人主自用其刑德，则群臣畏其威而归其利矣。”① 在这里，韩非将道德降低到“庆赏”层次，甚至，还是一个随时可以根据君主的利益和喜怒哀乐修正或突破的规则。

按照这种霸道、恶劣的赋税伦理思想的逻辑，自然，君主的利益，包括爱好与需求是第一位的，最重要的。因此，韩非主张对百姓要实施重税，认为只有重税才能保证君主的专制统治，实现驾驭海内的霸道雄心。韩非一再对儒家“薄赋敛”的赋税观进行抨击，认为儒家“薄赋敛”的主张，“此言不然也。”② 在韩非看来，之所以要对百姓征重税，还在于百姓一旦富足就会奢侈浪费，懒于从事农业生产，“财货足用则轻用，轻用则侈泰。”“凡人之生也，财用足则隳于用力，上治懦则肆于为非。”③ 况

① ［清］王先慎：《韩非子集解·二柄》，中华书局 1998 年版。
② ［清］王先慎：《韩非子集解·六反》，中华书局 1998 年版。
③ ［清］王先慎：《韩非子集解·六反》，中华书局 1998 年版。

且，由于百姓不知足，就不会达到足民富国的目标。同时，如果君主不征收赋税，这些财富就会中饱官吏的私囊。“府库虚于上，百姓贫饿于下，然而奸吏富矣。”[①] 列此种种理由，君主治税就唯有重赋敛一途可选择了。为此，就要“悉租税，专民力。”[②]“悉租税”就是说所有人都要承担赋税负担，而君主则要尽量收缴百姓的全部财产；“专民力”则要求百姓的全部劳动及其成果都应该由国家支配，要服从服务于国家的需要，特别是诸侯之间争霸战争的需要。因为，“悉租税，专民力，所以备危难充仓府也。”[③] 所以国家就要坚决制止“逃事伏匿，附托有威之门，以避徭赋”[④] 的行为，并从社会舆论上遏制和打压各种反对重税的议论：“征赋钱粟以实仓库……而以上为贪。”[⑤]

这样，由于主张赋税最高权力应该掌握在君主一个人手里，而且不受任何约束地掌握，逻辑上君主就会因为权力本身附带的利益而无限制地追求赋税权力的最大化。因为只有最大的税权，才可能带来最大的利益。因此，不断集中和占有权力就成为历代君主戮力而为的主要目标。当然，也是因为，只有税权集中，才有利于加强君主的地位。“徭役多则民苦，民苦则权势起，权势起则复除重，复除重则贵人富。苦民以富贵人，起势以籍人臣，非天下之常利也。故曰：徭役少则民安，民安则下无重权，下无重权则权势灭，权势灭则德在上矣。”[⑥] 同时，韩非基于其人性恶的认识，坚决反对国家救济贫民。在他看来，赋税只能用于争

① ［清］王先慎：《韩非子集解·外储说右》，中华书局 1998 年版。
② ［清］王先慎：《韩非子集解·诡使》，中华书局 1998 年版。
③ ［清］王先慎：《韩非子集解·诡使》，中华书局 1998 年版。
④ ［清］王先慎：《韩非子集解·诡使》，中华书局 1998 年版。
⑤ ［清］王先慎：《韩非子集解·诡使》，中华书局 1998 年版。
⑥ ［清］王先慎：《韩非子集解·备内》，中华书局 1998 年版。

霸战争、饥馑救助和君主的奢侈消费。认为君主要能禁止臣下的奢侈浪费，但自己可以任意妄为，“为人主者，诚明于臣之所言，则虽毕戈驰骋，撞钟舞女，国犹且存也。”① 理由在于，救济会打击勤俭，鼓励懒惰奢侈，从而影响经济发展。“今夫与人相若也，无丰年旁入之利，而独以完给者，非力则俭也。与人相若也，无饥馑疾疚祸罪之殃，独以贫穷者，非侈则惰也。侈而惰者贫，而力而俭者富。今上征敛于富人以布施于贫家，是夺力俭而与侈惰也，而欲索民之疾作而节用，不可得也。”② 同时还认为，救济贫穷会打乱论功者行赏的规矩，影响耕战争霸的大局：“且夫发困仓而赐贫穷者，是赏无功也；论囹圄而出薄罪者，是不诛过也。夫赏无功则民偷幸而望於上，不诛过则民不惩而易为非，此乱之本也，安可以雪耻哉！”③ “夫有施与贫困，则无功者受赏，……国有无功得赏者，则民外不务当敌斩首，内不急力田疾作。”④ 而且会导致国库空虚，影响争霸大业：“为故人行私谓之不弃，以公财分施谓之仁人，轻禄重身谓之君子，枉法曲亲谓之有行……不弃者，吏有奸也；仁人者，公财损也。”⑤ 而臣下如果用公财救济，则完全是为了收买人心。“为人臣者，散公财以说民人，行小惠以取百姓，使朝廷市井皆劝誉己，以塞其主，而成其所欲，此之谓民萌。”⑥ 因此，君主绝不能容忍这种阴谋行为。

管仲相齐 40 年，其赋税观也认为赋税最高权力应该由君主

① ［清］王先慎：《韩非子集解·说疑》，中华书局 1998 年版。
② ［清］王先慎：《韩非子集解·显学》，中华书局 1998 年版。
③ ［清］王先慎：《韩非子集解·难二》，中华书局 1998 年版。
④ ［清］王先慎：《韩非子集解·奸劫弑臣》，中华书局 1998 年版。
⑤ ［清］王先慎：《韩非子集解·八说》，中华书局 1998 年版。
⑥ ［清］王先慎：《韩非子集解·八奸》，中华书局 1998 年版。

一人不受任何约束地掌控。在此前提下，管仲先后提出了“相地衰征”等税制主张。认为国家为了保证百姓能够安心农业生产，就必须“相地衰征”，即根据土地的肥沃情况分级分等征税，从而在中国税制史上首次实现了由劳役税向实物税的转变。因为“相地而衰征，则民不移。”[①] 他还主张君主征税要“无夺民时”，认为只有这样，“则百姓富。”[②] 而且要“关市讥而不征”，以便“通齐国之鱼盐于东莱，使关市讥而不征，以为诸侯利，诸侯称广焉。”[③]

老庄赋税观同样主张税权应该由君主一人独掌，而且不受任何约束地独掌。在老子看来，对本已贫穷的百姓进行强制赋敛，本身就是一种有违天道的不道德行为。因为“天之道，犹张弓者也：高者抑之，下者举之，有余者损之，不足者补之。故天之道，损有余而益不足。人之道则不然，损不足而奉有余。孰能有余而有以取奉于天者乎？唯有道者。是以圣人为而弗有，成功而不居也。若此，其不欲见贤也。”[④] 如果赋敛违背了天道，就会加剧社会的贫富对立。“朝苍除，田甚荒，仓甚虚；服文采，带利剑，厌饮食，财货有余，是谓盗竽，非道也哉！”[⑤] 而百姓之所以贫穷，就是因为君主及其统治者赋税太重太多：“民之饥，以其上食税之多，是以饥。”[⑥] 老子一再强调这个道理：君主如果违天道而重税积累财富，就会引发各种社会矛盾，加剧其灭亡，最终危及统治者的权力根基。而且，费尽心机搜括的财富，

① 管仲著，李山．译注：《管子·齐语》，中华书局 2009 年版。
② 管仲著，李山．译注：《管子·齐语》，中华书局 2009 年版。
③ 管仲著，李山．译注：《管子·齐语》，中华书局 2009 年版。
④ 陈鼓应著：《老子译注及评介·第七十七章》，中华出版社 1984 年版。
⑤ 陈鼓应著：《老子译注及评介·第七十五章》，中华出版社 1984 年版。
⑥ 陈鼓应著：《老子译注及评介·第四十四章》，中华出版社 1984 年版。

也会因此而彻底丧失："甚爱必大费，多藏必厚亡；故知足不辱，知止不殆，可以长久。"① "金玉满堂，莫之能守。"② 因此，"圣人不积。"③ 因为"持而盈之，不若其已；揣而锐之，不可长葆之；金玉盈室，莫之守也；贵富而骄，自遗咎也；功遂身退，天之道也。"④ 自然，如果君主及其统治者能够使人民拥有足够的财富，让百姓富足起来，就可以永远拥有自己的财富，实现自己的统治。"既以为人己愈有，既以与人己愈多。"⑤

同时在老子看来，社会乱象都是因为君主的"过度"管理，赋税也一样。因此主张"无为而治"，把"不扰民"奉为社会以及赋税治理的最高境界，要求只要"不害人"就是最高境界的治理。赋税"无为而治"，就是要减轻老百姓的赋税负担，君主则要"减权""敛欲"。"减权"就是"无为而治"，给老百姓更多的自由，不要过多干扰老百姓的经济生活，要让老百姓按照自己的意愿、自己的生活方式去行动，不要越俎代庖。因为百姓只有拥有足够的自由，才可能创造更多的财富。认为"取天下也，恒无事，及其有事也，不足以取天下"。"民之难治，是以上之有为，是以难治。"⑥ "无为而无不为，取天下常以无事；及其有事，不足以取天下。"⑦ "圣人居无为之事，行不言之教，万物措而弗始也，为而弗志也，成功而弗居也。夫唯弗居，是以弗去。"⑧ 因此一再告诫，君主要节俭爱民，不能挥霍无度，耗费

① 陈鼓应著：《老子译注及评介·第九章》，中华出版社 1984 年版。
② 陈鼓应著：《老子译注及评介·第八十一章》，中华出版社 1984 年版。
③ 陈鼓应著：《老子译注及评介·第九章》，中华出版社 1984 年版。
④ 陈鼓应著：《老子译注及评介·第八十一章》，中华出版社 1984 年版。
⑤ 陈鼓应著：《老子译注及评介·第八十一章》，中华出版社 1984 年版。
⑥ 陈鼓应著：《老子译注及评介·第七十五章》，中华出版社 1984 年版。
⑦ 陈鼓应著：《老子译注及评介·第四十八章》，中华出版社 1984 年版。
⑧ 陈鼓应著：《老子译注及评介·第二章》，中华出版社 1984 年版。

社会财富，影响社会财富的创造。因为“罪莫大于可欲，祸莫大于不知足，咎莫憯于欲得。故知足之足，恒足矣。”① 最后，老子认为要实现自己的治世救世理想，从社会组织而言，行政管理单位应该越小越好。“小国寡民，使有什伯之器而不用。使民重死而不远徙，虽有舟舆，无所乘之。虽有甲兵，无所陈之。使人复结绳而用之。甘其食，美其服，安其居，乐其俗。邻国相望，鸡犬之声相闻，民之老死不相往来。”② 要“不上贤，使民不争；不贵难得之货，使民不为盗；不见可欲，使民不乱。是以圣人之治也，虚其心，实其腹，弱其志，强其骨，恒使民无知无欲也，使夫知不敢弗为而已，则无不治矣。”③ 就是说，只有在这样的社会中，这样来赋敛，百姓的赋税负担才会减轻，怨言才会减少，统治者的权力才会得到一定的监督，战争的费用及其他国家机器所需要的费用才会避免和降低，赋税的使用百姓才能看得见，赋税的用途才可能接近百姓的偏好。

就荀况的理论渊源而言，既属儒家也是属法家，既不属于儒家也不属于法家，应该说属于综合学派。在赋税观方面，与各家一样，他主张赋税最高权力应该由君主一人独掌，不受任何约束地执掌。在征税的具体道德原则方面，荀况既继承儒家“藏富于民，薄赋敛”的精神，也吸收了法家“不积粟，藏富于国”的观念，强调富国必须先富民。因为“下贫则上贫，下富则上富。”④ 只有民富，国富才能拥有基础。“故王者富民，霸者富士，仅存之国富大夫，亡国富筐箧、实府库。筐箧已富，府库已实，而百姓贫，夫是之谓上溢而下漏。”“聚敛者，召寇、肥敌、

① 陈鼓应著：《老子译注及评介·第四十六章》，中华出版社 1984 年版。
② 陈鼓应著：《老子译注及评介·第八十章》，中华出版社 1984 年版。
③ 陈鼓应著：《老子译注及评介·第三章》，中华出版社 1984 年版。
④ 王先谦著：《荀子集解·富国》，中华书局 2008 年版。

亡国、危身之道也。”[①] 为此，就要大力开辟财源。“田野县鄙者，财之本也；如是，则上下俱富，交无所藏也。”[②] 认为只要“万物得宜，事变得应，上得天时，下得地利，中得人和，则财货浑浑如泉源，汸方如河海，暴暴如丘山，不时焚烧，无所臧之，夫天下何患乎不足也？故儒术诚行，则天下大而富，使而功，撞钟击鼓而和。”[③] 而开辟财源的目的，在于百姓的生活富裕，即“裕民”。相反，如果君主的赋税治理背离这个根本，不仅君主得不到基本的财富，甚至会丧失权力：“彼裕民，故多余。裕民则民富，民富则田肥以易，田肥以易则出实百倍。上以法取焉，而下以礼节用之，余若丘山，不时焚烧，无所臧之。夫君子奚患乎无余？故知节用裕民，则必有仁圣贤良之名，而且有富厚丘山之积矣。此无他故焉，生于节用裕民也。不知节用裕民则民贫，民贫则田瘠以秽，田瘠以秽则出实不半；上虽好取侵夺，犹将寡获也。”[④] 而且，如果君主征税能以利民、裕民为出发点，百姓的报答就会“籍敛忘费，事业忘劳，寇难忘死。”[⑤] 在需要百姓保家卫国时就会积极踊跃：“城郭不待饰而故，兵刃不待陵而劲，敌国不待服而詘，四海之民不待令而一。”[⑥] 所以，君主要“以政裕民”，“轻田野之税，平关市之征，省商贾之数，罕兴力役，无夺民时，如是则国富也。夫是之谓以政裕民。”[⑦] 要节欲爱民，“故知节用裕民，则必有仁义圣良之名，而且有富厚丘山之积矣。此无他故焉，生于节用裕民也。不知节用裕民则

① 王先谦著：《荀子集解·王制》，中华书局2008年版。
② 王先谦著：《荀子集解·富国》，中华书局2008年版。
③ 王先谦著：《荀子集解·富国》，中华书局2008年版。
④ 王先谦著：《荀子集解·富国》，中华书局2008年版。
⑤ 王先谦著：《荀子集解·君道》，中华书局2008年版。
⑥ 王先谦著：《荀子集解·君道》，中华书局2008年版。
⑦ 王先谦著：《荀子集解·富国》，中华书局2008年版。

民贫，民贫则田瘠以秽，田瘠以秽则出实不半。上虽好取侵夺，犹将寡获也，而或以无礼节用之，则必有贪利纠譑之名，而且有空虚穷乏之实矣。此无他故焉，不知节用裕民也！”①

遗憾的是，先秦诸子的赋税观，大多集中在赋税治理的技术层面，更多关注的是赋税的轻重与多少等数量和枝节性问题，目的都是在承认君主专制赋税是应该的合理的天经地义的前提下，在承认君主可以不受任何约束的前提下，帮助君主如何高效地进行赋税专制管理，几乎无一人对君主赋税专制的合理性与道义性提出疑问，并进而提出赋税公正、平等、人权、人道、自由、民主等人类普世的赋税治理价值观念和原则，很少在赋税治理的根本问题方面下功夫。这是因为，“横征暴敛或轻徭薄赋，不是个百分比多少的数字游戏，如果是愿意，就像当年卢作孚用自己的船队为国家抗战服务，牺牲巨大，可谁见他就此说那是政府横征暴敛了？政府胡乱摊派征缴，无论多少，都属于暴敛横征。”②孔子固然有“丘也闻有国有家者，不患寡而患不均，不患贫而患不安。盖均无贫，和无寡，安无倾”③ 的论述，但这更多强调的是君主在分配赋税义务时负税人之间的公正问题，一点没有触及君主及其官僚集团与负税人之间的根本公正问题。孟子也讲“杀一无罪非仁也，非其有而取之非义也。”④ 疑似可以与赋税公正有关系。但实际上，孔孟讲的都只是君主应该以“仁”和“义”为道德原则来专制赋税，法家只讲“法、势、术”的专制赋税，与税收公正、人道、自由等价值观念更是相差十万八千里。道理在于，只要承认君主专制赋税，即违背公正、人道、自

① 王先谦著：《荀子集解·富国》，中华书局 2008 年版。
② 黄钟：《税负轻重不是关键问题》，《改革内参（北京）》，2007（27）。
③ 杨伯峻译注：《论语·季氏》，中华书局 2006 年版。
④ 杨伯峻译注：《论语·尽心章句上》，中华书局 2006 年版。

由等价值观，是一种专制的赋税伦理思想。

三、先秦税制的伦理检视

综上所述，先秦赋税思想的共同特征是：不论儒家、墨家，还是法家、道家，等等，都主张国家赋税最高权力应该属于君主一个人，而且君主应该不受任何约束地独裁赋税，主宰国家的赋税活动。除此之外，就是大臣，也不应该享有赋税统治的最高权力；至于百姓，就只能毫无保留地缴纳皇粮国税。这一共同特征意味着，先秦赋税观就其总体和本质而言，只有专制一脉，认为国家的赋税活动应该由皇帝一人来独裁。差异仅仅在于：君主是应该遵照赋税道德专制，实行仁政的赋税治理，即王道赋税？还是不应遵行赋税道德，由君主任意专制赋税，实行霸道赋税？

就其共同的专制本质属性而言，先秦赋税观的主流是不可取的，应该给予彻底清算，其对后世中国赋税统治的消极影响不可小觑。不论是儒家主张的王道专制赋税思想，还是法家主张的霸道专制赋税思想，等等，都是一种恶劣的赋税伦理观。尽管王道专制赋税思想主张民本治税原则，但这种主张也只是一种民本主义的专制赋税伦理思想，属于专制赋税范畴。因为"它并不否定君主，并不认为君主不应该存在；恰恰相反，它完全以承认和肯定君主为前提，完完全全肯定君主应该存在。它只是否定霸道的、邪恶的、不道德的君主，只是认为不应该存在霸道的、邪恶的、不道德的君主；而完全肯定王道的、道德的、仁爱的君主，认为应该存在王道的、道德的、仁爱的君主，亦即主张君主应该遵守治理民众的道德，亦即遵守所谓"民本"道德：民本论是一种关于君主应该如何治国的理论。[①] 因此在民本专制主义价值观指导下的赋税治理，仅仅是一种开明专制赋税观而已，与现代民主赋税思想相隔甚远。直言之，民本税制并非民主税制。“民本”是以承认“专制”的应该性为前提的，而“民主”是以肯定“自由”为前提的，这是两种水火不相容的税制思想。或者说，只要主张专制税制，就不可能将自由作为税制的道德价值基础，也不可能将“民主”奉为税制原则。以此观之，先秦诸子赋税观的根本差异就不在于赋税治理应该还是不应该专制，或者说，仅仅在于主张何种赋税专制，即王道、开明、仁慈的赋税专制，还是霸道、野蛮、邪恶的赋税专制。如此，先秦专制赋税观可归结为两大混合类型：即以孔子和儒家为代表的永恒且开明的专制赋税制与以韩非和法家为代表的永恒且邪恶的专制赋税制。

永恒且邪恶的专制赋税制就是永恒专制赋税观与邪恶专制赋税观之结合，就是认为赋税专制不仅在任何历史条件下永远都是应该的，而且，即使专制者的赋税统治是在不讲道德的条件下也是应该的。这无疑是说，赋税专制在任何条件下都是应该的，而且是无条件应该、绝对应该的。而永恒且开明的专制赋税制则是永恒专制赋税观与开明专制赋税观之结合，主张赋税专制虽然在任何历史条件下永远都是应该的，但只能在君主的赋税治理符合道德的前提下才是应该的；即，如果君主的赋税统治违背道德，就是不应该的。一方面他就不应该继续做君主，向臣民征税，也不应该要求臣民依然服从他，按照他的意旨缴纳皇粮国税；另一方面，臣民也就不应该再服从他，并缴纳赋税。可见，永恒且开明的赋税观主张：赋税专制并非在任何条件下都是应该的，是有

① 王海明：“论专制主义”，《吉首大学学报（社会科学版）》，2007 年第 2、3、4 期。

条件应该、相对应该的，是一种相对的赋税专制伦理思想。

问题的关键在于，赋税专制究竟是应该的还是不应该的，是恶的还是善的？这就要看赋税专制是否符合赋税道德的终极目的，是否具有正价值。如果符合赋税道德价值，就是应该的，有价值的；反之，则是不应该的，无价值的。

毋庸讳言，首先，赋税专制违背了赋税各项道德原则，不具有正道德价值。因为“专制”的对词是“自由”，承认君主一个人拥有自由则意味着全体国民不能自由，反之亦然。既然承认并主张专制赋税的价值，无疑意味着否定自由赋税的价值。专制赋税首先违背众多优良的赋税道德原则，尤其是赋税政治自由原则。政治自由是指能够使国家的政治活动按照被管理者自己的意志进行的活动。如此，赋税政治自由意味着使赋税能够按照纳税人自己意志进行的活动。按照赋税自由原则，每个公民，不论是统治者还是被统治者，都应该同样直接或间接掌握国家最高税权，应该同样是国家赋税活动的最高统治者，应该同样有权利要求国家的赋税按照自己的赋税意志进行。毋庸置疑，只有民主赋税最符合赋税政治自由原则。而赋税专制主张君主不受限制地独掌国家最高税权，就意味着国家赋税只能按照专制君主自己一个人的意志进行，不可能按照所有人的意志进行；意味着只有专制君主自己一个人拥有赋税政治自由，而所有人都没有赋税政治自由。即在这种赋税伦理思想指导下建立的赋税体制，就只能是君主一个人享有，而其他所有人都不应享有赋税政治自由的赋税制。其赋税观便成为一种完全地、极端地违背赋税治理——政治自由原则的思想体系，其赋税制也就完全成为一种极端违背赋税治理道德原则——政治自由原则——的税制，就是一种奉行极端不道德和完全不道德赋税原则的思想体系和税制。逻辑上，一旦奉行赋税专制，就意味着已经完全违背了政治自由原则。由此不难理解孟德斯鸠的那段名言："国民所享的自由越多，便越可征较重的赋税，国民所受的奴役越重，便越不能不宽减赋税。这是通则。过去到现在一直如此；将来也将永远如此。"[①] 也可以理解，为何"西班牙强征于荷兰的赋税，较之荷兰加诸自己的，少十倍不止，荷兰却不接受，而要反抗"[②] 的道理。因为，在柏克看来，"人在权利上所受的伤害之深，与在钱袋上受到的伤害之大，是可以同样之甚的。一项剥夺人民之全部自由的法案，未必使其财产大受损失。人在大路上被抢了两文钱，使他大为愤恼的，主要不在于这两便士。"[③] 因为，政治自由是最重要的社会自由，是自由社会的根本特征。

其次，专制赋税一旦违背了税收政治自由原则，也就从根本上违背了人道原则。因为每个社会成员自我创造性潜能实现的根本条件就是自由，一个人越自由，他的个性发挥得便越充分，他的创造潜能便越能得到实现，他的自我实现的程度便越高；反之，一个人越不自由，他的个性发挥便越不充分，他的创造潜能便越得不到实现，他的自我实现程度便越低。[④] 就是说，自由是使人自我实现的根本条件，"使人自由"也就是"使人自我实现"的根本原则，从而也就是人道的根本原则。这岂不意味着，专制赋税一旦剥夺每个公民的赋税政治自由、经济自由和思想自由，就使所有公民都生活于一个赋税全面奴役和全面不自由的社

---

① ［法］孟德斯鸠著，张雁深译：《论法的精神（上册）》，商务印书馆 1961 年版，第 220 页。

② ［英］埃德蒙·柏克著，缪哲选译：《美洲三书》，商务印书馆 2003 年版，第 65 页。

③ ［英］埃德蒙·柏克著，缪哲选译：《美洲三书》，商务印书馆 2003 年版，第 65 页。

④ 王海明著：《公正　平等　人道——社会治理的道德原则体系》，北京大学出版社 2000 年版，第 148 页。

会，便直接违背了人道根本原则，而且因其剥夺了每个公民的赋税自由而使其个性得不到发挥、创造性潜能得不到实现。所以马克思一再强调："专制制度的唯一原则就是轻视人类，使人不成其为人。"①

再次，赋税专制既然违背了赋税政治自由原则，也就必然违背赋税人权原则和赋税政治平等原则。因为，人权最重要的部分就是政治自由。马克思说："人权的一部分是政治权利，只有同别人一起才能行使的权利。这种权利的内容就是参加这个共同体，而且是参加政治共同体，参加国家。这些权利属于政治自由的范畴。"② 因此，根据人权应该完全平等分配原则，每个人都应该完全平等地享有赋税政治自由，每个人都应该完全平等地共同决定国家的赋税命运。显然，唯有民主税制最符合赋税政治平等原则，才能使全体公民完全平等地共同执掌国家的最高赋税权力。而专制税制主张一个人应该不受限制地独掌国家最高税权，这岂不意味着，专制税制只有君主一个人才拥有全部的最高税权，而所有人拥有的最高税权是零。这是最极端的、最大限度的政治不平等！卢梭认为："这里是不平等的顶点……在这里一切个人之所以是平等的，正是因为他们都等于零。臣民除了君主的意志以外没有别的法律；君主除了他自己的欲望以外，没有别的规则。"③ 可见，专制税制也是一种完全地、极端地违背税制道德原则——税收政治平等原则——的规范体系。而且，税收政治

① ［德］马克思、恩格斯著：《马克思恩格斯全集（第一卷）》，人民出版社1956年版，第411页。

② ［德］马克思、恩格斯著：《马克思恩格斯全集（第一卷）》，人民出版社1956年版，第437页。

③ ［法］卢梭著：《人类不平等的起源和基础》，商务印书馆1962年版，第146页。

平等决定税收经济平等和机会平等及其一切平等，是实现一切其他税收平等的根本保障。因此，在一个税收政治平等的社会，每个公民的其他税收平等权利能否实现，就完全平等地取决于每个公民自己，因而是有保障的；反之，则会由于国家的最高税权完全掌握在专制者一个人手里，每个公民的税收经济平等以及机会平等能否实现，便完全取决于专制君主的个人意志："明王之所操者六：生之、杀之、富之、贫之、贵之、贱之。"[①] 如此，由于专制税制违背税收政治平等原则、剥夺每个公民的税收政治平等权利，所有人都生活于一个极端政治不平等的税收等级社会，从而也就违背了税收经济平等和机会平等原则，剥夺了每个公民的税收等一切社会平等权利，所有人都只能生活于一个决定于政治权力和专制者意志的全面的极端不公正的不平等的等级社会。而且，专制税制因其极端违背平等诸原则而极端违背了人权原则。平等诸原则是最主要的公正："所谓公正，它的真实意义，主要在于平等。"[②] 因此，专制税制也就因其违背平等原则而违背了最主要的公正原则。

复次，专制税制极端违背税收治理的全部道德原则：人道、自由、平等、人权和公正，也就必然极端阻碍全社会的发展与进步。税制专制极端阻碍社会发展与进步的核心在于：它极端违背了平等和公正诸原则。因为效率与公正、平等诸原则成正比例关系：即社会的治理越符合公正与平等原则，每个人的贡献与所得便越一致，每个人的劳动积极性便越高，从而效率也就越高，社会的发展进步便越快；社会的治理越违背公正与平等原则，每个人的贡献与所得便越背离，每个人的劳动积极性便越低，从而效

① 管仲著，李山译注：《管子·任法》，中华书局 2009 年版。

② （古希腊）亚里士多德著：《政治学》，商务印书馆 1996 年版，第 153 页。

率也就越低，社会的发展进步便越慢。税收治理亦然。税收专制极端违背公正与平等原则，便使每个人的贡献与所得极端背离，使每个人的劳动积极性极端低下，从而效率也就极端低下，社会的发展进步便极端缓慢。需要强调的是：专制税制极端阻碍社会发展进步的最主要原因在于它极端违背了自由原则。由于自由是每个人自我实现，亦即实现自己创造性潜能的根本条件，二者成正相关变化。因此，一个人越自由，他的个性发挥得便越充分，他的创造潜能便越能得到实现，他的自我实现的程度便越高。这样，自由是每个人自我实现、发挥创造潜能的根本条件，同时也就是社会繁荣进步的根本条件。① 固然，税收自由不是社会进步的唯一要素，但无疑是社会进步的最根本的要素、最根本的条件。这意味着，税收专制必定因其剥夺每个公民的税收政治自由、经济自由和思想自由而成为每个人实现自己创造性潜能、从而促进社会发展进步的极大障碍。

毋庸讳言，导致中国税制几千年停滞不前的原因也许很多，但广大民众税收不自由不平等，才是最为根本的要素。事实上，从大禹在会稽借故戮杀防风氏开始，中国社会民众的税收自由就已经开始被暴力一次次地剥夺，后来经过历代君主的进一步剥夺，到秦始皇时则被剥夺得一干二净。事实上，专制赋税思想是中国——东方亚细亚生产方式四千多年一直不变、一直未被商品经济所取代的根本原因之一。因为，在这种税制和生产方式下，中国专制君主不仅拥有支配全国所有百姓的全部政治权力，包括最高税权；同时还拥有支配全国所有人的全部的经济权力，拥有支配全国所有人的全权。这不仅剥夺每个百姓的政治自由，而且

① 王海明：“论专制主义”，《吉首大学学报（社会科学版）》，2007 年第 2、3、4 期。

剥夺了每个百姓的全部自由，特别是剥夺了每个百姓的经济自由。这样，亚细亚生产方式和专制税制就成为东方专制最牢固的基础。因为经济自由、税收自由意味着亚细亚生产方式将被商品经济所取代，专制赋税将被民主赋税所替代，最终必定导致东方专制的垮台。因此，历代专制君主为了保证自己的专制统治不被推翻，便处心积虑地力图全面剥夺百姓的经济自由、税收自由等一切自由，从而保障其亚细亚生产方式不被商品经济所取代，保障亚细亚生产方式不变，保证其税制专制不被推翻。关于这一奥妙，魏特夫早就发现："东方专制主义将那些非官方的集团和阶层打得粉碎，而这些集团和阶层在封建时代的欧洲和日本乃是兴起商业和工业社会的先驱。"①

最后，由于专制税制极端阻碍社会发展进步，极端违背社会税收治理的全部道德原则——人道与自由以及平等、人权和公正——自然也就极端违背道德终极标准。所谓道德终极标准，就是产生和推导其他一切道德标准的道德标准，就是解决一切道德标准冲突的道德标准，就是在任何条件下都应该遵守而不应该违背的道德标准，就是"增减全社会和每个人的利益总量"，即增进社会和每个人利益的，就是善的、道德的、应该的；减少社会和每个人利益的，就是恶的、不道德的、不应该的。这一道德终极总标准，在人们利益不发生冲突、可以两全情况下表现为"无害一人地增加利益总量"道德终极分标准，亦即"应该不损害任何一个人地增进社会和人们的利益总量"，"行一不义，杀一不辜，而得天下，皆不为也。"② 荀子也说："行一不义，杀一

① ［德］卡尔·魏特夫著：《东方专制主义》，中国社会科学出版社 1989 年版，第 8 页。

② 杨伯峻译注：《孟子·公孙丑上》，中华书局 2008 年版。

无辜，而得天下，仁者不为也。”① 而在人们利益发生冲突而不能两全的情况下则表现为“最大多数人的最大利益”道德终极分标准，亦即“应该保全最大多数人最大利益而牺牲最少数人最小利益”。显然，专制税制极端阻碍社会发展，造成社会停滞不前，自然会极大地减少全社会和每个人的利益总量，从而极端违背道德终极标准“增进全社会和每个人利益总量”。坦率地说，专制税制唯一保全和增进的只能是专制君主一个人的利益，剥夺和损害的则是全社会和所有人平等地共同掌握国家最高税权的利益。如此，也就极端违背了“应该无害一人地增加利益总量”的标准，极端违背了“最大多数人的最大利益标准”，极端违背了“增进每个人利益总量”的“道德终极总标准”。而且，由于税收专制保全的只是专制君主一个人独掌国家最高税权的利益，违背了税收政治平等、经济平等和机会平等原则，也就剥夺和侵犯了所有人应该享有的各种平等权利，结果使所有人生活于一个极端不平等、不公正的等级社会，也就极端违背了“应该无害一人地增进利益总量”标准，极端违背了“应该保全最大多数人最大利益而牺牲最少数人最小利益”的“最大多数人的最大利益标准”，极端违背了“增进每个人利益总量”的“道德终极总标准”。

简而言之，凡是主张专制税制的，都是一种极端恶劣、极端不人道、不公正、不平等、不自由的税收和治理思想，是一种极端阻碍社会进步和繁荣的税收治理思想，是一种极端背离税收伦理终极目的的税收和治理思想。自然，在这种税收治理观指导下建立的专制税制，也就是一种极端恶劣、极端不人道、不公正、不平等、不自由的税制，是一种极端阻碍社会进步和繁荣的税制，是一种极端背离税收终极目的的税制。

① 王先谦著：《荀子集解·王霸》，中华书局 2008 年版。

第十章

全球化时代的税制竞争与融合

不论人们高兴不高兴、愿意不愿意，全球化都在裹挟着它能裹挟的一切，踩着自己的步点朝前走。顺应者，将会被它带着一起向前走；逆行者，将会被它冷酷无情地抛弃。事实上，从全球化诞生之日起，它就拥有了这种特别固执、坚定的意志与禀赋。因此，在全球性的经济、政治、文化革命次第展开之后，竞争与合作、冲突与矛盾注定缠绕交叉。或许问题并不在于全球化影响的善恶，而在于如何正确认识全球化大趋势下可能发生的竞争与冲突之形态与本质，从而乘势而动，给全球社会每一个成员带来更多的福祉与利益。同理，全球化时代的税制竞争与融合也不可避免，“全球化另一个令人兴奋的后果是逐渐兴起的税制竞争。”而且，“全球化是一种促使政府间竞争的积极力量。"[①] 因此，如果能提前预知全球化时代税制竞争与融合的可能形态，无疑有助于各个国家未雨绸缪，从国家治理的高度，做出相应的战略与策略安排，从而借用全球化的积极影响，消减全球化的消极干扰，在全球资源竞争中赢得比较优势。

一、行为视野的全球税制竞争与冲突形态分析

众所周知，"行为是有机体受意识支配的实际反应活动：受意识支配的先天固有的活动是本能；受意识支配的后天习得的活动是学习。"而且，"行为由目的和手段构成：目的是有意识地达到的结果，也就是行为主体有意识地达到的行为结果；手段则是有意识地用来达到某种结果的过程，也就是行为主体有意识地用来达到行为结果的行为过程。"[②] 由此可见，全球化对税收活动，也就是国际税收税制的影响，即是对国际征纳税人"受意识支配的后天习得的活动"——学习的影响，是对国际征纳行为主体之目的与手段的影响，是对国际征纳税行为主体"有意识地为了达到的结果"与"有意识地用来达到行为结果的行为过程"之影响。由此可以推知国际税收行为（国际征纳税行为）的类型，进而推知全球税制竞争与冲突的形态。行为类型如表 10－1 所示。

这意味着，全球化对国际税收行为的影响，或者说对国际征纳税行为的影响，不过是对这 16 种征纳税行为及其数量规律之

① ［美］克里斯·爱德华兹丹尼尔·米切尔著，黄凯平等译：《全球税收革命——税收竞争的兴起及其反对者》，中国发展出版社 2015 年版，第 166 页。

② 王海明著：《新伦理学》，商务印书馆 2008 年版，第 546 页。

表 10－1

目的＼手段	利　他	利　己	害　他	害　己
利　他	1	2	3	4
利　己	5	6	7	8
害　他	9	10	11	12
害　己	13	14	15	16

影响。具体地说，国际征纳税行为的类型为：第一个类型，目的利他、手段利他；目的利己、手段利他；目的害他、手段利他；目的害己、手段利他。第二个类型，目的利他、手段利己；目的利己、手段利己；目的害他、手段利己；目的害己、手段利己。第三个类型，目的利他、手段害他；目的利己、手段害他；目的害他、手段害他；目的害己、手段害他。第四个类型，目的利他、手段害己；目的利己、手段害己；目的害他、手段害己；目的害己、手段害己。

或者说，尽管全球化背景下的税制竞争与冲突多种多样，但基本的竞争与冲突，从行为视野观之，不过 16 种。而且，不论是竞争还是冲突，就行为的结构而言，无非利害己他。从行为视角看，全球税制竞争与冲突的形态也不过是：第一，“目的利他、手段利他；目的利己、手段利他；目的害他、手段利他；目的害己、手段利他”。第二，“目的利他、手段利己；目的利己、手段利己；目的害他、手段利己；目的害己、手段利己”。第三，“目的利他、手段害他；目的利己、手段害他；目的害他、手段害他；目的害己、手段害他”。第四，“目的利他、手段害己；目的利己、手段害己；目的害他、手段害己；目的害己、手段害己”16 种类型。

现代行为心理学的最新研究成果显示，“每个人都具有利己、利他、害己、害他四种行为目的，并且必定恒久利己而只能偶尔利他、害他、害己。”“每个人都具有利己、利他、害己、害他四种行为手段，并且必定恒久利他或害他，而只能偶尔利己与害己”。因此，“每个人的行为，必定恒久为己利他或损人利己；而只能偶尔无私利他、单纯利己、纯粹害人、纯粹害己。”[①]这意味着，这些竞争与冲突的国际税制形态，唯有“为己利他”与“损人利己”是恒久的，而其他一切的形态，诸如“无私利他、单纯利己、纯粹害人、纯粹害己”等等，都只是偶尔的，而且，唯有“为己利他”的竞争是符合道德基本原则，也是冲突最小的。舍此一切，都可能制造或加剧国际税收冲突，背离税收道德增进全社会和每一个社会成员福祉总量的终极目的。

同理可知，从行为视角观之，全球税制竞争与冲突无非16种形态。既有目的领域的税制竞争与冲突，也有手段领域的税制竞争与冲突以及目的与手段交织的税制竞争与冲突。但无论如何，唯有符合税制伦理行为目的相对数量规律、税制伦理行为手段相对数量非统计性规律、税制伦理行为手段相对数量统计性规律、税制伦理行为类型相对数量非统计性规律和税制伦理行为类型统计性规律的竞争是合乎国际税收道德的，是可持续的。相反，凡是违背税制伦理行为目的相对数量规律、税制伦理行为手段相对数量非统计性规律、税制伦理行为手段相对数量统计性规律、税制伦理行为类型相对数量非统计性规律以及税制伦理行为类型统计性规律的冲突，都是有悖国际税收道德、不可持续的。[②] 事实上，行为视野的全球税制竞争与冲突形态分析的价值

① 王海明著：《新伦理学》，商务印书馆2008年版，第596页。

② 王海明著：《新伦理学》，商务印书馆2008年版，第628页。

和意义在于为国际税制构建寻找坚实的人性基础。

二、结构视野的全球税制竞争与冲突形态分析

结构是指把一个事物作为整体分解为若干部分而成，被划分的事物与所分成的事物是整体与部分的关系。从结构视野分析全球税制竞争与冲突形态，也是探讨全球税制竞争与冲突本质的常规选择。严格说来，国际税制的结构性竞争与冲突更为重要，因为，国际税制竞争与冲突是不同国家之间税制的竞争与冲突。

税制是一组征纳行为主体“应该且必须”如何参与国内外税制竞争的规范体系。这个规范体系，既有“应该且必须”如何的权力性规范，也有“应该”如何的非权力性规范。“应该且必须”如何的权力性规范即是指“税法”，“应该”如何的非权力性规范即是指“税德”。因此，结构视野的全球税制竞争与冲突形态，通常表现在税制规范的表层结构层面。既有“应该的”国际税收道德规范层面——国际“税德”，也有“应该且必须”的国际税法规范层面——国际税法，从而便形成不同的全球税制竞争与冲突形态。全球化背景，一定会加剧国际税制价值与冲突的复杂性与不确定性。全球税制竞争与冲突最先可能发生在主体、客体、原则、罚则等要素方面，比如征税人、纳税人、税率、税目、征税环节、减免税规定及其处罚等技术性要素方面。其中，不同国家“税率”的高低与征收方式一直是国际税收合作与竞争的热点与焦点。

由于税制具有内容与形式的基本结构，全球税制竞争与冲突也会因此形成新形态。即内容与形式既可能一致，也可能背离。内容即价值，形式即税制规范。因此，税制既可能与税收价值一

致，也可能与税收价值背离。自然，全球税制竞争与冲突既可能发生在内容与内容国际税收机制之间，也可能发生在形式与形式国际税制规范之间，还可能发生在形式规范与内容价值之间，从而具有四种形态，即内容与形式一致或背离、形式与内容一致或背离、内容与内容一致或背离、形式与形式一致或背离，如表10－2所示。

表10－2

乙国＼甲国	内　容	形　式
内　容	(1)	(2)
形　式	(3)	(4)

可见，就具体两个发生税制竞争与冲突的国家而言，除表层税制要素的竞争与冲突外，基本结构方面的税制竞争与冲突也是一种常态。就是说，全球税制竞争与冲突既可能发生在甲国税制内容与乙国税制内容和形式之间，也可能发生在乙国税制内容与甲国税制内容和形式之间，还可能发生在甲国税制形式与乙国税制内容和形式之间，也可能发生在乙国税制形式与甲国税制内容和形式之间。但就全球税制竞争与冲突的根本而言，唯有税制内容——税收价值是优良税制制定的根据。由于作为规范范畴的税制，是人为制定的，具有一定的主观性与随意性，因此，各个国家的税制也就有了优劣差异。

问题或在于，税制优劣的评价标准是什么？税制的“应该如何”与“应该且必须如何”的非权力与权力性规范，只能根据国家（或政府）公共资金征收行为事实的某种效用，即税收征纳行为事实对于税制目的的效用来制定。比如，税收应该“法治”，不应该“人治”，应该“平等”，不应该“歧视”，等等，就是根据税收法治与人治、平等与歧视的效用——是否有助于保障社会存在发展、最终满足每个国民的福祉来制定的。反之，税收人治与歧视，之所以认为不应该，就是因为它背离了税制道德与税法“保障社会存在发展、最终满足每个人的福祉”之目的，具有负效应。从本质上说，税收道德规范与税法规范是根据税收道德价值、税法价值来制定或认可的。税制规范不过是税制价值的表现形式；反之，税制价值则是税制规范或者是税制规范所表现的内容。

税制规范都是由人们制定或约定的，便存在一个优劣差异的问题。或者说，税制规范价值是优良税制制定的根据，税制之优劣取决于是否与税制价值相符。与税制价值相符的税制就是优良的，与税制价值不相符的税制则是恶劣落后的。国家税制竞争与冲突，其中注定遭遇税制优劣的较量。无疑，越是内容与形式相统一，与税制价值相符的税制，越是可能在国家税制竞争中占据优势，赢得先机。相反，税制越是内容与形式背离，与税制价值不相符，越是可能在国家税制竞争中处于劣势，被动失败。因此，参与全球税制竞争的根本和关键在于，寻找并发现优良的国际税制价值，并据此制定优良的国际税制规范。

由于国际税制具有“税制价值、税制价值判断和税制规范”的完整结构，因此，全球税制竞争与冲突就可能在此三者之间展开。这是因为，税制价值要飞跃与转化必须有一个中间环节，即税制价值判断。在这一结构中，税制规范就是“税制价值”经过“税制价值判断”这个中介制定的。税制规范是税制价值的规范形式，税制价值判断即税制价值的思想形式。即税制价值判断的真假，直接决定国际税制规范形式体系的优劣。因此，税制价值判断为“真”，乃是达成制定优良税制规范目的之手段，是制定优良税制规范的充分必要条件。当且仅当税制价值判断为

"真"时，才能够制定出与国际税制价值相符的优良国际税制规范，从而避免制定与国际税收价值不符的恶劣税制规范。

税制完整结构视野的全球税制竞争与冲突形态更为复杂和多元。如表 10－3 所示。

表 10－3

乙国 \ 甲国	价　值	价值判断	税制规范
价　值	(1)	(2)	(3)
价值判断	(4)	(5)	(6)
税制规范	(7)	(8)	(9)

这意味着，如表 10.3 所示，甲乙两国之间一旦发生实质性的税制竞争与冲突，从税制完整结构而言，至少存在 9 种形态。具体而言，甲乙两国之间的税制竞争与冲突，尽管表现在税制规范，特别是税率大小、征收方式等方面，但就税制的完整结构而言，则是比较复杂，可能发生价值与价值、价值判断与价值判断、税制规范与税制规范层面的竞争与冲突，也可能发生价值、价值判断、税制规范之间相互交叉式的竞争与冲突，从而加剧国际之间税制交流与互动的复杂性与不确定性。

因此，要参与全球税制竞争并在竞争中获得可持续性的比较优势，就必须拥有一个相对优良的国际税制体系。为此，不仅对国际税制价值的认识必须是真理，而且国际税制价值判断也必须符合税制价值。唯有如此，才能够制定出优良的国际税制，从而避免恶劣税制规范的宿命，消减系统性的国际税收冲突。从本质上讲，一个国家的企业要在全球税制竞争中获得比较优势，拥有一个相对优良的国际税制是必要的前提。

由于税制具有"事实、目的、价值、价值判断、规范"的深层结构，因此，全球税制竞争与冲突便会更为复杂，理论上有25种之多。如表10－4所示。

表10－4

乙国＼甲国	事　实	目　的	价　值	价值判断	规　范
事　实	(1)	(2)	(3)	(4)	(5)
目　的	(6)	(7)	(8)	(9)	(10)
价　值	(11)	(12)	(13)	(14)	(15)
价值判断	(16)	(17)	(18)	(19)	(20)
规　范	(21)	(22)	(23)	(24)	(25)

就是说，一旦甲乙两国发生全球税制竞争，可能的基本形态就有25种之多。不仅甲乙两国税制蕴含的税收“行为观、目的观、价值观、价值判断、税制”可能发生竞争与冲突，而且甲乙两国的税收“行为观、目的观、价值观、价值判断、税制”之间可能发生交叉性的竞争与冲突，从而加剧两国之间的税收摩擦与冲突。这是因为，税制价值或行为应该如何，不过是行为事实如何对于税制目的相符或违背之效用。符合税制目的的行为之事实，就是行为之应该，就具有正税制价值；违背税制目的的行为之事实，就是行为之不应该，就具有负税制价值。同理，国际税收价值或行为“应该且必须”如何，也就是国际税制行为事实如何对于国家税制目的相符或违背之效用。现代价值哲学的研究表明，“行为事实如何”是行为不依赖主体目的而独自具有的属性，是行为无论与主体目的发生关系还是不发生关系都同样具有的属性，因而是行为的固有属性，是行为价值、行为应该如何所由以产生和推导出来的源泉、依据、实体。“税制目的”则是行为应该如何从行为事实如何中产生和推导出来的条件，是衡量

行为事实应该不应该的标准，叫作“价值标准”。行为事实如何与税制目的相结合便构成“行为应该如何”。它是行为独自不具有的属性，是行为事实如何与税制目的发生关系时所产生的属性，是行为事实如何对于税制目的的效用，是行为的关系属性，叫作“税制价值”。

国际税制行为“应该且必须”如何的优良税制规范及其评价标准，原是通过国际税制目的，从税制行为事实如何的客观本性中推导出来的。或者说，人们所制定的国际税收行为“应该且必须”如何的税制规范之优劣，直接取决于国际税制价值判断之真假。优良国际税制及其标准的制定过程，“应该且必须”通过国际税制目的，从国际税收行为事实如何的客观本性中推导出来。因此，尽管甲乙两国之间的全球税制竞争与冲突不可避免，而且呈现极为复杂的形态，但要在全球税制竞争中获得优势，关键在于如何获得一个优良的国际税制之终极目的的认识，即对国际税制终极目的认识之真假以及对国际税收行为“事实如何规律”认识之真假，唯有二者同“真”，才可能获得最贴近真理的国际税制价值，从而经由国际税制价值判断，制定出优良的国际税制规范。就国际税制制定的终极目的而言，通常以为是本国的财政收入或者本国国民的福祉总量增进，或者是保护本国企业，助力本国企业在全球经济竞争中获胜，等等。其实，正如一切制度的终极目的在于增进全社会和每个国民的福祉总量一样，国际社会创建国际税制的终极目的，也是增进各国国民的福祉总量。因此，唯有能够增进各国家国民福祉总量的国际税制，才是最优良的。否则，增进各国国民福祉总量越少的国际税制，距离优良税制越远，距离恶劣税制越近。是否增进各国国民福祉总量，便成为判定一个国家国际税制优劣的终极标准。当然，在国家之间的利益尚未发生根本性冲突、可以两全的境遇下，应用帕累托最优原则评价其优劣。在国家之间的利益发生根本性冲突、不可以两全的境遇下，则应用“最大净余额”原则或“最大多数人的最大利益原则”评价其优劣。

由此可见，全球化背景下的全球税制竞争与冲突，绝非简单的税率高低等技术要素之争，更多涉及国际税制的道德价值基础等深层次的问题。

三、类型视野的全球税制竞争与冲突形态分析

与结构不同，类型是指对事物外部的一种分类。因此，分类标准不一样，类型也就不一样。如果以税种划分，就有企业所得税类的全球税制竞争与冲突、个人所得税类的全球税制竞争与冲突、增值税类的全球税制竞争与冲突、环保税类的全球税制竞争与冲突，等等。如果以国际税制最高权力的归属划分，就有民主类全球税制竞争与冲突、非民主类的全球税制竞争与冲突等。如果以税负高低划分，就有税负高低类全球税制竞争与冲突的不同类型。当然，也可以根据直接税与间接税来划分，就有直接税类全球税制竞争与冲突、间接税类全球税制竞争与冲突，等等。同样，如果以事物的性质——“普遍性与特殊性、绝对性与相对性、客观性与主观性”为根据划分的话，全球税制竞争与冲突就有如下类型：共同全球税制竞争与冲突、特定全球税制竞争与冲突；绝对全球税制竞争与冲突、相对全球税制竞争与冲突；客观全球税制竞争与冲突、主观全球税制竞争与冲突。

共同全球税制竞争与冲突是指任何国家任何涉税主体的任何涉税行为都可能遭遇的竞争与冲突，属于同质的全球税制竞争与冲突，焦点集中在对国际税制终极目的认识与遵从方面以及如何

兼顾各个国家的国际税制具体目的，诸如人道自由、公正平等。特定全球税制竞争与冲突是指一些国家的一些涉税行为主体可能遭遇的竞争与冲突，也属于同质竞争与冲突，主要集中在各个国家具体的国际税制目的与诉求。

绝对全球税制竞争与冲突是指任何国家任何国际涉税主体任何国际涉税行为都可能遭遇的税制竞争与冲突，也属于同质竞争与冲突，主要集中在对国际税制终极目的的认同与遵从方面。相对全球税制竞争与冲突是指在绝对全球税制竞争与冲突之外的一切全球税制竞争与冲突，也属同质竞争与冲突，主要集中在各个民族国家各自对国际税制终极目的的认识以及与具体目的协调方面。

客观全球税制竞争与冲突是指不以人们的意志为转移的全球税制竞争与冲突，属于同质竞争，主要集中在对“国际税收行为事实、目的和价值”三个方面认识的真假以及纳税遵从度方面；主观全球税制竞争与冲突是指因为人们主观意志的变化而变化的税制竞争与冲突，主要集中在国际税制表层的技术要素方面，诸如税率的高低、征税的方式等方面。就客观全球税制竞争与冲突内容而言，“国际税收行为事实、目的和价值”是客观的，是不以人的意志为转移的。

换句话说，国家之间的税制竞争与冲突，首先要看属于哪一种类型的税制竞争与冲突：是同质的共同国际税制、绝对国际税制、客观国际税制之间的，还是特定国际税制、相对国际税制、主观国际税制之间的？还是异质的共同国际税制与特定国际税制、绝对国际税制与相对国际税制、客观国际税制与主观国际税制之间的？如果是同质之间的全球税制竞争与冲突，最终的赢家无疑取决于这一同质类型税制在文明“位阶”中的高低及其技术要素的完备程度。如果属于异质类型之间的税制竞争与冲突，最终的赢家无疑取决于其自身具有的普遍性、绝对性与客观性。道理在于，越是具有普遍性、绝对性与客观性的国际税制，越是接近国际税制的终极目的，越是有助于增进各个国家每个国民的福祉总量。

其实，具有实践意义的全球税制竞争与冲突类型分析，应是优劣或完备状态的划分与分析。由于国际税制有优劣与完备与否的差异，因此，当不同国家的国际税制相遇时，其竞争与冲突的方式、结果等将存在较大的差异。如果我们将国际税制分为最优（最完备）、次优（次完备）、次差（次不完备）、最差（极不完备）四类的话，全球税制竞争与冲突将有下列12种类型。如表10－5所示。

表10－5

乙国 \ 甲国	最　优（最完备）	次　优（次完备）	次　差（次不完备）	最　差（极不完备）
最优（最完备）	(1)	(2)	(3)	(4)
次优（次完备）	(5)	(6)	(7)	(8)
次差（次不完备）	(9)	(10)	(11)	(12)
最差（极不完备）	(13)	(14)	(15)	(16)

当优劣、位阶高低不同的国际税制遭遇竞争与冲突时，或者说经过多次博弈之后，最终的赢家一定是那些拥有相对优良或完备国际税制国家的企业家或纳税人，失败者一定是顽固保有相对恶劣或不完备国际税制国家的企业家或纳税人。

最优的国际税制无疑是指能够最大限度地增进各个国家和每个国民福祉总量的；次优的国际税制是指能够增进各个国家大多数国民福祉总量的；次差的国际税制是指能够增进各个国家少数国民福祉总量的；最差的是指只能增进各国内极少数人福祉总量

的。或者说，优良国际税制一定是奉行“己他两利”道德原则的，也就是既不放弃对“无私利他”道德至善峰峦追寻的热忱，又能大力倡导“为己利他”基本道德原则，同时还能坚守“不损人”的道德底线。因为“无私利他”原则会使国际税制充满仁爱的号召力，“为己利他”原则会使国际税制拥有坚实的人性基础与动力，“不损人”原则会使国际税制不至于堕落至“无底洞”。

优良、完备的国际税制意味着在两个国家之间的利益尚未发生根本性冲突、可以两全的情况下，最符合帕累托最优原则的要求，能遵从“不伤一人地增进所有人利益”的原则。在两个国家之间的利益发生了根本性冲突、不可以两全的情况下，则能遵从“最大多数人最大利益”原则，同时能对利益受损一方，在自愿的前提下，给予相对满意的补偿。最优（最完备）的国际税制一定是把增进各个国家、各个社会和每个国民福祉总量作为税收治理终极原则和标准，以人道自由作为税收治理最高原则与标准，以公正平等作为税收治理根本原则和标准的税制。唯有优良的税制，包括优良的国际税制才是保护企业自由参与全球化税制竞争的核心竞争力，才可能在竞争中最终取得相对优势。唯有真心致力于优化本国的国际税制才是支持企业积极参与全球税制竞争并在竞争中获得比较优势的关键，也是减少和化解国际税收冲突的根本途径。

四、契约视野的全球税制竞争与冲突形态分析

“契约即允诺”——这是关于“契约”最普泛和流行的定义。其权威表述出自1932年美国的《契约法重述》：“契约是一

个或一系列允诺，违背这种允诺，法律将给予救济，履行这种允诺，法律将以某种方式确认这种履行是一种义务。”《大不列颠百科全书》也持同一观点：“按照最简单定义，契约是可依法执行的诺言。这个诺言可以是作为，也可以是不作为。”科宾也赞成这个定义，认为：“契约是能够由法律直接或间接强制执行的允诺。这个定义具有简明的优点，而它的实际价值也许不逊于迄今所提出的任何一个契约定义。”[①] 问题在于，这一定义是值得商榷的。因为“契约即允诺”既包括双务契约，也包括单务契约，关键是包括那些“不需要受约人的同意和对价而依立约人单方行为便能够成立”的单务契约。“因为立约人的允诺既可能得到受约人的同意，也可能得不到受约人的同意。只有得到受约人的同意，亦即按照立约人的意思而履行一定行为或不为一定行为，立约人的允诺之为契约才能成立；否则，如果得不到受约人的同意，受约人并不按照立约人的意思而履行一定行为或不为一定行为，那么，立约人的允诺便仅仅是一种允诺而并不构成契约。”[②] 对此，麦克尼尔发现：“这个定义不过是像‘一个承诺就是一个承诺’一样的同义语反复。”[③] 因此，本书采信王海明先生的定义，“契约是两个以上的人就某种利益交换关系所达成的同意。”[④] 而且，“无双不成约，立约的‘双方’、‘同意’和‘约因’，乃是一切契约——不论双务契约还是单务契约——构成三要素：任何契约都是两个以上的人就某种利益（约因或对

① Arthur Linton Corbin, Corbin On Contracts, One volume Edition, West Publishing Co., 1952: 5.

② 王海明著：《国家学》，商务印书馆 2014 年版，第 70 页。

③ ［美］麦克尼尔著，雷喜宁译：《新社会契约论》，中国政法大学出版社 1994 年版，第 5 页。

④ 王海明著：《国家学》，商务印书馆 2014 年版，第 71 页。

价）交换关系所达成的同意或协议。”① 事实上，“双方、约因和同意三者分别是构成契约的必要条件，合起来则是构成契约的充分必要条件：契约就是两个以上的人就某种利益交换关系所达成的同意或协议。”契约又分为单务契约与双务契约两类，“单务契约与双务契约的根本区别只在于立约人：单务契约是立约人为单方的契约；双务契约是立约人为双方的契约。”

因此，契约视野的全球税制竞争与冲突形态分析，也就依此“定义”展开。国际税制契约是指立约的两国之间，就税收利益交换关系（诸如税率、征收对象、征收方式等）达成“同意”的法定，或者“德定”的权利与义务规范体系。问题在于，仅有两国的“同意”还不够，还必须“己他两利”，符合公正平等的原则。具体地说，两国之间就税收利益交换的权利及义务的约定与分配，还必须遵从基本权利与义务完全平等原则和非基本权利与义务比例平等原则。否则，两国缔结的这个国际税制契约就是不公正、不平等的，也是无助于两国各自每个纳税人和每个国民福祉总量增进的。

国际税制契约的优劣取决于是否符合契约的三个必要条件：双方、约因与同意，这是决定全球税制竞争与冲突的核心要素。这意味着，全球税制竞争与冲突至少可以划分为：单务契约类的全球税制竞争与冲突形态、双务契约类的全球税制竞争与冲突形态，有“约因”② 或“对价”的全球税制竞争与冲突形态、无“约因”或“对价”类的全球税制竞争与冲突形态，基于自由、

①② 王海明著：《国家学》，商务印书馆 2014 年版，第 69 页。

② ［英］迈克尔·莱斯诺夫著的《社会契约论》对约因的解释为：“一个有价值的约因是指一方为换取另一方允诺，而给予或许诺对方的有价值的东西……任何一个有效的契约都可以简化为这样一种交易：如果我为你做一些事，你就得为我做一些事。”

平等前提下两国或多国同意的全球税制竞争与冲突形态、基于不自由、不平等前提下两国或多国“同意”的全球税制竞争与冲突形态。

从税收契约的“三大机制”（签订机制、履约机制、监督机制）[①] 看，全球税制竞争与冲突可以分为：签订机制类的全球税制竞争与冲突、履约机制类的全球税制竞争与冲突以及监督机制类的全球税制竞争与冲突；同样，以国际契约中是否以明确的契约条款以及是否有书面文本表达为标准，也可以将全球税制竞争与冲突划分为显性的与隐形的；以国际契约对未来各种情况的适应能力为根据，也可以将全球税制竞争与冲突划分为完全的与不完全的；同样，也可以以国际税收契约履行所凭借的力量将全球税制竞争与冲突划分为权力型（法定）与非权力型（德定）的。

五、全球税制竞争与冲突形态分析的价值

全球税制竞争与冲突形态分析的最终目的是给参与全球税制竞争的各个国家提供“双赢”的理论指导与智力支持，或者为化解系统性的国际税收冲突与风险提供理论指导和智力支持。具体地说，全球税制竞争与冲突形态分析的价值与意义在于：

（一）提供理论指导和智力支持

伴随全球化浪潮的迅猛发展，全球税制竞争与冲突是必然的，而且频率会越来越高、层次会越来越深、范围会越来越广。

① 蔡昌著：《税收信用论：基于产权与税收契约视角》，清华大学出版社 2014 年版，第 4—5 页。

因此，美国税收学者克里斯·爱德华兹与丹尼尔·米切尔认为："一场没有硝烟的战争已经展开，企图使税收收入最大化的决策者与相信竞争会带来优良税制的人开始短兵相接了。"① 可见，全球税制竞争与冲突不仅是国际税收研究的紧迫课题，也是国际政治研究的重大课题。民族国家之间的税制竞争不仅关涉本国政治、经济、文化的繁荣与进步，也关涉国际政治、经济、文化的秩序与人类文明的进程。全球税制竞争与冲突形态分析的价值与意义就在于全面认识和了解竞争与冲突的实质，以便做出前瞻性的安排与应对，最大限度地消减系统性的国际税收冲突与风险。

（二）提醒遵从国际税收行为的基本规律

行为视野的全球税制竞争与冲突形态分析告诉我们，全球税制竞争与冲突表现为目的的利己、利他、害己、害他与手段的利己、利他、害己、害他16种类型方面。唯有符合国际税收伦理行为目的的相对数量规律、行为手段，相对数量非统计性规律、行为手段，相对数量统计性规律、行为类型，相对数量非统计性规律以及行为类型统计性规律的竞争才是合乎国际税收道德的，也是冲突最少、最有助于增进参与竞争各国每个国民的福祉总量，而且是可持续的。相反，则有悖国际税收道德，无助于增进参与竞争各国每个国民的福祉总量，也是冲突最多、不可持续的。

具体地说，凡欲在全球税制竞争中取得双赢的国家，都应该遵从三层次的国际税收道德原则，即最高的国际税收道德原则、基本的国际税收道德原则和最低的国际税收道德原则。最高的国

① ［美］克里斯·爱德华兹，丹尼尔·米切尔著，黄凯平等译：《全球税收革命——税收竞争的兴起及其反对者》，中国发展出版社2015年版，第2页。

际税收道德原则——无私利他（主要在非经济领域，也是一种规范国际税收偶尔行为的原则），以便鼓励和肯定国际税收参与者追求至善道德峰峦的热忱。基本的国际税收道德原则——为己利他（重在规范国际税收征纳恒久的行为，防止堕落到“损人利己”的境地），是国际税收契约缔结的人性根据。旨在调节国家之间最基本的涉税竞争行为，促进国家之间的经济交往。最低的国际税收道德原则——“纯粹为己”“不损人”，目的在于守住各个国家税收权利与义务交换的“底线”，阻止突破“不损人”底线的全球税制竞争行为。

唯有奉行国际税收最高的、基本的、最低的道德原则参与全球化税制竞争者，其税收冲突与风险才可能最小，进而可能给参与竞争各个国家的国民带来最大的福祉总量。相反，最终伤害的将是各个国家每个国民的福祉总量。

（三）警示认清全球税制竞争与冲突的复杂性与不确定性

结构视野的全球税制竞争与冲突形态分析告诉我们，全球税制竞争与冲突呈现结构的复杂性与不确定性，必须认真对待，潜心研究。具体地说：

第一，全球税制竞争与冲突最先将在主体、客体、原则、罚则等表层要素方面发生，比如征税人、纳税人、税率、税目、征税环节、减免税规定及其处罚等技术性要素方面，其中，最敏感的竞争与冲突可能聚焦在“税率”的高低方面。因为“避税天堂的关键特征包括所得税的低税率或零税率以及限制与他国共享纳税人信息的隐私法。”① 2000 年经合组织发布的一个新报告——

① ［美］克里斯·爱德华兹，丹尼尔·米切尔著，黄凯平等译：《全球税收革命——税收竞争的兴起及其反对者》，中国发展出版社 2015 年版，第 168—169 页。

《走向全球税收合作：认识与消除有害税制竞争的新进展》，本质是遏制全球税制竞争中低税率或者零税率倾向。因为在报告主持者看来："税收天堂"和"有害税制"造成的危害有："扭曲财政和真实投资的流动""重新设定了税收与支出的理想规模""损害了税制结构的公平与正直""妨碍了所有纳税人的税收遵从""增加了税收部门的行政成本和纳税人的遵从成本""导致部分税负转向流动性较少的税基，如劳动力、财产和消费，这种税负转移并不是人们期望的方向。"[①] 但对上述观点，美国税收学者克里斯·爱德华兹与丹尼尔·米切尔以《全球税收革命——税制竞争的兴起及其反对者》一书进行全面反驳和申辩。但无论如何，基于现实世界的复杂性以及未来全球税制竞争与冲突的不确定性，必须做好这一层面全球税制竞争与冲突的对策研究工作。

第二，全球税制竞争与冲突有真假之别。因此，既要重视形式层面的全球税制竞争与冲突，也要重视内容层面的全球税制竞争与冲突。必须充分重视国家税收价值基础层面的竞争与冲突。形式层面的竞争与冲突固然紧迫，但长远看，内容层面的竞争与冲突是关键。道理在于，国家税制竞争最终是为了"谁"的"什么"，这才是根本的根本。如果这个问题不解决，全球税制竞争就会迷失方向，甚至南辕北辙。其实，全球税制竞争与冲突研究的根本和关键在于，优良国际税制制定的方法、过程及其实现途径是什么？

第三，重要的全球税制竞争与冲突将发生在价值判断层面。价值判断是将税制与税制规范结合在一起的中介，如果价值判断

① ［美］克里斯·爱德华兹，丹尼尔·米切尔著，黄凯平等译：《全球税收革命——税收竞争的兴起及其反对者》，中国发展出版社 2015 年版，第 182 页。

缺席或偏失，二者将无法结合在一起。或者说，国际税制的思想形式——价值判断的真假会直接决定国际税制的优劣，即国际税收价值判断之真理与否是达成制定优良国际税制目的之手段，是制定优良国际税制的充分必要条件。就是说，任何国家如果想在参与全球税制竞争中获得双赢，减少税收冲突，首先必须拥有国际税收价值判断是真理这一前提，其次才是拥有一个优良的国际税制体系。因为，唯有国际税收价值是真理、国际税制价值判断正确，才能够制定出与国际税收价值相符的优良国际税制，从而展开积极的税制竞争，减少更大的税收冲突。

第四，国际税收的深层竞争与冲突会全面在“事实、目的、价值、价值判断、规范”五个方面发生。全球税制竞争与冲突的理论与现实形态极为复杂，理论上有25种之多。一旦竞争与冲突发生交叉，便会加剧国际税收的摩擦与冲突，既有对国际税收目的、国际税收行为“事实”认识方面的竞争与冲突，也有对国际税收价值、价值判断以及税制优劣认识方面的竞争与冲突。而认识上的分歧与冲突，也会加剧实践中的摩擦与矛盾。

概而言之，任何国家要在全球税制竞争中获得比较优势，关键在于如何获得一个优良的国际税制体系，根本则在于对国际税制制定终极目的的认识是否为“真”，即对国际税制终极目的认识之真假以及对国际税收行为“事实如何”规律之认识是否为“真”，唯有二者同真，才可能获得最接近真理的国际税制价值，从而经由国际税制价值判断，制定出优良的国际税制规范。

（四）促进缔结科学优良国际税制契约

契约视野的全球税制竞争与冲突形态分析告诉我们，一个国家要在长期的全球税制竞争中获得比较优势，根本在于如何通过人道自由的最高原则和公正平等的根本原则，同时紧扣国际税制的终极目的——增进各个国家每一个国民的福祉总量——缔结一个科学优良的国际税收契约。具体地说，在于缔约各国能否遵从人道自由、公正平等的国际税收道德原则，而缔结一个优良（己他两利）的国际税收契约——国际税制权利与义务体系。

必须建立健全国际税收契约的签订机制、履约机制、监督机制“三大机制”，进而处理好显性与隐形、完全与不完全、权力型（法定）与非权力型（德定）国际税收契约之间的关系。

全球税制竞争与冲突不仅是必然要发生的，而且，竞争与冲突必将呈现深与浅、远与近、明与暗、一元与多元、优与劣、共同与特定、绝对与相对、客观与主观、“德定”与法定、权力与非权力、利与害、己与他、内容与形式、结构与类型以及自由与平等、民主与非民主等类型或结构的竞争与冲突，其复杂性、多元性、不确定性将伴随始终，从而促进或者加剧国际税收的竞争与冲突。

第十一章

大数据对税制之影响

大数据究竟对人类社会的政治、经济、文化等领域，包括税收治理系统能产生多大的作用与影响，虽不能精确描述并给出终极答案，但大数据的影响力一定是巨大、深远和全方位的，是一股蕴含着颠覆性、革命性与重构性的洪荒之力，或将全面改变人类社会的思维方式、生产方式与生活方式。世界著名大数据问题专家维克托·迈尔·舍恩伯格和肯尼斯·库克耶在《大数据时代》一书中这样说："大数据开启了一次重大的时代转型。"① 由此可见，探讨大数据对税制的影响机理，也将成为一个重大的时代性理论与实践课题。

① ［英］维克托·迈尔·舍恩伯格，肯尼斯·库克耶著，盛杨燕，周涛译：《大数据时代》，浙江人民出版社 2013 年版，第 9 页。

一、大数据时代的基本特征及其影响力

要弄清大数据时代的基本特征，必须先明确“大数据”的基本内涵与本质。

（一）何谓“大数据”

众所周知，数据（Data）是指通过科学实验、检验、统计等方式获得的，用于科学研究、技术设计、查证、决策等目的的数值。[①] 但何谓“大数据”（Big Data），虽然至今尚未达成共识，但一般认为：“大数据是由数量巨大、结构复杂、类型众多的数据构成的数据集合，是基于云计算的数据处理与应用模式，通过数据的整合共享、交叉复用等过程最终形成的智力资源和知识服务能力。”即大数据首先是数据，其次才是指具备了某些特征的数据。狭义的大数据是指“用现有的一般技术难以管理的大量数据的集合”，广义的大数据则包括相关的处理、储存与分析技术、数据科学专业人才以及制定规范的政府与民间组织等。而“处理、储存与分析技术”是指用于大规模数据分布式处理的框架 Hadoop、具备良好扩展性的 NoSQL 数据库以及机器学习和统计分析等。[②]

（二）大数据时代的基本特征

维克托·迈尔·舍恩伯格与肯尼斯·库克耶认为大数据具有

① 胡德维：“数据‘革命’教育”，《光明日报》，2013 年 10 月 19 日。

② ［日］城田真琴著，周自恒译：《大数据的冲击》，人民邮电出版社 2013 年版，第 9 页。

四 V 特点，即 Volume（大量）、Velocity（高速）、Variety（多样）、Value（价值）。[①] 维基百科则认为大数据具有六 V 特点：Volume（数据量大）、Variety（数据类型多）、Velocity（处理速度快）、Value（应用价值大）、Vender（获取与发送的方式自由灵活）、Veracity（真实准确性）。而国内学者认为大数据有三个特点：大数据所使用的数据是海量的、结构复杂的数据；大数据与云计算密不可分，没有云计算提供的分布式处理等方法，大数据分析所使用的海量数据只会让电脑瘫痪；大数据所提供的是一种与普通数据分析相似的最佳决策服务。[②] 奇虎 360 董事长周鸿祎则认为大数据的基本特征有四点，即大数据处理的成本降低，速度提高；数据判断预测的指向性更强，准确率更高；涉税数据来源和渠道增加，信息维度越来越广阔；数据价值更深层次的挖掘和再运用能力。鉴于权威性与分析的便利性，本章采信舍恩伯格的“四 V 特点”说。

因此，所谓大数据时代的基本特征，也就是在大数据基本特征引导、主导和影响下的时代特征，即具有“四 V 特点”的时代特征。

（三）大数据的影响力

不论是从数据的数量、数据分析的速度，还是数据所承载的内容以及可能提取的价值而言，大数据都可能对人类的行为心理方式、思维方式、价值取向等要素产生巨大、长期、深刻的影响。这些影响既可能是正面的，“大数据时代的经济学、政治学、社会学和许多科学门类都会产生巨大甚至本质上的变化和发

---

①② 李倩星、王震著：《拥抱大数据：新常态下的数据分析典型案例》，南方出版传媒 2015 年版，第 5 页。

展，进而影响人类的价值体系、知识体系和生活方式。”① 也可能是负面的，“大数据大大地威胁到了我们的隐私和自由，这都是大数据带来的新威胁。”②逻辑上，大数据也会对税收治理系统产生不可忽视的影响，对纳税人权利与义务生态系统产生巨大的正负影响。

具体地说，大数据及其应用将会对税制，主要是征纳税人之间、纳税人之间、征税人之间、国际征纳税人之间以及人与非人类存在物（比如环境等）之间的基本权利与义务、非基本权利与义务生态系统产生重大影响。同理，这些影响既可能是正面、积极的，也可能是负面、消极的。一定存在某种规律性的影响机理亟待人们去探寻和研究，而这种机理一旦被发现和掌握，或将更加有效地帮助人们借用大数据的积极影响力，优化税制和纳税人权利生态系统，增进每个纳税人的福祉总量，从而实现税收的终极目的。

至于大数据具体对税制或纳税人权利与义务生态系统产生的重大影响是正向、积极的，还是负向、消极的，影响的机理与规律性如何，既要看谁有权和能够使用这些大数据，为什么使用大数据，为谁使用大数据，也要看如何使用大数据以及能否对大数据使用权力实施有效的控制与约束，等等。

①② ［英］维克托·迈尔·舍恩伯格、肯尼斯·库克耶著，盛杨燕、周涛译：《大数据时代》，浙江人民出版社 2013 年版。

二、“税制”及其“纳税人权利与义务”的内涵与本质

要探索大数据对税制影响机理，显然必须弄清楚“税制”的内涵与本质。

如前所述，“税制”是指国家和社会制定、认可或奉行的涉税行为如何的规范体系，亦即一定的税法（包括税收法律、政策和纪律）和“税德”的规范体系。狭义地讲，税制是国民与国家之间就公共产品交换价款缔结的必须且应该如何的权力性规范——原初或衍生契约——的总称，是征纳税人双方必须且应该如何的权力性规范的总称，主要是征纳税人双方具有重大社会税收效用的行为必须且应该如何之行为规范的总称。广义地讲，或者从人类税收活动治理的理想高度讲，税制不仅是指国家与国民之间就公共产品交换价款缔结的必须且应该如何的权力性规范——原初或衍生契约——的总称，是指征纳税人双方具有重大社会税收效用的行为必须且应该如何的行为规范的总称，而且也包括国民与国家之间就公共产品供求交换价款缔结的一切具有一般社会税收效用之“应该如何”的非权力性规范——原初或衍生契约——的总称，也即征纳税人双方一切具有一般社会税收效用的行为规范。

无疑就权利与义务的“逻辑相关性”与“道德相关性”①而言，分析税制，即是分析纳税人权利与义务分配系统。而且，就征纳税人权利与义务的发生学关系而言，纳税人权利与义务优先于征税人权利与义务，因此，本章关于大数据对税制影响机理的分析，便以大数据对纳税人权利与义务影响机理分析为重点。

“纳税人权利”由“纳税人”与“权利”两个词构成。要界定“纳税人权利”的内涵，显然必须分别弄清楚“纳税人”与“权利”的各自内涵。

何谓“纳税人”?《辞海》的界定是：“纳税义务人的简称，税法规定的直接负有纳税义务的单位和个人，也称纳税主体，包括法人和自然人，是税种构成的一个要素，每一个税种的基本法规内都具体规定了该税种的纳税义务人。”② 著名税法学家刘剑文先生认为：“纳税人，又称纳税义务人，是指税法规定的负有纳税义务的单位和个人。”同时又指出，纳税人有别于扣缴义务人，二者共同构成纳税主体。③ 张守文先生认为：“纳税主体又称纳税义务人，简称纳税人，是指依照税法规定直接负有纳税义务的自然人、法人和非法人组织，同时又认为广义的纳税主体，除包括纳税人外，还包括扣缴义务人。”④ 等等。

① 一个人的权利，必然是他人的义务；反之亦然。这就是所谓的“权利与义务的逻辑相关性”。一个人之所以应该享有权利而使对方承担义务，显然只能是因为他负有义务而使对方享有权利。因此，一个人的权利只应该是用他的义务所赋予对方的权利换来的：他的权利，直接说来，只应该是对他所负有的义务的交换；根本说来，则只应该是对他赋予对方的权利的交换。这是基于“权利与义务逻辑相关性”的“权利与义务的道德相关性”。王海明著：《新伦理学》，商务印书馆，2008 年版，第 809 页。

② 张同青等主编：《税收辞海》，辽宁人民出版社 1993 年版，第 18 页。

③ 刘剑文著：《财政税收法》，法律出版社 2009 年版，第 202—203 页。

④ 张守文著：《税法原理》，北京大学出版社 2001 年，第 46 页。

笔者以为，把“纳税人”界定为“纳税义务人”，有意无意地排斥了“纳税人”也是权利主体的内涵，又把纳税人界定为“法定义务人”，便排斥了纳税人也是道德权利与义务主体的内涵。关键是，这些界定悬置了税权合法性这一根本问题。岂不知，所谓“纳税人”是应该且必须具有明确税收主体性的人，也即必须具有明确税收意志，可以为自己财产独立负责的税收主体。[①] 简言之，他是税收权利与义务的统一体。

关于“权利”，古今中外界定“权利”的著作可谓汗牛充栋，本章采信王海明先生对“权利”的界定；权利“是社会管理者所保护的必须且应该得到的利益（仅仅应该或仅仅必须得到的利益都不是权利，都是非权利利益）。”而“义务是权力所要求的不利益，是被社会管理者所保护的必须且应该付出的利益（仅仅应该或仅仅必须付出的利益都不是义务，都是非义务利益）。”[②] 而且，如果这种利益被法律规定和赋予，就是法定权利和义务，如果被道德规定和赋予，就是道德权利和义务。推而言之，所谓“纳税人权利”，即是指被社会管理者所保护的纳税人必须且应该得到的利益（仅仅应该或仅仅必须得到的利益都不是权利，都是非权利利益）。具体地说，“纳税人权利”是指税权保障下的纳税人利益索取。而根据权利与义务的“逻辑相关性原理”，所谓“纳税人义务”，便是指被税权所要求的不利益，是被社会管理者所保护的必须且应该付出的利益（仅仅应该或仅仅必须付出的利益都不是义务，都是非义务利益），即是指税权保障下的纳税人利益奉献。

可见，税权本身的合法性与合意性是保证征纳税人之间权利

① 姚轩鸽：《纳税人新论》，《阴山学刊》，2012 年第 2 期。

② 王海明著：《新伦理学》，商务印书馆 2001 年版，第 317 页。

与义务分配公正平等与否的前提。如果税权合法性不足、合意性欠缺，征纳税人之间权利与义务分配的公正平等就不可能实现。同理，纳税人之间、征税人之间、国际征纳税人之间以及人与非人类存在物（比如环境等）之间、代际之间的基本权利与义务、非基本权利与义务的分配公正与平等也就无法保证。

因此，分析大数据对税制的影响，其实也就等于分析大数据对纳税人权利与义务体系的影响，重点无疑应放在探寻大数据与税权之间的互动与博弈机理方面。当然，关键要看谁有权和能够使用大数据、为什么使用大数据，也要看为谁使用大数据、如何使用大数据以及能否对其使用大数据的权力进行有效的控制与约束，等等。

具体说，探索大数据对税制、对纳税人权利与义务体系影响机理的分析，重点在于探索大数据“四 V”特点与税权之间的互动与博弈过程及其改变征纳税人之间权利与义务“信息不对称”状态的规律性，从而掌握大数据对税制、对纳税人权利与义务体系产生影响的一般特点与机理。比如，如果对纳税人权利与义务体系的影响是正向、积极的，大数据就有助于税制和纳税人权利与义务系统的优化与保护。反之，大数据如果对税制或纳税人权利与义务体系的影响是负面、消极的，便可能恶化税制，阻遏纳税人权利与义务体系的优化与保护。

三、大数据与“信息不对称”的关系

大数据对税制和纳税人权利与义务体系的影响并不是直接完成的，而是通过影响和改变征纳税人之间权利与义务“信息不对称”的状态而间接实现的。

所谓“信息不对称”，原是指在市场经济活动中，各类人员对有关信息的了解是有差异的。即掌握信息比较充分的人员往往处于比较有利的地位，而信息贫乏的人员会处于比较不利的地位。这一现象早在 20 世纪 70 年代就受到三位美国经济学家（G. Akerlof 乔治 · 阿克罗夫、M. Spence 迈克尔 · 斯彭斯、J. E. Stigjiz 约瑟夫 · 斯蒂格利茨）的关注与研究，并提出了“信息不对称理论”。其核心观点认为，市场中卖方比买方更了解有关商品的各种信息；掌握更多信息的一方可以通过向信息贫乏一方传递可靠信息而在市场中获益；买卖双方中拥有信息较少的一方会努力从另一方获取信息；市场信号显示则在一定程度上可以弥补信息不对称的问题。

事实上，“信息不对称理论”的意义远远不止于此，它不仅说明信息在市场交易中的重要性，更说明研究市场中的人因获得信息渠道不同、信息量的多寡而承担不同的风险和收益，而且说明信息不对称现象存在于人类生活的各个领域，其原理也基本适用。即大数据与信息不对称理论紧密相关，大数据既可能加剧纳税人权利与义务体系的信息不对称，也可能消减纳税人权利与义务体系的信息不对称状态。

现实启示在于，大数据及其处理、储存与分析技术的应用一定会对税权本身的合法性与合意性及其使用、监督过程的信息不对称状态产生重大影响，从而对纳税人权利与义务体系的人道自由、公正平等态势产生或正或负的影响，提高或者降低纳税人权利保护的总体质量与效率，最终增进或者消减全社会和每个国民的福祉总量。

四、大数据对税制影响机理分析

大数据既可能加剧税制各要素之间的信息不对称，主要是加剧征纳税人之间权利与义务的信息不对称，从而加剧纳税人权利与义务分配体系的不人道、不自由与不公正、不平等形态，也可能消减征纳税人之间权利与义务分配体系的信息不对称，从而消减纳税人权利与义务体系的不人道、不自由与不公正、不平等的态势。大数据对纳税人权利与义务体系的影响机理如下：

（一）影响要素

大数据对税制或纳税人权利与义务体系的影响，即是大数据诸要素与税制或纳税人权利与义务体系诸要素之间互动与联动的动态过程。而且，这种过程及其结果十分复杂，且多元、交叉、重叠。

首先，就大数据诸要素而言，大数据是一种资源、一种财富、一种能力，也是一种强力。因此，正如财富一样，谁拥有它，谁便拥有迫使对方按照自己意志去行动的能力与优势。亚当·斯密曾精辟地指出："财富就是权力……财产直接且即刻赋予所有者的权力，是购买力，是对于市场上各种劳动或劳动产品的某种支配权。这种支配权的大小与他的财产的多少恰成比例；或者说，他能够购买和支配的他人劳动量或他人劳动产品量的大小，与他的财产的多少恰成比例。"因为"占有巨大的财富就意味着掌握了统治男人、女人和物质的权力"。①

① ［美］拉斯基著，张振中、王亦兵译：《思想的阐释》，贵州人民出版社2002年版，第255页。

由于大数据是一种更加特殊的资源和财富，谁拥有和占据了它，便意味着谁拥有和获得了“迫使对方按照自己的意志去行动的能力与优势”。因此，大数据也是一种强力，而大数据这种强力要成为大数据权力必须经过被管理者，主要是纳税人的同意。如果大数据这种资源和财富的力量运用没有经过被管理者——纳税人的同意，便仅仅是一种财富和资源，一种强力，并不是一种权力。即大数据权力的合意性与合法性，同样取决于纳税人的同意。

其次，就税制，也即纳税人权利与义务诸要素而言，具体说，就纳税人权利而言，影响要素如下：

1. 影响现行税权合法性与合意性的大小。因为纳税人权利是指税权保障下的利益索取，纳税人义务是指税权保障下的利益奉献，前提是税权的合法性与合意性。即税权合法性与合意性越大，纳税人权利越受到保护，被侵害的可能性越小；税权合法性与合意性越小；纳税人权利越少受到保护，被侵害的可能性越大。因此，在纳税人权利与义务系统中，谁拥有和使用大数据，谁便会在纳税人权利与义务分配活动中占据优势和先机。从本质上说，大数据对纳税人权利生态系统的影响，归根结底是对税权合法性与合意性的影响，核心在于大数据在多大程度上改变和影响了纳税人对当下税权合意性与合法性的认可与同意。

2. 影响利益索取与奉献的比例，即公正性与平等性。因为，征纳税人之间权利与义务分配越公正越平等，便意味着征纳税人之间基本权利与义务的交换越越符合完全平等原则，非基本权利与义务的交换越符合比例平等原则。同时意味着征纳税人之间、纳税人之间、征税人之间、国际征纳税人之间以及人与非人类存在物（比如环境等）之间、代际之间的基本权利与义务越符合完全平等原则，非基本权利与义务的交换越符合比例平等原则。

因此，大数据对纳税人权利与义务体系的影响，根本在于对权利与义务系统与结构的影响，核心是对征纳税人之间权利与义务的公正平等交换关系的影响。

3. 影响权利与义务结构诸要素。权利与义务基本结构由权利与义务价值与权利和义务规范二者构成，即由内容与形式构成；完整结构由权利与义务价值、权利与义务价值判断和权利与义务规范三者构成；深层结构由权利与义务目的、征纳行为事实如何以及权利与义务价值、权利与义务价值判断和权利与义务规范五者构成。[①] 因此，大数据对纳税人权利与义务体系的影响，便会通过对纳税人权利目的、征纳税人行为事实如何以及纳税人权利与义务价值、纳税人权利与义务价值判断和纳税人权利与义务规范五大要素的效用，进而全方位地介入与干扰。

就纳税人权利与义务的规范要素而言，涉及税种、课税对象、纳税人、税率及征税环节的选择等要素。而且，大数据对纳税人权利与义务体系的影响，最先会通过这些要素被观察和分析。

4. 影响权利与义务类型诸要素。如果以税收权利与义务的普遍性与特殊性、绝对性与相对性、客观性与主观性等基本性质为根据划分的话，则会有相应的纳税人权利与义务类型。比如，如果以普遍性与特殊性为标准划分，就有普遍性的纳税权利与义务和特殊性的纳税权利与义务。由此，纳税人权利与义务还可以划分为共同纳税人权利与义务和特定纳税人权利与义务。如果以绝对性与相对性为标准划分，就有绝对性纳税人权利与义务和相对性纳税人权利与义务。如果以客观性与主观性为标准划分，就

① 姚轩鸽："论税制与经济自由相关性及其现实启示"，《西部学刊》，2015 年第 4 期。

有客观性的纳税人权利与义务和主观性的纳税人权利与义务，相应就有优良纳税人权利与义务和恶劣纳税人权利与义务。

如果就权利的活动区域划分，便有纳税人立法、执法与司法权利等。比如，就执法环节的纳税人权利而言，学者科勒就认为：纳税人法定权利有信息权、平等权、索取凭证的权利、请求减免税的权利、退税的权利、拒绝的权利、隐私和保密的权利、聘请代理的权利、要求举行听证的权利、诉讼（包括复议和申诉）的权利、请求赔偿的权利等。因此，大数据便会影响纳税人权利与义务的类型，改变纳税人权利与义务的类型格局与比例。

5. 影响权利与义务来源诸要素。道德权利来源于社会道德的赋予和认可，法定权利来源于一个社会法律的赋予和认可。因此，大数据对纳税人权利与义务的影响，还要看是对纳税人道德权利与义务体系的影响，还是对纳税人法定权利与义务体系的影响，同时也要看是对税收舆论与教育两大非权力力量的影响，还是对税收暴力与行政两大强制力量的影响。

6. 影响权利与义务性质诸要素。因为纳税人权利与义务有基本权利与义务与非基本权利与义务；有享有的权利与义务和行使的权利与义务之别等。因此，大数据对纳税人权利与义务体系的影响，则要看是对纳税人基本权利（纳税人生存和发展所需要的必要的、起码的、最低的权利，是纳税人在社会管理者保护下的必须且应该得到的利益，是满足纳税人政治、经济、思想等方面的基本的、起码的、最低的需要的权利）的影响；还是对纳税人非基本权利（纳税人生存和发展所需要的比较高级的权利，是纳税人在社会管理者保护下的必须且应该得到的利益，是满足纳税人政治、经济、思想等方面比较高级需要的权利）的影响。

当然，就纳税人权利与征税人义务是一种必然相关的关系而言，一个纳税人权利与自己的义务具有道德相关性，其所享有的权利与所负有的义务应该相等。而一个纳税人所行使的权利与所履行的义务至多应该相等。因此，大数据对纳税人权利与义务体系的影响，还应看其影响的是纳税人享有的权利与义务，还是纳税人行使的权利与义务。

（二）大数据对税制，主要是纳税人权利与义务体系的影响机理分析

理清了大数据影响纳税人权利与义务的两大系统要素，便可以进行大数据对税制，即对纳税人权利与义务体系影响机理的分析：

第一，大数据通过改变税权的合意性与合法性之信息不对称态势，影响征纳税人之间权利与义务体系的状态。

权力是人们必须且应该服从的力量。它一方面表现为暴力强制，如判刑、收监、枪杀、体罚等；另一方面则表现为行政强制，如处分、降职、降薪等。无疑，税权也是征纳税人必须且应该服从的力量，其合意性与合法性来源于被管理者——纳税人的认可与同意。因此，如果大数据的运用能够有助于提高税权的合意性与合法性，便有助于纳税人权利与义务体系的优化。反之，则会恶化纳税人权利与义务体系，无助于纳税人权利与义务体系的保护。具体地说，如果大数据促进了税权两大强制——暴力强制与行政强制民意基础的扩大，有助于纳税人对税权的认可，大数据的应用就有助于纳税人权利与义务体系的优化，其影响就是积极、正面的。相反，如果大数据的应用消减了纳税人对税权两大强制——暴力强制与行政强制的认可，消减了税权的民意基础，大数据的应用对纳税人权利与义务体系的影响就是消极、负面的，便意味着纳税人权利与义务体系的恶化。税权的合意性与合法性最终受制于国家最高权力的合意性与合法性，因此，便与国家的政体基础——专制的、寡头的，或是民主的紧密相关，即不同政体背景下的税权合意性与合法性自然存在差异。自然，大数据对拥有不同合意性与合法性税权之影响也就千差万别。

毋庸讳言，大数据对民主政体背景下税权的正面、积极影响要大一些，对专制和寡头政体下税权的负面、消极影响要大一些。道理在于，民主政体背景下税权本身的合意性与合法性较大，大数据的使用、存贮、搜索等功能的开发多会受到相对完备的“闭环式”监督制衡机制的约束，税权滥用的机会较少。相反，在不完备民主体制下，由于税权本身合意性与合法性较小，其税权较少受到有效的“闭环式”的监督与制衡，容易加剧征纳税人之间的信息不对称，从而因为大数据处理成本低，速度高、判断预测指向性更强，准确率更高、来源和渠道增加，信息维度广阔以及数据价值更深层次的挖掘和再运用能力超强等原因，加速税权的扩张与滥用，从而放大大数据应用的负面效应，大规模侵害纳税人权利生态系统。

第二，大数据对纳税人权利与义务体系的影响。

（1）大数据会通过影响征纳税人、纳税人、征税人、国际征纳税人、人与环境之间、代际之间权利与义务的信息不对称态势，改变和调节这六大基本关系之间的利益索取与奉献比例，即公正性与平等性，从而影响纳税人权利生态系统。大数据对纳税人权利与义务体系的影响，一定会直接反映在征纳税人权利与义务分配的公正与平等领域。同样，大数据会通过对税权合意性与合法性直接或间接的，正向或负向的，微风细雨式或暴风骤雨式的影响，透过征纳税人之间权利与义务分配公正平等的状态，影响纳税人权利与义务体系——或优化或恶化。如果大数据的广泛应用能让纳税人更多地知道政府用税的信息、质量与效果，能有效地消减征纳税人之间征税与用税的信息不对称现象，就可能有助于纳税人权利与义务体系的优化。相反，如果大数据的广泛应用消减了纳税人知道政府用税的信息、质量与效果，加剧了用税信息不透明，便会加剧征纳税人之间征税与用税的信息不对称，从而恶化纳税人权利与义务体系。

事实上，发达国家及我国台湾地区纳税人权利生态系统的优化，就是得益于大数据的挖掘与运用。而且，随着税务部门涉税大数据的开放，也有助于纳税人从中挖掘税收数据的宝贵价值，提升征管效能与纳税遵从度。有资料为证，台湾地区民间组织政府就是运用政府开放财税数据的典型案例。它透过整理政府部门的公开财税数据，进行深度开发，从而增进政府公共产品供给的精确性与目的性。具体地说，就是将繁杂难以解读的政府预算编列整理成视觉化的图表，让公民更容易进行预算检讨。

长时段看，大数据的运用是有利于纳税人权利与义务体系优化的。因为就税收的最终用途而言，在正常情况下，大数据的运用有助于增进每一个国民福祉的精准化与消减每个国民福祉精准化的同步，从而保障纳税者权益的精准化与侵害纳税人权利的精准化同步。但在非正常情况下，也就是在税权缺乏有效监督与制衡，尚未形成“闭环式”监督制衡机制的前提下，增进每一个国民的福祉精准化，或将小于消减每一个国民福祉的精准化。或者说，保障纳税者权益的精准化，将小于侵害纳税人权利的精准化。

如果大数据使得国民与国家之间的税收信息不对称现象越来越少，税权的合意性与合法性便可能越来越大，征纳税人之间权利与义务的交换便会越来越符合公正平等原则，即纳税人之间基本权利与义务分配越来越接近和符合完全平等原则，非基本权利与义务分配会越来越接近和符合比例平等原则。自然，大数据将会给纳税人带来税收正义，促进纳税权利保障机制的健全与完备，即纳税人权利生态系统的优化。反之，纳税人权利基础便会越来越不坚实，便会给纳税人带来诸多的非正义，不断消减纳税权利保障机制的有效性，促使纳税人权利生态系统的恶化。或许这是因为，“在大数据时代，我们或者有心，或者无意，将越来越多的决策交给自动算法来完成。问题在于，在满足哪些条件之后，我们才会让大数据算法接管我们的决策权？”① 因为，纳税人才是税收治理本来的主体和主导者。不论在怎样不如意的现实背景下，纳税人权利被忽视和侵害了，由于大数据的运用，纳税人权利意识的大面积启蒙与觉醒注定是一股不可逆转的潮流，也是不可忽视的税收文明之推动力和原动力，最终将有助于纳税人权利与义务体系的优化。

（2）大数据会通过对纳税人权利与义务结构要素的影响，改变征纳税人权利与义务结构诸要素之间的信息不对称形态，从而影响纳税人权利与义务体系。由于大数据本身的特点与冲击力，它也会通过影响纳税人权利与义务体系的基本结构，比如权利与义务价值和权利与义务规范，即内容与形式；通过影响纳税人权利与义务的完整结构：权利与义务价值、权利与义务价值判断和权利与义务规范以及影响纳税人权利与义务的深层结构——权利与义务目的和征纳行为事实如何、权利与义务价值、权利与义务价值判断及权利及义务规范五大要素，从而改变征纳税人之间权利与义务的信息不对称态势，最终影响纳税人权利与义务体系的优化或恶化。

---

① ［美］史蒂夫·洛尔著，胡小锐译：《大数据主义》，中信出版社 2015 年版，第 304 页。

大数据不仅影响征税人的权利与义务信息构成，也影响纳税人的权利与义务信息构成，既影响征税人权利的内容与形式，也影响纳税人权利的内容与形式；既影响征税人的权利与义务价值、权利与义务价值判断和权利与义务规范要素，也影响纳税人的权利与义务价值、权利与义务价值判断和权利与义务规范要素；既影响征税人的权利与义务目的、征纳行为事实、权利与义务价值、权利与义务价值判断和权利与义务规范要素，也影响纳税人的权利与义务目的、征纳行为事实、权利与义务价值、权利与义务价值判断和权利与义务规范要素。

因此，大数据对纳税人权利与义务体系的介入、渗透和干预，一定呈现一种更加复杂交叉、叠加动态的形式，需要全面分析，整体把握。大数据最先影响的是纳税人权利与义务规范层面的形式要素，像税种、课税对象、纳税人、税率及征税环节等技术要素，接着便会影响到权利与义务价值、权利与义务价值判断、征纳行为事实和权利与义务终极目的等深层要素。这种影响对征纳税人而言，或快或慢都将产生，并最终以合力的方式，对纳税人权利与义务体系产生或积极或消极的影响。

（3）大数据会通过对纳税人权利与义务类型要素的影响，改变征纳税人之间权利与义务各类型之间的信息不对称形态，从而影响纳税人权利与义务生态系统。大数据的积极影响在于，可以使纳税人权利与义务体系逐渐趋于普遍化、绝对化和客观化，从而减少纳税人权利与义务的特殊性、相对性与主观性。而消极影响在于，可以使纳税人权利与义务体系逐渐趋于特殊性、相对性与主观性，从而消减其普遍化、绝对化和客观化。

当然，在不同的历史发展阶段，在不同的政体背景下，大数据对纳税人权利与义务类型的影响途径与方式以及结果的正负、快慢与大小是不一样的。在完备民主制背景下，纳税人权利与义务体系的逐渐普遍化、绝对化与客观化或是常态，大数据的影响一定是“锦上添花”，纳税人权利与义务体系会越来越趋于优化。但在不完备的民主制背景下，纳税人权利与义务体系的特殊性、相对性与主观性则是常态化，如果对大数据使用权力无法做到有效控制的话，或将放大其负面影响，加剧纳税人权利与义务体系的失衡与恶化。

（4）大数据会通过对纳税人权利与义务来源与活动要素的影响，改变征纳税人之间权利与义务的信息不对称形态，影响纳税人权利与义务体系。纳税人道德权利来源于社会税收道德的赋予和认可，法定权利来源于一个社会法律的赋予和认可。道德是一种应该如何的非权力规范，凭借舆论和教育两大力量实现自己。因此，纳税人道德权利便会因为大数据对税收舆论与教育两大系统信息不对称态势的影响，从而改变纳税人道德权利与义务体系，进而间接影响纳税人法定权利与义务体系。

大数据对纳税人法定权利与义务体系的影响，则是通过对税权暴力强制与行政强制的针对性、目的性与精准性以及强制效率等要素而干扰的，具体说，是通过改变国家的立法、执法与司法系统之信息不对称态势完成的。

就税收征管执法而言，大数据对纳税人法定权利与义务体系的影响，就是通过影响纳税人信息权、平等权、索取凭证的权利、请求减免税的权利、退税的权利、拒绝的权利、隐私和保密的权利、聘请代理的权利、要求举行听证的权利、诉讼（包括复议和申诉）的权利、请求赔偿等权利的信息不对称状态去实现。

（5）大数据会通过对权利性质诸要素的影响，改变征纳税人之间权利与义务的信息不对称形态，从而影响纳税人权利与义务体系。就权利性质分类而言，有纳税人基本权利与义务和非基本权利与义务、纳税人享有的权利与义务和行使的权利与义务之别。大数据对纳税人基本权利与义务和非基本权利与义务的影响，既可能通过改变征纳税人之间权利与义务信息不对称的状态，强化两种权利生态系统的保护，也可能通过改变征纳税人之间权利与义务信息不对称的状态，消减或削弱两种权利生态系统的保障力度，纵容其侵害。

如果一种税权拥有比较充分的合意性与合法性，大数据的全面应用既有助于保障纳税人的基本权利与义务，也有助于保障纳税人的非基本权利与义务，既有助于保障纳税人享有的权利与义务，也有助于保障纳税人行使的权利与义务。在税权合意性与合法性不足的政体背景下，大数据的广泛应用既可能放大对纳税人基本权利与义务体系的侵害，也可能放大对纳税人非基本权利与义务体系的侵害，同时无助于纳税人享有权利与义务和行使权利与义务体系的保护。

可见，大数据对税制或纳税人权利生态系统的影响是毋庸置疑的，既可能是正向、积极的，强化纳税人权利生态系统的保障功能；也可能是负向、消极的，消减纳税人权利生态系统的保障功能。大数据对税制或纳税人权利生态系统的影响机理如图11－1所示。

概括地说，大数据对纳税人权利与义务体系的影响机理与启示如下：

第一，大数据对纳税人权利与义务体系的影响是必然和巨大的，同时也是一柄“双刃剑”，作为税收治理者必须高度关注和重视。大数据对纳税人权利与义务体系的影响，既可能对纳税人权利与义务体系产生正向、积极的影响，从而有助于纳税人权利与义务体系的优化和保障，也可能对纳税人权利与义务体系产生负向、消极的影响，从而无助于纳税人权利与义务体系的优化和

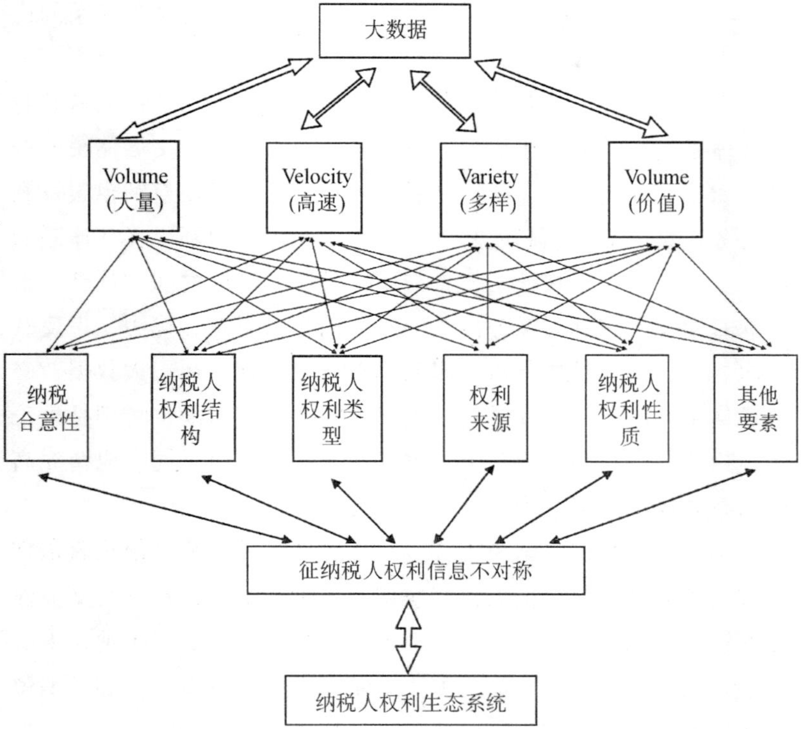

图 11－1　大数据对税制或纳税人权利生态系统影响机理

保障。因此，必须紧扣税收增进全社会和每个国民福祉总量这个终极标准和目标，慎重权衡纳税人权利与义务体系保障各项应对措施之间的协调与联动。

第二，大数据对纳税人权利与义务体系的影响，根本在于国家最高税权的合意性与合法性大小。对经济欠发达的社会，大数据的使用必须谨防系统性风险。最高税权合意性与合法性越大的社会，大数据对纳税人权利与义务体系的影响便更多趋于正向、积极，有助于纳税人权利与义务体系的优化和保障。而最高税权合意性与合法性较小的社会，大数据对纳税人权利与义务体系的影响或更多趋于负向、消极，无助于纳税人权利与义务体系的优化和保障。

因此，凡处于完备民主制度的社会，大数据对纳税人权利与义务体系的影响便趋于优化，有助于纳税人权利与义务体系的保障。相反，凡处于不完备民主制度的社会，大数据对纳税人权利与义务体系的影响则趋差趋劣，无助于纳税人权利与义务体系的保障。至于最高税权处于完备与不完备民主制度之间的社会，大数据对纳税人权利与义务体系的影响则相对复杂，优劣、正反及层次不等，需作具体分析。因此，在税收治理中运用大数据，必须抓住主要问题和主要矛盾，发挥优势，防范风险，特别是处于欠发达阶段的社会，税收大数据的应用必须谨慎，同时应树立高度的系统风险防范意识。

第三，大数据对纳税人权利与义务体系的影响带给税收治理最大的挑战是如何防范大数据应用可能带给纳税人权利与义务保障系统的系统性风险。防范大数据大面积运用可能侵害纳税人的基本权利，突破底线，而且无法遏制和阻止的现象。比如，纳税人如何才能有效保护自己的涉税隐私权等。

由于大数据对纳税人权利与义务体系的影响既有积极的一面，也有消极的一面，因此，就其消极影响而言，大数据带给纳税人权利保护的最大挑战在于：一是纳税人如何保护自己的隐私，防范大数据时代的涉税信息偷窥者？二是伴随大数据时代的到来，既可能为征纳矛盾和纳税人权利问题的解决提供更多可以利用的技术和工具，也会加速、加剧、诱发一些新的征纳矛盾和冲突的爆发，从而产生一些新的征纳矛盾与冲突，对此该如何预警和防范？

深层问题在于，伴随各类大数据的运用，对处于不完备民主阶段的社会，最易强化政府的征税权力，从而增强征税机关的税收监督与控制能力。这就意味着将会压缩纳税人的个人自由空间，侵害纳税人的权利。即是说，伴随税收数字鸿沟的存在，也会加大征纳税人之间权利与义务的不平等，排斥某些纳税人群体。同时引发一些税收网络暴力行为，诸如涉税侮辱、诽谤、相互谩骂、互相攻击以及“人肉搜索”，等等。[①] 实上，大数据意识低、共享障碍多、相关能力弱将成为大数据时代税收治理面临的三大主要挑战。这就警示我们，必须尽快建立有效的“闭环式”大数据税权监督制衡机制。

第四，大数据对纳税人权利与义务体系的影响途径与着力点复杂多样。大数据既可能通过影响权利与义务的规范要素，诸如纳税人、税率、税种和征税环节去实现，也可能通过影响纳税人权利与义务的结构与类型去实现，还可能通过影响纳税人权利与义务的活动过程去实现，同时也可能通过影响纳税人权利与义务的六大基本关系去实现。这就告诫我们，大数据对纳税人权利与义务体系的影响便呈现多渠道、多因素以及复杂性等特点。因此，纳税人权利与义务体系的优化，既需要具体问题具体分析，更需要突出重点，紧扣主要矛盾展开，不能胡子眉毛一把抓。

第五，大数据对纳税人权利与义务体系的影响既是全面的，也是深刻的，更是动态的、隐蔽的。大数据会从纳税人权利与义务的行为事实、终极目的、价值、价值判断等深层要素切入，全面、深刻、动态、隐蔽地影响一个纳税人、一个社会对纳税人权利与义务的总体认识，从而深化、优化或者弱化、钝化纳税人权利与义务意识、权利与义务情感以及权利与义务意志。因此，关注大数据对税收权利与义务体系的影响问题，不能仅仅停留在一

① 刘宝臣：“大数据时代对社会治理产生的影响及应对——基于社会冲突与合作行为的分析”，《青岛行政学院学报》，2015 年第 2 期。

些表面现象上，比如，征管环节的大数据应用方面唯“财”是图，更应关注纳税人权利与义务的深层次问题，比如，终极目的和核心价值等问题。

第六，大数据对纳税人权利与义务的影响，长期看，利好；短期看，或利空。长期看，由于征纳税人之间博弈会趋向于逐渐消减信息不对称，一定有助于纳税人权利与义务体系的优化。但短期看，大数据对纳税人权利与义务的影响或喜忧参半，特别是对于目前处于不完备民主阶段的社会的纳税人权利与义务而言，完全可能在短期内走弯路，甚至倒退，消减而不是增进纳税人权利与义务体系的优化。因此，既要积极大胆地应用大数据治理税收，同时也要高度警惕其内在的破坏性等负面影响。

总之，大数据借助“4V”优势，一定会通过改变征纳税人之间的信息不对称状态，对纳税人权利与义务体系产生巨大、重大的影响，而且，这些影响注定是双向的，既有正面、积极的，也有负面、消极的。但具体到一个现实的国家和社会，要全面优化纳税人权利与义务体系，则必须清醒地认识和把握大数据对纳税人权利与义务体系的影响机理，自觉借用大数据正面、积极的影响，防范或消减大数据负面、消极的影响，力争建立科学有效的纳税人权利保护机制，最终增进全社会和每一个国民的福祉总量，实现税收的终极目的。

五、大数据视域下税制优化与纳税人权利保障体系构想

探讨大数据对纳税人权利与义务的影响机理，旨在为构建优良税制提供新的理论依据与指导。因为，“当世界开始迈向大数

据时代时，社会也将经历类似的地壳运动。在改变人类基因的生活与思考方式的同时，大数据早已在推动人类信息管理准则的重新定位”①。税制优化与纳税人权利保障亦然。因此，必须根据大数据对纳税人权利与义务的影响机理，通过构建更加科学优良的税制与纳税人权利保障体系，主动应对大数据产生的新挑战。笔者认为，优良税制与新的纳税人权利保障体系构想要点如下：

（一）必须全面拓宽税收大数据权力的合意性与合法性基础

大数据对纳税人权利与义务体系的影响要素至少有六大方面，但根本说来，大数据对税权合意性与合法性的影响，是关涉税制优劣以及纳税人权利与义务体系优劣的根本要素和关键要素。因为税权是保障纳税人利益索取的前提和必要条件，税权的合意性与合法性越大，纳税人权利与义务体系越优良；税权的合意性与合法性越小，则纳税人权利与义务体系越恶劣。而且，税权合意性与合法性大小取决于纳税人的同意和认可程度。即越多纳税人同意和认可的税权，也就是迫使征纳税人不得不服从的强制力，其合意性与合法性就越大。相反，其税权的合意性与合法性就越小。

从本质上说，唯有建立纳税人主导的税制，税权的合意性与合法性才经得起终极追问。由于国家最高税权的合意性与合法性大小总体受制于国家的政体，因此，要全面提高税权的合意性与合法性，必须有赖于全社会民主制度的不断完善与完备。而最完备的民主制度一定是把最高权力装进了“制度笼子”的民主制度，唯有在最完备的民主制度下，国家最高权力与最高税权的合

① ［英］维克托·迈尔·舍恩伯格、肯尼斯·库克耶著，盛杨燕、周涛译：《大数据时代》，浙江人民出版社2013年版，第217页。

意性与合法性才最大，税收大数据权力的合意性与合法性也就最大。相反，最不完备的民主制度就是没有把最高权力装进“制度笼子”的民主制度。因此，国家最高权力与最高税权的合意性与合法性就最小，税收大数据权力的合意性与合法性也就最小。

这就告诫我们，对于一个正在走向完备民主制度之路的社会，既要积极参与国家民主制度的建设，从根子上拓展税权及税收大数据权力的民意基础与合法性，同时也可在税收治理领域，借助税收大数据的优势和平台，积极探索局部扩大税权及税收大数据权力民意基础与合法性的新路子。比如，借鉴大数据优势与平台，建立纳税人利益表达机制，创建公开透明的“用税”大数据平台，等等。

（二）必须尽快建立“闭环式”税权监督制衡机制

权力是一种强力，是迫使被管理者不得不服从的一种力量。但是，强力唯有经过被管理者的同意才能成为真正意义上的权力。而且，正如英国历史学家阿克顿勋爵所言：“权力导致腐败，绝对权力导致绝对腐败。”① 税权及税收大数据权力也一样，绝对税权与税收大数据权力同样会导致绝对腐败。税权与税收大数据权力的绝对腐败无疑就是对纳税人权利生态系统最大的伤害与破坏。因此，必须建立“闭环式”税权监督制衡机制，彻底把税权装进“制度笼子”，唯有此，方可从根本上遏制税权与税收大数据权力的滥用。特别是在大数据时代，由于传统税权最方便占据税收大数据的财富与资源，借助大数据进行税权扩张，如

① ［英］阿克顿著，侯健译：《自由与权力》，商务印书馆2001年版，第342页。

果税权监督制衡滞后，缺乏有效的“闭环式”监督制衡机制，就更容易因为税收大数据的巨大力量，习惯性地扩大税权，滥用税权，恶化纳税人权利与义务体系，从而加速背离税收治理增进全社会和每一个国民福祉总量的终极目的。

有效的税权“闭环式”监督制衡机制，一是上下监督制衡形成“闭环”的机制，即对最低与最高税权的监督都是有效的机制，不存在选择性的监督盲区或特权。二是内外监督制衡机制形成了有力有效“闭环”的机制，不存在社会监督主体边缘化、摆设化的状况。比如，新闻媒体等社会组织的监督是自由的，监督机制是有效的。三是软硬监督制衡机制形成了有力有效“闭环”的机制，不存在软硬越位、错位、失位，软硬搭配不协调的问题。

（三）全面审视和创建与大数据相适应的税制

“大数据时代对原有规范的修修补补已经满足不了需要，也不足以抑制大数据带来的风险——我们需要全新的制度规范，而不是原有规范的适用范围。”[①] 就是说，大数据时代纳税人权利与义务体系的优化，必须根据大数据的特征，全面审视传统纳税人权利与义务体系的得失与优劣，并基于现实社会的综合因素，重新建立与大数据时代要求相匹配的税制及其纳税人权利保障规范体系，不能仅仅满足于对原有纳税人权利与义务规范体系的被动适应与枝节性修补。

事实上，科学优良的税制与纳税人权利保障规范体系，一定要有助于纳税人权利与义务体系的整体优化。其内在要求与核心

① ［英］维克托·迈尔·舍恩伯格、肯尼斯·库克耶著，盛杨燕、周涛译：《大数据时代》，浙江人民出版社 2013 年版，第 219 页。

价值如下：一是有助于增进全社会和每一个国民的福祉总量。在征纳税人之间利益尚未发生根本性冲突、可以两全的情境下，符合帕累托最优原则。在征纳税人之间利益发生根本性冲突、不可两全的情境下，符合最大多数人的最大利益原则。二是符合征纳税人行为心理“事实如何”的规律，即行为目的恒久为己、偶尔为他规律与行为手段恒久利他、害他，偶尔利己害己规律。三是符合人道自由的最高道德原则，能“把纳税人当人看”，并“使纳税人成为人”，即最高税权是掌握在纳税人手里的。而且，“未经纳税人同意不得征税的原则”已经实现了税制的实质性“嵌入”，自然，既符合平等、法治、限度的一般自由原则，也符合政治、经济、思想自由的具体原则。四是符合公正平等的根本道德原则。不仅征纳税人之间的权利与义务的交换是公正平等的，而且纳税人之间、征税人之间、国际征纳税人之间以及人与环境之间的涉税权利与义务交换也是公正平等的。不仅涉税主体之间的基本权利与义务分配符合完全平等原则，这些涉税主体之间的非基本权利与义务分配也符合比例平等原则。

必须强调的是，尽管恶劣、落后的税制及其纳税人权利规范体系可以任意制定，但科学优良的纳税人权利保障规范体系决不能任意制定，必须从征纳税人行为心理“事实如何”的规律出发，经由社会创建纳税人权利与义务规范体系的终极目的——增进全社会和每一个纳税人的福祉总量，再经过纳税人权利与义务价值与价值判断推导出来。简言之，唯有尊重征纳行为“事实如何规律”，有助于增进全社会和每一个国民福祉总量的纳税人权利与义务规范体系才是真正优良的。反之，不论这个纳税人权利与义务规范体系看起来多么精致和华美，都是恶劣落后的，无助于纳税人权利与义务体系的全面优化。

（四）尽快建立大数据背景下的纳税人权利与义务保障机制

纳税人权利保障机制是指纳税人权利与义务各组织或部分之间相互作用的过程和方式。在纳税人权利与义务体系中，保障机制起着基础性、根本性的作用。理想状态下，如果纳税人权利保障机制良好，就可以使纳税人权利体系接近于一个自适应系统，做出反应，调整原定的策略和措施，实现优化纳税人权利保障的目标。

问题在于，在大数据时代，政治、经济、文化、税制四大系统仍然会从总体上决定一个社会纳税人权利与义务体系的总体优化水平，主导纳税人权利保障机制的运行方向与效率高低。即这四大系统会从总体上决定纳税人权利与义务的立法保障机制、执法保障机制、司法保障机制的运行方向与效率高低。因为，建立大数据背景下的纳税人权利保障机制，显然受制于这四大系统要素的全面优化。这并不是说，立法、执法、司法三大保障机制的创新和优化无事可做，可以静待四大要素的优化而期望“天上掉馅饼”。事实上，纳税人权利三大保障机制完全可以各自突破和创新，并与四大系统的优化联动进行。

当然，也不可忽视纳税人权利道德保障机制的作用，应该充分发挥税收道德在纳税人权利保障系统中的导向与激励作用，通过舆论与教育两大途径营造纳税人权利保障的积极氛围。

（五）切实强化大数据背景下的纳税人权利保护意识

有论者以为，纳税人权利意识是指纳税人对税法以及与之相关的法律制度中有关权利内容的认知、情感和主张要求等主观心理因素的总和。它既是建立民主税制的主观因素，也是税收法治社会的根基。但笔者以为，此论仅仅涉及纳税人法定权利意识，并未将纳税人德定权利意识纳入。真正的纳税人权利意识，应是指纳税人对税德、税法中有关权利内容的认知、情感与意志的主观心理因素的总和。

从大数据的特点与功能看，尽管面对不同的社会政治、经济、文化背景，大数据对纳税人权利与义务的影响有差异，或快或慢，或好或坏，但长期看，一定是利大于弊。其中，逐渐消减征纳税人之间权利信息不对称现象，唤醒纳税人的权利意识——德定与法定的权利意识——将是一种大趋势。或者说，伴随大数据的运用，将会迅速、高密度、多渠道地供给纳税人有关权利的知识，从而大面积唤醒纳税人权利意识。就其结果而言，便可能督促政府不断完善纳税人权利保护的立法、执法、司法机制。

无疑，不断高涨的纳税人权利意识，本来就是纳税人权利保障机制的重要构成部分，也是纳税人权利保障的原动力所在。因此，必须切实强化大数据背景下纳税人权利保护意识，倡导纳税人为本的现代税收治理理念，促进纳税人主导税制的逐步建立。

（六）建立大数据背景下保障纳税人权利与义务的软硬件技术支持平台

大数据运作需要相应的软硬件技术支持平台及技术人员的支持，纳税人权利与义务的保障与维护，同样需要相应的软硬件技术支持平台及技术人员的支持。问题或在于，必须首先弄清楚建立这样的软硬件技术支持平台是为了实现和保护谁的利益。或者说，为了保护谁的权利，是征税人的权利和利益，还是纳税人的权利和利益？其预算投入是否合乎相关法律与程序？是否与当前的政治、经济、文化和国情协调联动？等等。

如果建立相应的软硬件技术支持平台，是为了扩大征税人的大数据使用权力，就应谨慎，必须受到约束和制衡。相反，如果建立相应的软硬件技术支持平台，是为了扩大纳税人的大数据使用权利，保护纳税人的权利，优化纳税人权利与义务保障系统，则应得到鼓励和支持。特别是对处于不完备民主阶段的社会，在推进税收治理现代化的过程中，更应警惕税收大数据权力的习惯性扩张与滥用。既要加强社会性的监督与制衡，更要提醒征税者，必须基于社会整体利益进行全面的权衡与考量。

六、结语

大数据是一种不可忽视的力量，必将对社会的政治、经济、文化治理体系，包括对税收治理体系产生重大、巨大、深刻的影响。至于这种影响是积极、正面的，还是消极、负面的，则既要看谁有权和能够使用这些大数据？为什么使用大数据？为谁使用大数据？也要看如何使用大数据以及能否对其使用实施有效的控制与约束？等等。具体到当前中国的国情、税情，短期内将面临诸多挑战，比如税权合意性与合法性不尽如人意；税权监督制衡机制未形成“闭环”；纳税人权利规范体系不健全、不完善；纳税人权利生态系统保障机制滞后；纳税人权利保护意识淡漠；保障纳税人权利生态系统的软硬件技术平台落后，等等。但长期看，税收大数据的使用终将有助于中国税制和纳税人权利与义务体系的总体优化，促进税收终极目的——增进全社会和每一个国民福祉总量的实现。

第十二章 中国税制现状与未来改革构想

伦理视域的税制研究，无疑为了探寻优良税制的道德标准与特征，进而指导现实的税制优化与改革实践。事实上，如果运用提出的优良税制道德形态对比、检视当下税制，坦率地说，整体状况实在堪忧。甚至可以说，未来中国税制改革任重道远，前路坎坷。

一、当前税制建设现状评估

当前税制改革面临的历史与现实挑战如下：

（一）优良税制及其标准研究面临浅表化、技术化的挑战

固然，税制技术层面的优化十分重要和必要。但是，相对优良税制非核心标准体系的研

究而言，优良税制之核心标准的研究更为重要，一旦突破，将具有根本性、方向性的理论与实践意义。比如，增进全社会和每个国民福祉总量的终极标准评价系统的构建、人道自由最高标准评价系统的确立、公正平等根本标准评价系统的共识，无疑比非核心标准评价系统，诸如诚信、便利、最小成本等等以及技术性标准评价系统的权重要大。因此以优良税制核心评价标准理论指导、引导和推动中国财税改革与税制优化行动，目标境界会高一些，格局要大一些，便不容易犯方向性和根本性的错误。

需要再次强调的是，优良税制及其标准不是可以随意制定的，需经由税制终极目的，从财税行为事实如何的规律之中推导出来。优良税制及其标准体系的优良性，直接取决于税制及其标准价值之真理性。

（二）现行中国税制体系运行状况堪忧

毋庸讳言，由于中国税制确实处于发展的“初级阶段”，因此，距离优良税制的差距确实不小。

第一，优良税制核心价值评价标准尚未成为财税改革和税制优化的现实目标，尚未实现制度性“嵌入”。不仅财税立法、执法、司法的终极目的不明确，而且，在具体实践中也缺乏足够的自觉性与清醒认识。不仅对财税行为事实如何之规律的科学认识水平不高，而且对社会创建税制的终极目的之认识水平同样较低，更多强调的是“纯粹为他”的最高财税道德，没有把“为己利他”基本财税道德作为税制优化的基本价值取向，更没有真正重视“不害他”最低财税道德标准的价值。

第二，财税治理者的资格认定还缺乏制度性的保障，即财税权力的合法性问题尚缺乏制度性的解决途径。全体国民和纳税人同意的财税权力授予机制与利益表达机制尚未建立，而且，对财税权力在立法、执法、司法等方面的滥用也缺乏有效的“闭环式”监督与制约机制。

第三，现行税制及其标准更多地体现了多样性与特殊性，忽视了对普遍、共同税制及其标准的重视，就是说，过多地强调了中国税制及其标准实践领域的特殊性与多样性，忽视了世界各个民族所共同面临的财税普遍性和一般性问题。其缺陷与危害在于，容易混淆税制及其标准的根本与非根本、始源与派生、产生与被产生、决定与被决定、支配与被支配的关系，使财税改革和税制优化很容易按照少数官员的意志推进。由于更多认同了优良税制及其标准之相对性，也就不可避免地忽视了优良税制标准的绝对性。而对优良税制绝对性的忽视意味着，容易使税制及其标准缺乏相对的稳定性，助长相对主义思潮对财税改革与税制优化的误导。由于现行税制及其标准过多体现了主观性，也容易忽视税制标准的客观性，从而否认税制标准的优劣差异，加剧税制相对主义的危害，拒绝对优良税制标准的敬畏和追求。

第四，仅在财税立法及其政策方面体现了“把人当人看”的人道原则与标准，实现了人道广义、浅层的、初级标准的目标。尽管有鼓励慈善捐赠行为的税制，有面对残疾人等弱势群体的慈善救助类财税政策，也有针对落后地区的财税政策等等，但并没有认同和遵循“使人成为人”的人道狭义、深层、高级的标准与目标。

在促进税收强制得到全体国民和纳税人同意方面做得还远远不够，税制民主化建设需要进一步加强，特别是在税收立法方面，亟待加快民主化进程。在自由税收平等方面，所有国民和征纳税人并没有同样地、平等地服从税制。在税收执法与司法方面，也存在很多问题。在自由税收限度方面，现行税制对国民和纳税人的强制比较多，对征税人及官员的限制较少。直言之，优良税制体系给予国民和纳税人的自由，应该广泛到国家存在所能允许的最大限度，给予国民和征纳税人的强制，则应该保持在国家能够存在所允许的最低限度。

以税收政治自由标准观之，在对税权的控制上，特别是对征税及其预算权力的运用与监督以及全体国民和纳税人的权利保护方面，仍然存在不少问题。当然，从消除税收异化的标准观之，现行税制亟待在消除经济异化、政治异化与社会异化方面有所作为。具体说，税制优化既要在消除人身占有、人身依附等方面多做努力，也应在消除经济异化，大力发展社会生产力，建立民主共和制，消除财税政治异化方面有所作为，同时还应在完善税制民主建设、建立纳税人基本权利保障体系方面有所作为，从根本上消除税收社会异化存在的土壤。

第五，现行税制在公正平等标准方面仍然存在很多缺憾和不足。具体说：

一是虽然重视观念层面的税收公正与平等，却忽视了实质层面的税收公正与平等。或者说，现行税制优化尽管强调税收公正与平等标准，甚至一直把税收公正与平等当作税制改革的基本目标，但却有意无意地回避了对保证税收公正与平等的前提，比如税权合法性问题的追问，只强调税权在税收治理活动中的重要性和必要性，并未在税权的制约方面做出积极有效的实质性作为。常识告诉我们，税权的合法性以及对税权的制约水平，会直接关系甚至决定着税制公正平等的根本方向与结构，规制税制系统性误差。因为对税权合法性的追问以及对税权制衡的诉求与行动，从根本上主宰着一个社会税收治理的基本模式。比如是纳税人主导型的税制，还是政府主导型的税制，都涉及税制基本制度方面的公正性。

二是现行税制虽然重视纳税人、国民之间权利与义务分配的公正平等，却忽视政府（征税人）与纳税人之间权利与义务的公正平等。因为税收公正是指征纳税人之间、国民与国家之间平等（相同、同等）的利（害）相交换的善的行为，是等利（害）交换的善行，这是税收公正的基本问题，也是首要问题，然后才是国家对国民、社会对纳税人之间权利与义务的公正分配问题。从逻辑上讲，政府（征税人）与纳税人之间权利与义务的公正，显然重要于、也先于纳税人之间权利与义务的公正。如果政府（征税人）与纳税人之间权利与义务的公正问题没有得到有效的解决，纳税人之间权利与义务的公正问题就缺乏应有的前提和基础。

三是现行税制虽然重视国民之间、纳税人之间权利与义务分配的公正，却忽视了政府之间（包括同级政府之间、上下级政府之间）的公正问题。政府之间的财税公正同样是一个财税权力公正分配的问题，它是财税公正不可忽视的重要组成部分，如果没有这一公正，税收治理体系的结构性公正问题也就无从谈起。① 具体表现在以下五个方面：

（1）因为缺乏一个稳定的政府间税收公正与平等标准体系，容易诱发中央政府与地方政府之间的财税博弈，导致中央政府与地方政府之间的财税权利与义务分配陷入集权——放权——收权的恶性循环之中。

（2）如果中央政府与地方政府之间的权利与义务分配不公，便会挫伤地方政府的财税积极性。

（3）尽管重视税制及其标准之非基本权利比例平等原则，却忽视财税基本权利的完全平等分配。就是说，不论在国民之

---

① 姚轩鸽："税收公正与经济增长相关性分析研究——兼论中国税制改革必须直面的主要问题"，《阴山学刊》，2013 年第 8 期。

间，还是在纳税人权利分配方面，或者在地方政府财税权利分配方面，更多时候是在“效率优先，兼顾公平”的思想指导下进行的，强调比例平等原则，悬置或者忽视基本权利的完全平等分配原则。结果往往是侵害国民、纳税人或地方政府的基本税收权利，背离税收增进全社会和每个国民福祉总量的终极目标，导致各地方政府之间、区域之间、城乡之间、行业之间以及不同规模、性质、身份等纳税人之间贫富的加剧，公共产品与服务享有不公。强调税收基本权利完全平等分配标准意味着，当一个社会还有一个人、一级政府无法生存时，严格地讲，任何人和任何地方政府没有权利享受财税之非基本权利。

（4）尽管重视征（纳）税人主体的、形式的、表层的机会平等，却忽视了征纳税主体实质的、深层的机会平等。因为机会平等是征纳税人主体的基本权利之一，分为非基本权利的形式的、表层的机会平等与发展才德、做出贡献的实质的、深层的机会平等。前者是指竞争税收非基本权利的目标的机会平等，主要是指获得一定的政治职务、地位、权力和财富的机会平等，后者主要是指“发展潜能的机会平等”。或者说，各种税制规范与政策看似给了所有征（指地方政府）纳税人平等的机会，事实上却搁置了实质性的机会平等。比如教育不公平，实际上就是对不同区域之间、城乡之间、行业之间、纳税人之间等不同征（指地方政府）纳税人“发展潜能的机会平等”的剥夺，使一些地区、一些地方政府、一些人丧失了“发展潜能的机会”。诸如，教育经费的倾斜性投入、教育资源的不公平占有以及显失公正的高考录取分数线的差异，等等，这些都是导致征纳税人主体的、实质的、深层的机会平等缺失的根本原因。

（5）现行税制虽然强调比例平等，却忽视补偿原则。虽然征纳税人的非基本权利应该比例平等地分配，却不知这种非基本权利应该完全比例平等地分配，必须依据的却是贡献的不平等。因此，只有补偿原则发挥作用了，征纳税人所享有的财税权利才可能与其所做出的贡献之比例达到平等。这意味着，获利较多者“应该且必须”给予获利较少者以相应的权利补偿。① 毋庸讳言，现行税制在这方面的作为明显不够。比如，东西部征管严格程度的差异，客观上会加剧税收不公。又比如，转移支付机制的异化，也使一些关乎国民生存与发展的基础性公共产品与服务供给不足。

四是以税制表层的技术标准观之，现行税制也存在很多不足。以税法体系为例，主要缺陷在于：

（1）宪法关于税收法治的规定太过简单，或者语焉不详。一部宪法，关于涉税这样的关乎国家治理的根本问题，明确条款仅有一条。而且，其关于税收的规定太过模糊，特别是关于税权最终归属的规定太过简略。

（2）税收基本法缺位。

（3）现有税法体系结构不合理、位阶较低，而且刚性不足。在现行 18 种税法中，仅有 4 种税法，即《中华人民共和国个人所得税法》《中华人民共和国外商投资企业和外国企业所得税法》《中华人民共和国车船税法》《中华人民共和国环境保护税法》是经过全国人民代表大会立法通过的，其余 15 种税法，都是以《条例》或《暂行条例》的形式施行。作为中国税收收入最大税种的《增值税暂行条例》已经试行二十多年了，至今还在试行。事实上，仅就税制的构成体系而言，在刘剑文教授看来，至少应当由 30—40 部法律构成，但目前中国仅仅制定了

① 姚轩鸽：“税制改革的中国问题与抉择研究”，《玉溪师范学院学报》，2012 年第 1 期。

5—6 部法律。税制基本要素方面存在的问题，诸如，征税对象欠明确，税目比较繁杂，纳税义务人不明晰，税率及其结构欠合理，纳税环节和纳税期限与税收发展规律有不吻合的地方，税收减免政策在起征点、免征额以及减征税的程序、额度等方面存在的问题。财政预算法等方面存在的问题就更多。

2015 年“两会”期间，由于《中华人民共和国立法法》修正案草案三审稿中删除了“税种、纳税人、征税对象、计税依据、税率”等税收基本要素必须制定法律的规定，从而招致部分全国人大代表、政协委员和学界人士的严厉批评，这就说明优良税制及其标准之模糊，税制优化道路漫长，财税改革与税制优化任重道远，优良税制及其标准与体系建立的紧迫性。

简言之，从人道自由标准看，中国税制仅仅遵从了人道原则的初级原则，仅仅在浅表层次上开始重视“把人当人看”的人道主义理念，仅仅满足于关注弱势纳税人。至于深层“使人成为人”的人道原则，至今只在学者写文章、搞研究、参加研讨会时提及，根本没有实现制度性“嵌入”。从公正平等标准看，当下的中国税制只是仅仅满足于“税负”的“谁负”，也即纳税人之间权利与义务的平等分配问题而已，很少关注国民与国家之间或者说征纳税人之间权利与义务的公正分配问题。虽然比较重视观念层面的税收公正，却忽视实质层面的税收公正；虽然比较重视纳税人之间权利与义务分配的公正性，却忽视国家与国民之间即政府（征税人）与纳税人之间权利与义务的公正性；虽然比较重视纳税人之间权利与义务分配的公正性，却忽视政府之间（包括同级政府之间、上下级政府之间）的税收公正问题；虽然比较重视税收非基本权利比例平等原则，却忽视税收基本权利的完全平等分配原则；虽然比较重视征（纳）税人主体的形式的、表层的机会平等，却忽视征（纳）税人主体实质的、深层的机会平等，同时忽视补偿原则。从终极标准看，当下的中国税制仅仅满足于税制的“聚财”目的，严重忽视了税制增进全社会和每个国民福祉总量的终极目的。再加上对税权缺乏实质性的制衡和监督，体制性的滥用、腐败、浪费问题就十分严重。

二、中国税制改革的未来抉择

毋庸讳言，如果用本著构建的优良税制及其标准检视当下中国税制建设现状，结果并不乐观。事实上，“初级阶段”特征依然是未来中国税制改革与优化的现实出发点。

税制的优劣直接关涉一个国家治理的文明程度与每个国民福祉总量的增减。对此，美国税法学家查尔斯·亚当斯说：“国家的繁荣与衰落经常有税收因素，这一点我们在整个历史中可以经常看到。”①

问题在于，税制优劣的终极评价标准、最高评价标准、根本评价标准是什么？如前所述：优良税制一定是最能增进全社会和每个国民福祉总量的，也是最能体现国民税收意愿的，自然也是最公正的。即税制优劣取决于它所能增进之国民人数的规模大小以及福祉总量的多少，集中体现为国民的合意性。

而社会主义初级阶段论断明确告诉我们，中国税制距离优良税制还有相当一段距离，尚不能为民众供给足量、高性价比，且十分合意的公共产品和服务。因此，中国税制改革注定任重道

---

① ［美］查尔斯·亚当斯（Charles Adams）著，翟继光译：《善与恶（正义与邪恶）——税收在文明进程中的影响》（第二版），中国政法大学出版社，2013 年版，第 9 页。

远、荆棘丛生、举步维艰，要抵达优良税制，必须逐渐完成实现四个主要税制改革阶段性与终极目标。按照先易后难的顺序，未来中国税制改革的战略选择、实施步骤等构想如下：

（一）总量减税、总体减速，消减普遍性、表层的纳税人“税痛”

“减税”作为中国税制改革的主要目标，无疑拥有广泛的民意基础，得到了来自政府——诸如“结构性减税”“营改增”“小微企业优惠政策”“个税免征额的提高”以及最近可能推出的“实行综合与分类相结合的个人所得税制”等回应，也彰显了“减税式”税制改革的价值取向。况且，这些回应是在经济增速减缓的情势下做出的。当然，还有一个前提是存在宏观减税的空间问题。据专家测算，中国确实存在减税的空间，可通过推进增值税价税分离，减少市场无谓损失；适当降低企业所得税收入占比；适当降低“五险一金”缴费费率等途径应对①，从而与“减费”构成组合对策。

其实关于中国税负轻重之争，2016 年年底可谓白热化。但是，如果我们跳出税负与费负的词语之争，从二者都是企业的经营成本这一本质看，中国企业的经营成本确实不低。据世界银行统计，中国在 2005 ~ 2012 年，总税率基本呈现下降趋势，但在 2013 年，总税率由 37.2% 骤然上升至 68.7%；随后 2014 年、2015 年、2016 年，我国企业总税率分别为 68.5%、67.8%、68.0%②。这明显高于高收入国家平均水平，亦显著高于中等及低收入国家

① 李炜光、臧建文：“中国企业税负高低之谜——寻找合理的企业税负衡量标准”，《南方经济》2017 年第 2 期。

② 世界银行 Doing business 项目发布的 2017 年 Paying tax。

的平均水平。而2016年中国总税率68.0%的具体构成是，10.8%为利得税（Profit tax）、48.8%为劳务税（Labour tax）、4.8%为其他税①。同时与美国不同的是，中国政府收入由税收收入与非税收入两部分构成。以2015年为例，中国财政收入是15.22万亿元，如果加上社保基金4.6万亿元，政府性基金4112亿元，地方本级政府性基金38218亿元（含土地出让金），合计4.23万亿元，再加上国有资本经营收入2560亿元，几大项简单相加，就到了24.31万亿元人民币！②

事实上，将“减税”作为中国税制改革主要目标的理论根据在于，税负的轻重与纳税人“税痛”大小存在一种正相关关系，即税负越重，纳税人的“税痛”就越大，意味着一种税制存在的问题相对较多；税负越轻，纳税人的“税痛”就越小，一种税制存在的问题就相对较少。“税痛”是一种税制优劣的“晴雨表”。所以，减税意味着“减痛”，意味着税制的优化，自然也应成为税制改革的目标。

问题是，税负轻重与纳税人“税痛”大小之间的这种相关性需要具体分析。就纳税人总体而言，在税负一定的前提下，这种相关性无疑是确定的，税负重则“税痛”大，税负轻则“税痛”小。因此，要全面减轻纳税人的“税痛”，就必须减轻纳税人的总体税负。或者说，如果纳税人的总体税负不变，其“税痛”大小的变化就不会很大。也就是说，唯有总量减税，或者“总体税负”增长减速，才可能从总体上给纳税人减负，进而减轻他们的“税痛”。可见，只有这样的减税和减速，才是接近优

① 李炜光、臧建文：“中国企业税负高低之谜——寻找合理的企业税负衡量标准”，《南方经济》2017年第2期。

② 蔡慎坤：《特朗普大减税中国怎么办?》，http：//club. news. sohu. com/stock/thread/4jmgqnmje8c。

良税制目标的，才是减轻纳税人普遍性“税痛”的实质性举措。

现实是，社会各界的“减税”呼吁，被政府以“有增有减”的“结构性减税”回应。“有增有减”意味着，政府在减少一些税的同时，还要再增加一些税，目的在于保证政府税收收入总量的基本不变。坦率地说，这样的减税——满足于税负的“谁负”式的减税，影响的只是不同税种纳税人各自的具体的“税痛”大小而已。就纳税人总体而言，其“税痛”的大小变化并不大。固然，通过税制技术要素的优化，进而改善纳税人之间的税负轻重、“税痛”大小也有价值，也是税制改革的具体内容和目标，但毕竟纳税人总体“税痛”的大小才是评价税制优劣的主要标准。

这岂不意味着，一方面，减税不是税制改革的全部，即总量减税、总体减速也不是税制改革的根本目标。因为按照减税者的逻辑，似乎不交一分钱税的税制才是最优的，这样的税制才是税制改革的唯一目标，其荒谬不言而喻。另一方面，就税负轻重与“税痛”大小之间的关系而言，即将减税作为税制改革的目标，也应该是在总量减税、总体减速方面做文章。须知，税负轻重不是税制的根本，仅仅是衡量税制优劣的一个重要标准。减税价值导向的税制改革，其现实功德仅在于可能消减纳税人面临的普遍性、表层的“税痛”，有助于税制技术要素与结构的优化。

（二）间接税降比，直接税增比，建构“直接税为主、间接税为辅”税制

一个国家究竟选择“间接税为主、直接税为辅”的税制，还是选择“直接税为主、间接税为辅”的税制，甚或选择“间接税与直接税各半”的税制，既要看这个国家的政体基础是什么，也要看这个国家所处的历史阶段以及面临的主要问题是什

么。无疑，对于已经完成了现代化转型的国家，似乎不成问题，只要通过“民选、民决”机制决定即可，但对尚未完成现代化转型的国家，问题就比较复杂了，究竟选择哪种税制模式，完全在于执政者的利害权衡与决策立场，在于执政者的价值理念与趋向，在于执政者对诸多问题权重的评估与认可，在于执政者如何把握当前目标与未来目标的艺术与胆略，如何表里兼治，急缓兼顾。

就中国目前的税收结构比重而言，以增值税、消费税、营业税为主的间接税收入比重已占到全部税收收入的70%左右，而企业所得税、个人所得税等直接税占比不到30%，属于“间接税为主、直接税为辅”的税制格局。这种税制最大的优势有两点：一是“聚财”功能超强，便于汲取发展所急需的资金；二是具有“税痛”麻痹功能，即由于价内税的技术设计，较难大面积唤醒和刺激纳税人的“税痛”。问题是，有一利必有一弊，超强的聚财功能如果过度运用，长期使用，则会通过价格渠道转嫁税负，导致全社会优化再分配能力的低下，加剧中低收入阶层的实际“税痛”，还会推高物价、抑制内需，加大经济结构调整的难度，自然就会增加企业运营资金的压力，消减企业的技术研发和设备更新能力，等等。而最大弊端或在于，容易使纳税者处于“植物人”状态，压抑纳税人的权利意识，从而放弃对税款合法性及其使用合理性的追问，消减推动社会文明转型的正能量。

相反，间接税的弱项，恰恰是直接税的强项。这个道理，马克思早就有精辟的论述：“如果需要在两种征税制度间进行选择，我们则建议完全废除间接税而普遍代之以直接税。”因为“间接税使每个纳税人都不知道他向国家究竟交纳了多少钱，而直接税则什么也隐瞒不了，它是公开征收的，甚至最无知的人也能一目了然。所以，直接税促使每个人监督政府，而间接税则压制人们对自治的任何企求。”① 对此，日本当代著名税法学家北野弘久教授指出：“在间接税情况下，纳税人通常在法律上被置于‘植物人’的地位，纳税人在国民主权原理下所享有的监督权、控制租税国家的权利几乎不可能实现。身为主权者的大多数纳税人（国民）在间接税中不能享受从法律上受保护的任何权利，这对于一个租税国家来说，无疑是一个重大的法律问题。”因此，在间接税制下，“纳税人作为主权者享有监督、控制租税国家的权利，并承担义务”这样的理念“几乎不可能存在”，“只要消费税占据了国家财政的中枢，就会造成人们不能监督、控制租税国家运行状况的可怕状态。”②

因此，从国家的长远利益看，中国税制改革的“二级跳”应该是：在总体税负合理的前提下，间接税要降比，直接税应增比，从而逐步建构“直接税为主、间接税为辅”的税制格局。当然，从现实操作性而言，也有一个税制改革节奏、分寸的具体掌控问题，特别是在税权民意基础尚不牢固和广泛、税权监督缺乏长效机制的情况下，更应该慎重抉择。毕竟，过早地大面积唤醒纳税人权利意识，如果改革者的思想、心理、组织等要素准备不足的话，可能适得其反，南辕北辙，延缓或阻滞税制改革的文明进程，背离税制改革增进全社会和每个国民福祉总量的终极目的。也许正因如此，就有税法学家对直接税十分忧心，认为应该选择“间接税为主、直接税为辅”的税制。因为他担心缺乏有效制衡的税权会被滥用，从而过度侵入纳税人的私人空间，侵犯

① ［德］马克思、恩格斯著：《马克思恩格斯全集》（第十六卷），人民出版社1972年版，第221—222页。

② 姚轩鸽：“21世纪是租税国家社会——著名税法学家北野弘久教授访谈”，《中国经济时报》，2005年6月23日。

纳税人的利益，“或许最重要的改革是将直接税制度改变为间接税制度，以最大限度地降低政府侵犯公民私人事务的权力”。

究竟应该如何掌控，现实的复杂性及其风险一再提醒我们：政策制定者既需要非凡的智慧，也需要特别的胆略和艺术，转型中国更是如此。

（三）财政透明、预算公开，建立财税权力长效监督机制

毋庸置疑，征纳税人之间权利与义务分配的不公问题，直接关系着税制结构的稳定与否，也是评价一种税制优劣的根本标准。正如亚当·斯密所言：“社会存在的基础与其说是仁慈，毋宁说是公正。”因为没有仁慈，社会固然处于一种令人不快的状态，却仍然能够存在；但是，不公正的盛行则必定使社会完全崩溃。……仁慈是美化建筑物的装饰品而不是支撑它的地基，因而只要劝告就已足够而没有强制的必要。反之，公正是支撑整个大厦的主要支柱。如果去掉了这根柱子，人类社会这个巨大而广阔的建筑物必定会在一瞬间分崩离析。”① 固然，征税人之间、纳税人之间权利与义务的公正分配也十分重要，但与征纳税人之间权利与义务的公正分配问题相比，还是显得次要。

道理更在于，征纳税人之间权利与义务的不公意味着，一个国家的财税治理已经背离了增进全社会与每个国民福祉总量的终极目的。就纳税人而言，虽然交了税，却没有从政府那里交换到高性价比和高满意度的公共产品及服务，纳税人履行的义务大于他享有的权利。就政府而言，它虽然收了税，却没有给纳税人提供等价的公共产品和服务，其享有的权利大于其应尽的义务。因

① Adam Smith：the Theory Of Moral Sentiments，China Sciences Publishing House Chengcheng Books Ltd，Beijing，1979：86.

此，如果长此以往，便会松动税制的根本和基础，进而消减每个国民的福祉总量。以 2016 年为例，全国财政收入总计 15.9552 万亿元，如果再加上政府基金收入 4.6619 万亿元、国有资本经营预算收入 2602 亿元，2016 年中国政府“取之于民”的总收入大约为 20.8773 万亿元，占当年 GDP 总量 74.4127 万亿元的 28.056%。但是，这些“取之于民”的收入，政府是否提供了相应性比价的公共产品及服务呢？这些公共产品及服务的质量和数量符合纳税人的意愿吗？符合国民的共同需求层次吗？是否既能满足国民的物质性需求，又能满足国民比较高级的社会性需求，同时还能满足国民的高级需求呢？或许下面这组数据能给出一些答案：全国教育支出 2.5861.87 万亿元，占财政收入的 12.39%；医疗卫生支出 1.2363 万亿元，占财政收入的 5.92%；社会保障和就业支出 886.82 亿元，占财政收入的 4.25%；住房保障支出 0.4446 万亿元，占财政收入的 2.13%，四项合计仅占财政收入的 24.69%。而国防支出 9543.54 亿元，公共安全支出 1668.15 亿元两项合计 11211.69 亿元，占全国财政收入的 5.37%[①]。

导致这种局面的根源在于——缺乏长效的财税权力监督制衡机制，不仅征税权缺乏有效的监督，而且预算权也缺乏有效的监督。中国目前已开征的 18 种税中，只有四个税种由全国人民代表大会以法律形式颁布实施，其余税种均以行政条例等形式规定，并不具备严格意义上的法典化。其结果只能是在征多少税，向谁征税，在哪个环节征税以及如何花钱，为什么花钱，花多少钱，为谁花钱等重大问题的决策上，无视纳税人的权利主体地

① 记者钟超、杨亮：“财政部公布 2016 年中央一般公共预算支出”，《光明日报》，2016 年 3 月 30 日。

位，既缺乏科学民主的决策机制，也缺乏有力有效的监督措施，这自然会给财税权力的滥用和腐败行为提供可乘之机，从而形成官员“为纳税人做主”的尴尬局面。可见，要从根本上解决当前税制中存在的征纳税人之间权利与义务分配不公的问题，就必须通过财税体制的共同优化，积极推进财税体制改革，加快财政透明和预算公开进度，尽快建立财税权力监督制衡的长效机制来解决。亚当·斯密认为，“财富就是权力。”拉斯基说：“占有巨大的财富就意味着掌握了统治男人、女人和物质的权力。”这就是说，随着政府财富的不断扩大，如果财税权力得不到有效监督的话，任何政府都无法摆脱“利维坦”的宿命。

（四）扩大税权民意基础，确立纳税人主导的税制

税制作为国家与国民之间就公共产品交换价款缔结和履行的法定与德定契约，就是国家与国民之间就公共产品交换的权利与义务规范。

就权利是权力保障下的利益索取，义务是权力保障下的利益奉献而言，权利与义务分配的公正与否，其前提是权力的合法性，即被管理者的同意及其同意的多少。也就是说，财税权力民意基础越坚实，财税权力就越合法，在这种合法财税权力保障下的征纳税人之间权利与义务的分配就可能越公正。反之，财税权力合法性越少，在这种合法性欠缺的财税权力保障下的征纳税人之间权利与义务的分配就可能越少公正。

如此看，致力于扩大税权，包括财权、预算权的民意基础，本应成为税制改革的根本目标。只有税权民意基础确实坚实了，这种税制才可能最大限度地合乎国民的税收意志，包括提升国民公共产品与服务的合意性。

进一步说，税权民意基础坚实意味着，只有纳税人才是最高

财税权力的拥有者，才是财税治理的主体。政府征税的一切重大事项的决策权以及预、决算权，才可能遵从全体或大多数纳税人的涉税意愿。也只有这样的税制——纳税人主导的税制，才是真正"把纳税人当人看"的，才有助于"使纳税人成为人"，才可能最大限度地、公正平等地增进全社会和每个国民的福祉总量，才可能激活全社会和每个国民的首创精神，并为国家民族的现代化转型提供源源不断的精神动力。

当然，在税权、财权全面优化时机尚不成熟时期，通过建立权宜性的纳税人利益表达协调机制过渡一下，进而为最终确立"纳税人主导的税制"创造条件，其努力的价值也不应完全否定。但通过改革政府导向的税制，逐步建立"纳税人主导的最优税制"这个方向必须清晰明确，而且一定要相信，唯有"纳税人主导的最优税制"才是真正值得追求的。正如亚当斯的告诫："税收是人民的一股强大的动力，超过了政府，无论我们是否承认或者是否认识到。愤怒的纳税人可以成为建立压迫性税收的政府的致命威胁。"①

需要特别强调的是，从税制改革目标的权重而言，中国税制改革的"四级跳"顺序应该依次是扩大税权民意基础、建立税权监督机制、构建"直接税为主、间接税为辅"的税制、总量减税和总体减速。税权民意基础的扩大，会从根本上弥补现行税制中存在的根本缺陷，最大限度地发挥税收对中国现代化转型的促进作用。可以说，中国税制改革"四级跳"目标实现之日，也就是税制改革接近最优目标之时。

---

① ［美］查尔斯·亚当斯（Charles Adams）著，翟继光译：《善与恶（正义与邪恶）——税收在文明进程中的影响》（第二版），中国政法大学出版社 2013 年版，第 9 页。

三、结语

总之，当下中国税制改革和现代化的推进，整体的规划与设计不足。不仅目标缺乏远、中、近期的科学设置，策略上也缺乏统一的部署与组织。而且，由于税制改革和现代化的主观性、相对性与特殊性，很容易人为设定税制改革或现代化的阶段性目标与内容，自觉不自觉地背离税制优化和现代化的终极目的。

优良税制改革和现代化的目标不能随意制定，必须从税制和现代化行为事实如何的客观规律，经由税制和现代化的终极目的推导出来。优良税制和现代化的本性是客观的，不以人的意志为转移的。理性地看，全面省察当前中国税制改革，依然存在诸多深层次的问题亟待通过“系统性重构”的途径去解决，距离优良税制改革和现代化目标尚有比较大的差距，前路艰辛，必须谋定后动。

第二部分

人文情怀篇

附录一 人文情怀访谈录

上下求索筑税基 择善固执守正道

——访著名财税伦理学者姚轩鸽先生

丙申年盛夏的秦岭，清凉的山风仍吹不散浓重的暑意，蝉鸣环绕间，一场对著名财税伦理学者姚轩鸽先生的访谈，在山间一处简陋的农家居室开始。姚先生言谈豪阔疏朗，颇有西北汉子的风度，令人精神振奋；谈及所做学术研究，侃侃而谈逻辑严谨，如霁月清风，令人豁然开朗。相谈之下，再看床榻、书桌之上铺排盈满的书籍、书稿、资料……在这片貌似凌乱中，已经架构出了一门新的学科体系——财税伦理学，而一条通往优良财税治理体系之路也逐渐明晰平坦起来。

一、拥书自雄，伦理济世

2006 年，姚轩鸽先生出版了《拒绝堕落——中国道德问题现场批判》一书，以伦理学观点直面诸多社会现实问题，而且，直接提出了自己对未来财税理论建设的理念——《终极叩问——税收伦理学构想》。另外，《富人纳税还需要“辅导”》《关注民生是税收的第一要务——由胡适〈新年的梦想〉想到的》《纳税人权利究竟来自哪里》《诚信征（纳）税的本质内涵》《也说

“以德治税”》《韩国税务廉政建设一瞥》《如何促进“诚信纳税”》《税收信息化建设如何走出“道德困境”》等文也标志着其税收伦理学理念已初现端倪。

2009 年，姚先生又出版了长达 106 万字、分上中下三卷的《税道苍黄：中国税收治理系统误差现场报告》（以下简称《税道苍黄》）。当年的 12 月，在北京大学举办了作品研讨会，李炜光、刘剑文等税收学术界大腕及京华文化界诸多名家参加了这次研讨会。作为国内系统研究税收伦理学的文集，《税道苍黄》在学界引起巨大反响，标志着税收伦理学体系已完成基本框架。

2010 年，他成为《南风窗》杂志的年度专栏人物，从此也引起财税法学界和许多重要媒体的关注。他的研究成果和文章，经常见于专业类学术刊物以及《南风窗》《炎黄春秋》《中国改革》《财经》《改革内参》《华商报》《深圳特区报》等国内有影响力的报刊。

2017 年初夏，其洋洋百万言的《税道德观——税收文明的伦理省察与探寻》（以下简称《税道德观》）三卷本的问世，它是《税道苍黄》的姊妹篇，其中有着基于伦理视域的税收理论与实践问题研究，更有由此而得出的税制改革思路与构想，标志着他十几年潜心的税收伦理学体系成果已初具规模。

……

多年来，姚先生循着其恩师王海明教授《新伦理学》的足迹，将其核心理念应用到财税问题研究，创建中国的财税伦理学体系，成就斐然。一切的学术研究成果，只有为“济世”而出，才会得以为人敬仰尊崇并传世。以伦理济世，拥书自雄，才是他的真本色和终极追求。

（一）关注纳税人“税痛”问题——对唤醒纳税人权利意识的努力

在姚先生的著作和文章中，总能看到一个词语“税痛”。《税道苍黄》一书第一辑中，有专章名曰“税痛”。在《税道德观》一书中，“税痛”一语出现 873 次，近似词语“税不幸”出现 576 次。

访谈中，姚先生也介绍道，“税痛”是“税收”与“痛苦”的合成词和简称，是指税收主体涉税需求、欲望、目的、兴趣及其衍生物没有得到满足时的一种痛苦的心理反应。只是就税收主体而言，尽管征税人也有“税痛”，但就税收本质及发生学意义而言，真正有价值的“税痛”，却是纳税人的税收痛苦。只是多年来最热的“税痛”话题，个人大多集中在个税免征额高低的调节和房地产税的开征方面，企业纳税人则集中在主要缴纳的增值税或者营业税等税种以及非税收入负担方面。这也十分正常，因为个人所得税与房地产税都属于直接税，纳税人交了多少税，心里十分清楚，“税痛”感就强烈，不像增值税等间接税，即使被征了税，纳税者也不是很清楚，自然“税痛”感就比较淡弱。姚轩鸽先生说，在我国，税收一直在强调纳税的强制性、义务性，却很少有人为纳税人主张权利，甚至有官员声称：“怎么能给纳税人权利?!”这种权利与义务的错位、缺失，征税、纳税之间不对等、不平等的现象，才是我国种种税收弊病的根源。

姚先生认为，“纳税人意识”就是纳税人关于自己既是权利主体之人，也是义务主体之人的认识。在“纳税人意识”里，“人”是健全的、站着的，既承担纳税义务，也享有用税权利。所以，以笔为号角，以传播最为便捷广阔的网络为平台，姚先生就如此开启了唤醒纳税人权利意识的征程。其中尤以凤凰网为姚先生专门开辟的博客平台影响最广最深。在这里，他声嘶力竭苦口婆心解释何为纳税权利，何为纳税人权利；评论备受关注的税收事件；剖析纳税人权利和义务关系；呼吁税收法治化，使纳税人在法律保障下直起腰板……因为纳税人意识是优良税收治理的必要前提之一。

（二）架构财税伦理学体系框架——对现实财税问题的实践探索

姚轩鸽先生的学术研究，始终保持着对现实问题的关怀。这一点从他不断呼吁唤醒纳税人权利意识中就早已显现。而他对“税痛”问题成因的不断深入追问以及对解决问题的研究，逐渐形成了他的财税伦理学框架。

姚轩鸽先生在访谈中也提到，财税问题看似是经济问题，实际调节的是社会基本利益关系。当下中国社会治理中的一些矛盾，如纳税人利益的冲突，核心问题是征纳税人之间权利与义务分配的不公，政府权利远远大于其义务，纳税人义务远远大于其权利。政府不仅征税时不经纳税人同意，用税时也不能很好反映纳税人的税收意志，不能提供纳税人真正需要的公共产品与公共服务。近年来令民众关注的暴力拆迁、房价猛涨等问题，在姚轩鸽眼里，背后反映的也是财税体制问题。

逻辑上，由于人类社会创建税制，包括一切制度的终极目

的，无不是增进全社会和每一个国民的福祉总量。因此，“增进全社会和每一个国民的福祉总量”就成为判定任何制度，包括一切税制优劣的终极标准。

以此理论为基石，他列出税收伦理学基本问题：1. 社会为什么要创建税制，即税收的终极目的是什么？2. 在征纳税人关系中谁是主，谁是次？或者说，是纳税人在先还是征税人在先？两者之间交换关系的本质是什么？3. 征纳税人的行为心理规律是什么？4. 税收核心价值是什么？应该以怎样的道德原则体系治理税收活动？5. 优良税制的基本特征是什么？6. 税收伦理学的基本问题有哪些？等等。

在回答这些问题的过程中，一篇篇振聋发聩的文章横空出世，点透了诸多社会问题的症结所在，也逐步形成了其财税伦理学体系框架。

（三）追求优良财税治理之路——对财税核心价值的终极追问

姚轩鸽先生在访谈中不断提到关于优良财税治理体系这一命题。他认为之所以要不遗余力唤醒纳税人意识，之所以要架构财税伦理学体系，终其原因，就是要追求优良财税治理之路，也是对财税核心价值问题的终极追问。

“纳税人意识”越强大，则一个纳税人依法纳税的认识就越明白，越会自觉纳税。因此，“纳税人意识”的唤醒与培养，就成为优良税收治理的前提，也是实现税收增进全社会和每个纳税人利益总量的重要因素。

视觉可感知的优良税制要符合以下规定性：能够最大限度地增进全社会和每个国民福祉总量的税制，便是最优税制；唯有公正平等的税制才可能是最优税制；唯有人道自由的税制才可能是最优税制。最优税制一定是符合自由普遍原则——法治、平等与限度原则的；最优税制一定也是符合自由具体原则，诸如政治自由、经济自由与思想自由原则的；最优税制一定也是符合诚信、便利与最小成本原则；最优税制一定是结构合理的税制，也就是遵从税制行为事实如何规律与税制终极目的的税制，是符合税制价值的税制；最优税制是具体的标准与要素内在与外在和谐的税制。

姚轩鸽先生说，研究优良税制体系，实际上是为财税改革做理论铺垫，当下来说虽然阻力重重，但他还是很乐观的。因为目前中国改革已进入攻坚阶段，他认为财税改革是政改的最佳切入点和突破口。首先，中国加入 WTO 以后，会逐渐融入世界财税文明主流，暂时走弯路或有可能，但走回头路几乎不可能。第二，互联网的高速发展，纳税人权利意识会逐渐增强，会逐渐汇聚强大的民间财税改革力量，成为财税改革的新动力。而且，民意基础也会日渐扩展和加强。这就会为纳税人主导型财税体制的建立，慢慢开辟更为广阔的空间，以“润物细无声”的方式，加剧传统财税体制的文明转型。第三，国际财税改革的大潮，也会逐渐影响和推进中国财税体制的改革进程，使我们日益认同和接近先进的财税体制。

所以，追求优良财税治理体系的研究会一直进行下去，直到实现——因为这是他的“财税梦”。

二、制心一处、择善固执

访谈之前，笔者已经拿到了一份姚轩鸽先生的个人简历：

姚轩鸽，财税伦理学者，现就职于西安市国家税务局，任西安市税务学会副秘书长，《西安税务研究》副主编，兼任中国伦理学会、中国财税法学研究理事、陕西伦理研究会副会长、秘书长；陕西省价值哲学学会常务理事、陕西省哲学学会理事等社会职务；并被广东财经大学、西安财经学院、陕西理工大学以及中国税务学会、北京大学当代企业文化研究所、陕西省社会科学院西部研究中心等科研机构和高校聘为客座教授、学术委员或研究员。

简历比起它十几年的寒暑笔耕日夜潜心，实在显得单薄。姚轩鸽先生的学术之路并非坦途，如他的经历一般曲折，但令人惊奇的是，无论是如何巨大的起伏，都不曾动摇过他的心智。制心一处、择善固执，他恪守恩师王海明教授《新伦理学》观点，在追求真理的道路上愈行愈稳健、愈开阔。

（一）十载学院生涯——奠定伦理基础

姚先生本是工科出身，1981 年就读于陕西工学院机械制造系热加工工艺及设备专业，但因文笔出色颇受校领导赏识，因此 1985 年 7 月毕业他留校任学院宣传部理论干事。这是从工科生到文科生的角色嬗变，为他后来据以成功的主体形象——税收伦理学者奠定了一个很好的基础。因为就是在这第一轮变身中，他赢得了此生中受益无穷的专业越轨：1987 年至 1989 年，他受派赴北京首都师范大学政治管理系攻读法学第二学士学位。就是在这一时期，他拜入著名伦理学家、新伦理学创建者、北京大学伦理学教授王海明先生门下，开启了日后在国内最早从伦理学角度研究财税问题之路。也就是说，他成为伦理学者的历史起点是 1987 年，那一年他 25 岁。从生涯设计的角度看过去，几乎不存在多少人生效率损失。回归母校后他开始从事伦理学方面的教学并在 1989 年发表了第一篇论文《当代大学生伦理价值观变化轨迹探讨》，大抵可以视为他进入伦理学堂奥的起点。对于一个学者而言，其生平的第一篇论文也许真的具有着宿命般的意义[①]。

① 李胜良：《用仰望穿越彻夜的黑暗——基于姚轩鸽君的大数据分析》，转引自姚轩鸽著：《税道德观：税收文明的伦理省察与探寻》，西北大学出版社 2017 年 5 月版，第 966 页。

（二）基层税官经历——亲身体验“税痛”

1994 年国家实行“分税制”后，税务队伍扩编，姚轩鸽从西安联合大学被调到西安市国税局宣教处工作。对于这一次变化，一直关注喜爱他的导师王海明教授曾不无痛惜之意，认为他最适合在高校做学术研究工作，但彼时现实生存压力迫使他不得不“弃教从政”，但未来二十多年中他用实际行动证明，一个固执于以学术济世的学者，是不会因为环境的转变而放弃最初理想的。

到国税系统工作后，姚轩鸽在宣教处写了三年左右文字材料，后下到基层锻炼，被分到基层分局企业所当指导员兼副所长，干了不到一年，又到另一个所当所长兼指导员，又干了一年。谈及这两年税务所的经历与收获，姚轩鸽先生说：“这两年的收获非常巨大，这种基层的工作经验，获得的东西是书本里完全学不到的。”在基层这两年，他深感国家税收制度的弊病与不足。主要体现在：一是基层征税人员的随意性、自由裁量权比较大；其次是“关系税”“人情税”现象比较严重，关系好了、人情到了就可以少交些税，这种现象显然对纳税人不公平；再者，纳税人的税法遵从度也较低，权利意识淡漠。“不少纳税人根本不懂得如何通过法律途径维护自身权利，总是想尽力避税和逃税。而且，有时候征税人员态度越恶劣，反而税收得越快。”

可以说，这段经历让他目睹了基层种种财税弊病，也更加深切体会到了纳税人的“税痛”。比起单纯的学院派，他的文章中处处可见对财税实际存在问题敏锐的发现力和深刻的剖析，不得不说是两年基层税官生涯所成就。

（三）体制内隐士——潜心学术研究

经过两年多的基层浸淫，他得出一个痛苦的结论：他不适应基层税务工作，基层税务文化与他理想中的东西差得很远，他与领导、同事们的思想观念也时常错位。正在痛苦迷茫之际，经朋友引荐，他被借调到北京做“税收与伦理”的课题，同时在一个经济研究机构兼职。

游学京华，与很多学者的交流以及受所做课题的影响，2002年底从北京回陕后，他做出了一个影响一生的决定——他要用十年时间，建立中国的税收伦理学体系。如今回望，这也是一个影响中国财税之路的重要决定。2002年底，姚轩鸽重回西安市国税局，这一次，他主动要求调到西安市国家税务局学会秘书处工作。这样一个在别人看来最边缘化的岗位，对他来说却再好不过，既可以接触到第一手的数据和研究资料，又可以按自己的兴趣去做学问，从而把生活和理想兼顾起来。

最初的五年，他几乎是在没有任何希望的境地里独自一人跋涉和掘进。面对一个又一个的税收问题，不得不昼思夜想，绞尽脑汁。可以说，十几年来，他很少为业余休闲和爱好支付宝贵的时间，一遇到节假日，不是进山，就是躲进茶室闭关著述。每年三周的年休假和几个长假，都是他发疯般撰写论文和书稿的黄金时间。十几年，固执守护内心对正道和真理的追求，潜心学术研究，以数百万言著作实践了他最初的决定——建立起了中国的税收伦理学体系。

三、初心不改，诗以载道

税收文化学者李胜良先生曾在《用仰望穿越彻夜的黑暗——基于姚轩鸽君的“大数据”分析》一文中写道：“姚君的三大‘主营业务’是税、伦理、诗。可这恰恰代表了真善美三端。他的朋友胡骄平心领神会地写道：‘他做为机关干事，干过基层税务，多年来专心致志于优良税制研究，关心中国财税现实境遇与未来命运。诗歌、税务、伦理之间似乎毫无关联，但在轩鸽那里此三者统一得天衣无缝。诗歌是美的，映照心灵之清纯；税务是实的，彰显政法与情理之谐和；伦理是善的，构建其诗歌和税务之德性前提。’姚君的成名利器恰在于税收伦理学的自主创建，一种辉映着诗性壮美的个性创建。就是在这与他的名字密不可分的天地中，真善美的意蕴如光风霁月、曲水流觞。”

十几年间，出版三本诗集《醉舟无岸》《暗夜横渡》和《初心鹃红》，诗集的名称本身就烙刻了深深的姚氏精神——择善固执、制心一处。加之，姚先生的税收伦理学创建也“辉映着诗性壮美”，那么，对姚轩鸽先生的访谈，是无法绕开诗歌的了。

（一）诗人的任务——荒野跋涉和呐喊

这并不是诗歌和诗人最好的年代。物欲横流、急功近利，一切浮华和焦躁，如幽灵般游荡在整个社会上空，充斥偷袭人类的心灵。诗歌，逐渐在这片“雾霾”挤压下没有了生存空间，成为无名无利、备受冷落的独木桥。于是，笔者更加好奇姚先生为何在繁忙的学术研究中，还会潜心于写诗？

姚先生略作沉吟后，说：“两个原因。一是孤独跋涉的需要；一是唤醒灵魂的需要。”

诗歌是他人生使命的一个重要组成部分，他所有理性思考无法抵达的角落，都需要借助诗歌完成。可以说，诗歌之于他，或者他之于诗歌，都不是一种深化课题研究和安妥灵魂的需要，纯粹是一种情感和责任的需要。这既有他早年文学梦的痕迹，也有其人生跋涉中孤独心理的渴求，更有现实苦难危象的刺激与折磨。职业生涯和学术追求中的无奈之时，他只有求助于诗歌排忧解难、鼓劲并且一次次点燃新的梦想凝聚抗争命运的勇气。所以说，诗歌是他生命中不可或缺的上帝，必须依靠诗歌来拯救自己安抚自己警示自己。可以说，只有诗歌才能让灵魂真正静下来。

此外，他认为，我们当下生存的环境存在诸多的灵魂缺失，所以需要诗人发出声音，奋力呐喊，伸手挽回。也许会感觉如蝼蚁一般渺小，但诗歌是可以直抵心灵深处的，是有唤醒沉睡和麻木的力量的。诗人是诗歌的创造者，所以，诗人们应该有勇气，用诗来承担社会责任和历史使命。他的诗集《初心鹃红》中一曲《“天火”赋》道出答案：普罗米修斯神用苦难和倔强、不悔和执念为黑暗的人间带来光明和温暖。这“初心”如淬炼凤凰的火焰一般炽热绚烂。

（二）诗歌的使命——拯救正义和真理

姚先生非常推崇俄国诗人兹比格尼夫·赫伯特关于诗人历史使命的观点：“诗人现在的任务就是从历史的灾祸中至少拯救出两个词，没有了这两个词，所有的诗歌都将是意义与外观的空洞游戏。这两个词是：正义与真理。”拯救正义和真理，这不但是诗人的任务，更是诗歌的使命。

任何社会都有教化，一切文学艺术作品，或直接或简接地肩负着教化的功能，区别在于，所教化的内容及其教化的方式，是强制的还是协商的。如果所教化的内容是大道真理，自然应该强化这种功能；如果所教化的内容是谬误和谎言，最好越少越好。同样，如果教化的方式是协商的民主的，就应该强化。与教育的直接教化功能不一样，诗歌的教化功能可能更含蓄些。

在当下，他认为，诗歌所载之道，应该是公正、平等、人权、自由、法治、民主、人道、博爱、慈悲、生态等等。诗歌的社会责任就是要通过诗歌这种艺术形式，不断地弘扬这些大道智慧，帮助人们敬畏这些大道，守护这些大道，信奉和践行这些大道圭臬。从而通过对这些大道的弘扬和坚守，促进经济的发展，文化产业的繁荣，政治文明的进步，法治和德治水平的提高以及道德和法的优化。

他也以此为自己坚持的诗歌观。他认为，面对公共苦难和灾难，诗歌应该去呐喊去动员去警示，这也是激励他在枯燥的理论研究之余醉心诗歌创作的原动力。他的诗歌有一个主线，就是始终以对社会性苦难的终极追问和人道关怀为主题，比较崇尚批判意识。通过诗歌这种艺术形式，不断记述自己对社会苦难问题的观察与思考，倾诉自己作为一个当下社会分子的生存焦虑与公共关切。这种诗歌观时时刻刻出现并且贯穿在他的诗中："如果你的心底，不曾有过足够的爱与恨，请不要接近我；如果你的怀抱里，不曾装下足够的屈辱与悲情，请不要解读我；……"这样的诗句；在《当诗歌迷路》中，有"当诗歌迷路，陶醉于自家花园的芬芳，无视篱笆外的苦难和疼痛；想想，当诗歌丢失了灵魂，美妙的絮絮叨叨，还会让谁感动？"这样的诗句；在《成就一个诗人并不难》中，同样有"在欲望飞扬跋扈的沙漠，成就一个诗人并不难；只需守望良知，用怜悯的拙笔记下人世的不平"这样的诗句。

（三）诗歌的未来——承载正道和永恒。

对诗歌的未来，他认为诗歌要坚守正道。何谓正道？就是大道，是真道，是人道。是对良知的追问，对社会正义问题关注的热情，对人道慈悲情怀的皈依，是基本的博爱信仰。在这个意义上说，"文以载道"正是一切诗人一切作家一切艺术家应该坚守和敬畏的大道命题，也是一切诗人一切作家一切艺术家安身立命的根本法则。

他认为当前诗歌的出路在于：要确实探索并确立当下诗歌与诗人的终极目标，以便将迷失的诗歌，拉回自己的轨道，能够平稳地前行，安分地耕耘，逐步地成长；同时，要共同探讨诗歌的真正目的，坚守诗歌的大道正道人道，顺应自然之道。另外，也要调整好我们观察审视诗歌生态系统的心态和角度，少些浮躁的尝试与冲动，多谢安静的思考与探索。

谈及对诗歌前景的看法，他认为，自然的发展规律，总是曲直有间、起伏有度。要得出客观的结论和判断，关键是要看观察与度量的时间段放得有多长。太长或太短，都可能产生错觉，做出失实的判断。当前诗歌园地中出现了写诗追求怪异、无规无

矩、随心所欲、荒诞不经、不知所云等怪异现象，但从另一个角度看，这些现象的存在解构和翻耕了传统的带有计划性垄断特征的诗歌园地，这就为当下诗歌园地的自由种植和生长，提供了宽松自由的氛围。所以从长期来看，他对未来中国诗歌生态系统的看法是非常乐观的，许多热爱诗歌的作诗者、读诗者会打破诗歌的神秘性和专断性，遍地都将盛开诗歌的花朵，比如“余秀华现象”，就很好地印证了这一点。

不知不觉，山间日暮，访谈也至尾声。出农舍，闻溪水潺潺，回味姚先生所言所谈，只觉心中一片豁然开朗。姚轩鸽先生以国民福祉为基，以人间正道为本，以如椽之笔为犁，在追求优良财税治理体系之路上勤耕细作，终得财税伦理学之成果。大道至简、大道至诚，诚如斯言！

附录二　学术概览

1. 著作简表（1989~2017年6月）

序号	作 者	年 份	出版社	书　名
1	周信昌、李毅、姚轩鸽	1989年9月	中国广播电视出版社	《勇于自我尝试——惊人的创造功效》
2	姚轩鸽	1993年	陕西教育出版社	《教育艺术集粹》（副主编）
3	姚轩鸽	2001年	陕西人民出版社	《困惑与观照：伦理文化的现代解读》（30万字）
4	姚轩鸽	2004年	香港天马图书有限公司出版	《醉舟无岸》（诗集）
5	姚轩鸽	2006年1月	陕西人民出版社	《拒绝堕落：中国道德问题现场批判》（57万字）
6	姚轩鸽	2006年	作家出版社	《暗夜横渡》（诗集）
7	姚轩鸽	2007年	北京经贸大学出版社	《经济伦理学》（合著，承担7万字撰写任务）
8	姚轩鸽	2009年9月	西北大学出版社	《税道苍黄：中国税收治理系统误差现场报告》（上、中、下，106万字）
9	姚轩鸽	2015年10月	香港边缘出版社	《初心鹃红》（诗集）
10	姚轩鸽	2017年4月	西北大学出版社	《税道德观：税收文明的伦理省察与探寻》（上、中、下，107万字）

2. 论文简表（1989～2017年6月）

序号	作者	年份	期数/卷数	期刊名	文章名
1	姚轩鸽	1989	4	《思想教育》（陕西省教委）	当代大学生伦理价值观变化轨迹探讨
2	姚轩鸽	1990	9	《高教研究》（陕西工学院）	当代大学生伦理价值观变化轨迹及原因再探
3	姚轩鸽		6	《陕工院报》	关于当前大学德育工作的三点思考
4	姚轩鸽		3	《陕工院报》	大学生创造意识培养初论
5	姚轩鸽		2	《高教研究》（陕西工学院）	人文科学与理工大学生创造力的开发
6	姚轩鸽	1991	8	《青年研究》（中国社会科学院）	当代大学生伦理困惑探析
7	姚轩鸽		3	《汉中师范学院》（哲学社会科学）	马斯洛人本主义伦理思想初探
8	姚轩鸽		12	《青年研究》（中国社会科学院）	当代西方个人主义伦理思潮影响我国青年的原因简析
9	姚轩鸽	1992	1	《青年研究》（中国社会科学院）	关于青年研究起源及发展现状评价标准的思考——兼与邝海春同志商榷，
10	姚轩鸽		4	《中国医学伦理学》（西安）	关于安乐死道德评价问题的思考

续表

序号	作者	年份	期数/卷数	期刊名	文章名
11	姚轩鸽	1993	12	西安联合大学《纪念毛泽东诞辰一百周年论文集》	青年毛泽东为学之道思想研究
12	姚轩鸽	1996		《西安社科通讯》	试论我国经济体制改革完成的标志
13	姚轩鸽			《西安社科通讯》	邓小平伦理思想探本
14	姚轩鸽			《陕西青年工作》（西安）	高校德育负效现象成因及对策研究
15	姚轩鸽	1997	7	《基层税务研究》	当前税务公务员品德培养简论
16	姚轩鸽	1998	3	《唐都学刊》	韩愈伦理思想新探
17	姚轩鸽		4	《西京论苑》	试论新税制运行与企业伦理观念的转变
18	姚轩鸽	1999	1	《天府新论》（成都）	利己或利他——道德价值的权衡与选择
19	姚轩鸽		8	《基层税务研究》	纳税人权利初论
20	姚轩鸽		11	《基层税务研究》	西部大开发战略目标转移中税收面临的挑战与对策
21	姚轩鸽		2	《西京论苑》	承诺制简论
22	姚轩鸽		3	《唐都学刊》	史怀泽敬畏生命伦理思想探析
23	姚轩鸽	2000	1	《西安联合大学学报》（西安）	经济体制的起源类型及选择新论——兼论社会主义市场经济体制的抉择
24	姚轩鸽		8	《税务研究》（北京）	促进西部民营企业发展的税收政策建议
25	姚轩鸽		3	《西京论苑》	救助社会弱者的伦理依据初寻

续表

序号	作者	年份	期数/卷数	期刊名	文章名
26	姚轩鸽	2004	2	《西京论苑》	西部大开发中地方政府的理想目标与职能构想
27	姚轩鸽		3	《基层税务研究》	诚信纳税现状堪忧的根本成因分析
28	姚沉潜		7	《基层税务研究》	解读税收“十二字”方针的科学内涵
29	姚轩鸽		4	《经济观察》	行政中心外迁仍须思考的几个问题
30	姚轩鸽		10	《陕西税收与社会》	税收权力与税收权利辨析
31	姚轩鸽	2005	3	《西京论苑》	新科学发展观的价值意蕴探析
32	姚轩鸽		5	《陕西国税》	蛋糕论的尴尬与悖谬
33	姚绛		6	《陕西税收与社会》	从制度视角看税收学政策执行延滞现象
34	姚绛		7	《陕西税收与社会》	从行为视角看税收学政策执行延滞现象
35	姚轩鸽		4	《哈尔滨国税调研》	税收精细化征管理念的内涵与目标体系初探
36	姚轩鸽		8	《西部财会》	财政伦理新探
37	姚轩鸽	2006	4	《西京论苑》	西部资源优势为何难以变成发展优势

续表

序号	作者	年份	期数/卷数	期刊名	文章名
38	与吴然合作	2007	4	《商场现代化》（下）	企业管理中伦理的经济价值与道德重塑
39	姚轩鸽		8	《西京论苑》	活力社会的实现途经与出路
40	姚轩鸽		11	《玉溪师范学院学报》	公正理论的当代探索与突破：王海明《新伦理学》之公正观初探
41	姚轩鸽	2008	7	《玉溪师范学院学报》	税法评价问题初探
42	姚轩鸽	2009	3	《新西部》（学术版）	《征管法》评价标准探析
43	姚轩鸽		1	《玉溪师范学院学报》	中国皇权专制赋税制的基础、特征与危害（上）
44	姚轩鸽		2	《玉溪师范学院学报》	中国皇权专制赋税制的基础、特征与危害（下）
45	姚轩鸽		8	《陕西理工学院学报》	全球化视野中的伦理冲突与重建
46	姚轩鸽		6	《阴山师范学报》	税收伦理的基本问题
47	姚轩鸽		11	《河北社会科学论坛》	五四的功德与缺憾
48	与曾昭宁合作		12	《中国发展观察》	实施《关中—天水经济区发展规划》须直面的问题与对策
49	姚轩鸽			《陕西人民出版社》（《价值哲学发展论》）	科学和谐治税观的价值意蕴探寻

续表

序号	作者	年份	期数/卷数	期刊名	文章名
50	姚轩鸽	2009	6	《税收与经济》	西夏王朝捐税制探析
51	姚轩鸽		11	《玉溪师范学院学报》	税法遵从度影响要素系统分析与研究——当前中国税法遵从度状况评估与对策建议
52	姚轩鸽		11月24日	《中国税务报》	我国灾害救助税收政策60年流变
53	与曾昭宁合作		12	《西部大开发》	《规划》实施的问题与对策3000
54	姚轩鸽		2	《宁夏社会科学》	西夏王朝捐税制探析
55	姚轩鸽		2	《玉溪师范学院学报》	我国宪法的税收修改与完善研究
56	姚轩鸽		2	《现代财经》	税收目的浅论
57	姚轩鸽		3	《阴山学刊》	王安石财税变法流产根本原因探析
58	姚轩鸽		7	《河北社会科学论坛》	陕甘宁边区民主财税实践的启示与借鉴
59	姚轩鸽		6	《玉溪师范学院学报》	《俄罗斯联邦宪法》的税收解读
60	与李莹合作		5	《中国医学伦理学》	医德评价的内涵、根据与方法新探
61	姚轩鸽	2011	1	《税收与经济》	那些免税碑 那些衰朽的背影
62	姚轩鸽		1月	《陕西人民出版社》（《马克思主义探原——马克思〈1844年经济学哲学手稿〉研究文集》）	异化理论的基本要义初探——兼论异化视域的当代中国问题及其化解之道
63	姚轩鸽		5	《阴山学刊》	先秦赋税伦理思想的本质内涵及其批判
64	姚轩鸽		4	《西北人文科学评论》	制度结构及其优良制度的创新探析

续表

序号	作者	年份	期数/卷数	期刊名	文章名
65	姚轩鸽	2012	2	《阴山学刊》	纳税人新论
66	姚轩鸽		3	《经营管理者》（上）	元问题：企业伦理成立的三要素
67	姚轩鸽		4	《西政人文科学评论》	制度结构及其优良制度的创建探析——简论财税体制改革的人本价值期待
68	姚轩鸽		11月	《中国税官论税制改革》（中国工商出版社）	财税体制改革的动力与阻力
69	姚轩鸽	2013	1	《玉溪师范学院》	税制改革的中国问题与抉择
70	姚轩鸽		上	《财政经济评论》	宪政视野的税收治理问题探本
71	姚轩鸽		6	《宪政社会主义论丛》（西北大学出版社，华炳啸主编）	唤醒“税痛”或是启蒙的最佳切入点
72	姚轩鸽		4	《经济发展 社会公平与财税法治》	纳税人权利与义务结构及其关系辨析，《财税法学前沿问题研究》（法律出版社，2012年4月，刘剑文主编）
73	姚轩鸽		1	《西部学刊》	税制与幸福相关性研究
74	姚轩鸽		3	《东方财税法研究》	房产税“合法性”要义探微——兼论中国房产税合法性问题及其未来境遇

续表

序号	作者	年份	期数/卷数	期刊名	文章名
75	姚轩鸽	2013	8月1日	许春玲，周树之主编：《幸福社会价值论》（中国社科文献出版社）	税制与国民幸福相关性探析——国民幸福状况之税制视角评估及其优化途径
76	姚轩鸽		4	《阴山学刊》	税收公正与经济增长相关性分析研究——兼论中国税制改革必须直面的主要问题
77	姚轩鸽		13	《财税法论丛》（法律出版社）	“税收国家”类型新探
78	姚轩鸽		8	《河北社会科学论坛》	《预算法》优劣评价标准探本
79	姚轩鸽	2014年	2	《税收经济研究》	财权、事权的内涵及其关系探微——兼论当下财税改革的主要目标
80	姚轩鸽		3	《道德与文明》	论财税体制与国民尊严的关系及其启示
81	姚轩鸽	2015年	5月6日	《中国税务报》	税收的新常态是什么
82	姚轩鸽		3	《西部学刊》	论税制的道德价值基础
83	姚轩鸽		4	《西部学刊》	论税制与经济自由相关性及其现实启示
84	姚轩鸽		7	《西安税务研究》	税收法治的基本特征与要求略论

续表

序号	作者	年份	期数/卷数	期刊名	文章名
85	姚轩鸽	2015年	9	《西安税务研究》	税收风险与现代化相关性分析
86	姚轩鸽		9	《西部学刊》	财税法核心价值初探
87	姚轩鸽（合作）		6	《税务研究》	促进丝绸之路经济带建设的税收措施——以西安为例
88	姚轩鸽	2016	2	《陕西社会科学》	制度视野的收入分配与财税法治相关性研究——兼论收入分配存在问题及原因
89	姚轩鸽		5月10日	《深圳特区报》	税制改革需谨防 四大误区
90	姚轩鸽		2	《财政科学》	公共产品基本理论新探——兼析当下中国公共产品供求面临的问题
91	姚轩鸽		11	《财政监督》	中国财税改革现状评估及未来抉择——基于伦理视域的检视与分析
92			11	《西部学刊》	税法教育内容与方法初探——兼论当前面临的主要问题及其对策
93	姚轩鸽		2月3日	《中国税务报/理论探索》	供给侧改革背景下财税改革的新使命
94	姚轩鸽		11	《西安税务研究》	大数据对纳税人权利生态系统影响机理探析
95			11	《全国税收理论研讨文集》（2015）（中国税务出版社）	“税收法治现代化”要义初探——兼论中国税收法治现代化面临的挑战与使命

续表

序号	作者	年份	期数/卷数	期刊名	文章名
96	姚轩鸽	2017	2	《西部学刊》	《征管法》的伦理省察及其修订建议
97	姚轩鸽		7	《互联网金融法律评论》	大数据对纳税人权利生态系统影响机理探析——兼论中国纳税人权利保护面临的挑战欲对策
98	姚轩鸽		5	《东方财税法研究》（法律出版社）	伦理视域的地方税制创新构想——兼论地方税制改革面临的主要问题及其未来使命
99	姚轩鸽		1	《西安税务研究》	大数据对中国纳税人权利保护提出的挑战与对策
100	姚轩鸽		4	《西安税务研究》	深化国地税征管体制合作改革的背景与挑战（上）
101	姚轩鸽		5	《西安税务研究》	深化国地税征管体制合作改革的背景与挑战（下）

3. 随笔、时评简表

序号	作者	年份	期数/卷数/日期	期刊名	文章名
1	姚轩鸽	1991	4	内蒙古出版社《磁性与魅力》	驾御“0”的艺术 荡进心的湖泊
1	姚轩鸽	2001	24	《经济学消息报》（成都）	户籍制度改革应提速——兼与郑品石先生商榷

续表

序号	作者	年份	期数/卷数/日期	期刊名	文章名
2	姚轩鸽	2002	9	《经济学消息报》	当前减税争论的分歧在哪里
3	姚轩鸽		10	《党风与廉正》	以德治国：呼唤科学的运行机制
4	姚轩鸽			《教育艺术》（北京）	守望“灿烂的日子”
5	姚轩鸽			《教育艺术》（北京）	谁为青海湖祈祷
6	姚轩鸽	2003	3	《税收与社会》	新一轮税制改革必须谨防三个理论误区
7	姚轩鸽		10	《税收与社会》	韩国税务廉政建设一瞥
8	姚轩鸽		12	《税收与社会》	让·雅克·卢梭的税缘
9	姚轩鸽		5月20日	《西安商报》	伟大：离我们并不遥远——由长安县三位农民自愿隔离想到的
10	姚轩鸽		5月19日	《西安商报》	隔离：考验社会的文明程度
11	姚轩鸽		5月21日	《西安商报》	“抗非”千万不可麻痹大意
12	姚轩鸽		5月21日	《西安商报》	附加费何时走出误区
13	姚轩鸽		5月22日	《西安商报》	谁来捍卫生命的尊严
14	姚轩鸽		5月22日	《西安商报》	卸磨杀驴别议
15	姚轩鸽		5月22日	《西安商报》	理性的抉择 负责任的决策
16	姚轩鸽		5月26日	《西安商报》	廉租住房：好事如何办实
17	姚轩鸽		5月27日	《西安商报》	知识的悲哀
18	姚轩鸽		5月28日	《西安商报》	人事制度改革路子能否再大一点
19	姚轩鸽		5月27日	《西安商报》	跟谁的感觉走
20	姚轩鸽		5月28日	《西安商报》	重新划分产业范围的意义
21	姚轩鸽		5月30日	《西安商报》	从围观跳楼看到的悲哀

续表

序号	作者	年份	期数/卷数/日期	期刊名	文章名
22	姚轩鸽		5月30日	《西安商报》	雷锋精神，市场经济的灯塔
23	姚轩鸽		6月2日	《西安商报》	向“献身”非典疫苗的猴子致敬
24	姚轩鸽		6月3日	《西安商报》	廉租住房：担忧不多余
25	姚轩鸽		6月3日	《西安商报》	潜力·活力·实力——西安入选全球最具潜力新兴城市引发的思考
26	姚轩鸽		11月7日	《西安商报》	行政中心外迁须慎行
27	姚轩鸽		9	《税收与社会》	为己利他与无私利他
28	姚轩鸽		10	《延河》	谁的背影（外二首）
29	姚轩鸽		3	《税收与社会》	民营企业直面三大道德暗疾
30	姚轩鸽		6	《基础税务研究》	税收宣传环境要素分析与实践启示
31	姚轩鸽		10	《基础税务研究》	税务行政执法中的伦理内涵
32	姚轩鸽		12月26日	《中国经济时报》	新一轮税制改革须防三个理论误区
33	姚轩鸽		1	《陕西税收与社会》	民营企业做强必须直面三大道德暗疾
34	姚轩鸽		4	《陕西税收与社会》	无奈的终极呼吁——曹钦白先生《享受税收》读后
35	姚轩鸽	2004	5	《陕西税收与社会》	有感于征税中的人情之累
36	姚轩鸽		5	《陕西税收与社会》	石碑上的税魂
37	姚轩鸽		6	《陕西税收与社会》	关注民生是税收的第一要务

续表

序号	作者	年份	期数/卷数/日期	期刊名	文章名
38	姚轩鸽	2004	6	《陕西税收与社会》	专业化园区建设面临的主要问题与对策
39	姚轩鸽		8	《陕西税收与社会》	暗夜里的电闪雷鸣——怀念税官伦理学家爱尔维修
40	姚轩鸽		9	《陕西税收与社会》	直面系统误差：中国税制改革任重道远
41	姚轩鸽	2005	1	《当代陕西》	富豪榜折射中国贫富鸿沟
42	陈直言		1	《陕西国税》	中国税制结构性创新面临的理论障碍与因应对策
43	与曾昭宁教授		2	《中国改革》	财富榜该降温了
44	姚轩鸽		8 月 25 日	《阳光报》	离婚上岗是个人道德问题吗
45	姚轩鸽		8 月 29 日	《阳光报》	限小争论的背后
46	姚轩鸽		9 月 1 日	《阳光报》	收费公示怎敌学校与家长合谋
47	姚轩鸽		9 月 6 日	《阳光报》	勿用循环教材遮蔽更重要的问题
48	姚轩鸽		9 月 20 日	《阳光报》	富人凭什么歧视穷人
49	姚轩鸽		9 月 13 日	《阳光报》	个税起征点“一刀切”何错之有
50	姚轩鸽		9 月 28 日	《阳光报》	谁是出租车行业的最大获利者
51	姚轩鸽		9 月 28 日	《阳光报》	王斌余案究竟在拷问谁
52	姚轩鸽		11	《中国税务》	理性应对税负痛苦指数
53	姚轩鸽		10	《新西部》	税负痛苦指数另眼看
54	姚轩鸽		10	《陕西税收与社会》	理性应对税负痛苦指数居高
55	蓝默		10	《陕西税收与社会》	叩问本质的税法学家

续表

序号	作者	年份	期数/卷数/日期	期刊名	文章名
56	蓝默	2006	1	《新西部》	西部的“税痛”与梦想
57	姚轩鸽		1	《中国税务·陕西国税》	第13号提案：美国税收史上的丰碑
58	姚轩鸽		3	《中国税务·陕西国税》	西部资源优势为何难成发展优势
59	蓝默		4	《中国税务·陕西国税》	面对SA8000：我们还有选择吗
60	姚轩鸽		5	《陕西税收与社会》	税收之于伦理
61	姚轩鸽		6	《中国税务·陕西国税》	茫茫税事，悠悠税心——读《税收百年史话》有感
62	若隐		7	《中国税务·陕西国税》	取消遗产税：香港不应为小利而忘大义
63	蓝默		7	《中国税务·陕西国税》	取消农业税：叫好之后更沉重
64	若隐		8	《中国税务·陕西国税》	新河试验：税收的欣慰与期待
65	姚轩鸽		8	《陕西税收与社会》	梭罗为何拒绝纳税
66	蓝默		10	《中国税务·陕西国税》	税收优惠是把“双刃剑”
67	蓝默	2007	8	《海峡通讯》	梦想与期待——“活力社会”的实现途径与策略
68	姚轩鸽		5	《中国发展观察》	权利视野中的共建共享
69	若隐		1	《中国税务·陕西国税》	撩开虚拟经济的面纱

续表

序号	作者	年份	期数/卷数/日期	期刊名	文章名
70	姚轩鸽		2	《中国税务·陕西国税》	血溅末世皇权的武举人——晚清扶风武举张化龙抗捐遇害百年祭
71	黑姆		6	《中国税务·陕西国税》	永定土楼前的税收遐想
72	蓝默		9	《中国税务·陕西国税》	无耻的蒙面掠夺——伪满洲时期日本在东北的税收侵略
73	姚轩鸽		26	《改革内参》	税务主管部门辩解的背后
74	蓝默		27	《改革内参》	究竟需要怎样的公共财政实验
75	蓝默		33	《改革内参》	陕甘宁边区民主财税实践回望
76	黑盾	2008	1	《中国税务·陕西国税》	坚决反对国民党独裁统治，积极推进民主财税实践——陕甘宁边区民主财税实践之一
77	黑盾	2008	2	《中国税务·陕西国税》	保障人民基本权利——陕甘宁边区民主财税实践之二
78	黑盾	2008	3	《中国税务·陕西国税》	敬畏法治原则，捍卫民主财税精神——陕甘宁边区民主财税实践之三，
79	黑盾	2008	4	《中国税务·陕西国税》	重视监督机制建设，保障民主财税实践——陕甘宁边区民主财税实践之四
80	黑盾	2008	5	《中国税务·陕西国税》	坚决奖廉惩腐，确保“用税”效率——陕甘宁边区民主财税实践之五
81	黑盾	2008	6	《中国税务·陕西国税》	重视利益表达机制建设，确保民众真实财税意愿传递——陕甘宁边区民主财税实践之六

续表

序号	作者	年份	期数/卷数/日期	期刊名	文章名
82	黑盾	2008	7	《中国税务·陕西国税》	租税负担高低是问题但不是根本问题——陕甘宁边区民主财税实践之七
83	黑盾		8	《中国税务·陕西国税》	弘扬人道主义精神，追求财税理想境界——陕甘宁边区民主财税实践之八
84	黑盾		9	《中国税务·陕西国税》	坚持公正租税原则，把握财税治理核心——陕甘宁边区民主财税实践之九
85	黑盾		10	《中国税务·陕西国税》	宪政思想光辉普照，财税基本秩序井然——陕甘宁边区民主财税实践之十
86	黑盾		11	《中国税务·陕西国税》	倡导奉行自由财税观，反对独裁专制财税观——陕甘宁边区民主财税实践之十一
87	黑盾		12	《中国税务·陕西国税》	大道铸税魂，功利泽千秋——陕甘宁边区民主财税实践之十二
88	姚轩鸽		8	《陕西国税》诗歌	孩子啊孩子
89	姚轩鸽		2	《人像摄影》影评	存在的命运与震撼——《凉山彝家》摄影作品精神意蕴解读
90	蓝默		40	《改革内参》	税改三十年得失重估
91	蓝默			《改革内参》	上海惠南镇民主财政改革
92	蓝默			《改革内参》	税务机关辩解的背后
93	姚轩鸽		8月22日	《文汇读书周报》	道德星空的冒险与求索

续表

序号	作者	年份	期数/卷数/日期	期刊名	文章名
94	黑盾	2009	2	《陕西国税》	伊朗“白色革命”夭折的税收启示
95	姚轩鸽		4	《陕西国税》	存在与超越——关于科学和谐治税观精神意蕴的思考
96	姚轩鸽		5	《陕西国税》	现代税收治理的印度经验与启示
97	黑盾		1	《税收特供内参》	税改三十年的变与不变
98	姚轩鸽			《广东地方税务》	风追陕甘 月上柳梢——写在《关中—天水经济区发展规划》发表之际
99	姚轩鸽		8月20日	《宁夏日报》	当执法风险成为热点话题
100	姚轩鸽		9月10日	《宁夏日报》	“偷”还是“逃”,
101	姚轩鸽		9月3日	《宁夏日报》	谨防税负轻重之争的“陷阱”
102	姚轩鸽		10	《陕西国税》	六十年来中国灾害税收政策流变
103	姚轩鸽		12月17日	《宁夏日报》	不能漠视『少数人』的权益
104	姚轩鸽	2010	1月21日	《宁夏日报》	“赶考”：将从“钱袋子”开始
105	姚轩鸽		2月25日	《宁夏日报》	最重要的是协助政府将质改变
106	姚轩鸽		2	《中国发展观察》	“赶考”：将从“钱袋子”开始
107	姚轩鸽		3	《中国税务·陕西国税》	先秦赋税伦理思想史探析（上）
108	姚轩鸽		4	《中国税务·陕西国税》	先秦赋税伦理思想史探析（下）
109	姚轩鸽		7	《中国税务·陕西国税》	税收宣传整体效能亟待提升

续表

序号	作者	年份	期数/卷数/日期	期刊名	文章名
110	姚轩鸽	2010	10	《中国税务·陕西国税》	人道精神的当代检索与扫描——读李胜良《大任斯人：中国财税史人物评传》
111	姚轩鸽		11	《中国税务·陕西国税》	十二五：我的一抹税梦
112	姚轩鸽		3月11日	《宁夏日报》	财税问题屡成“两会”热点的启示
113	姚轩鸽		3月18日	《宁夏日报》	土地财政屡被诟病的背后
114	姚轩鸽		4月15日	《宁夏日报》	“社保税”能否实现“社保”
115	姚轩鸽		14	《改革内参》	“社保税”恐难实现“社保”
116	姚轩鸽		5月20日	《宁夏日报》	税改借鉴莫戴“有色眼镜”
117	姚轩鸽		6月25日	《中国税务报》	古诗里的赋税之“痛”
118	姚轩鸽		6	《福建税务》(转载)	古诗里的赋税之“痛”
119	姚轩鸽		6月10日	《宁夏日报》	税收不能包医社会百病
120	姚轩鸽		6月25日	《宁夏日报》	财税难辞“贫富差距悬殊”之咎
121	姚轩鸽		8月12日	《宁夏日报》	税务文化的纠结与宿命
122	姚轩鸽		9月9日	《宁夏日报》	衰朽的背影
123	姚轩鸽		3月15日	《中国联合商报》(转载)	财税问题屡成“两会”热点的启示
124	姚轩鸽	2011	1	《海西税务》	税制分合不是关键问题
125	姚轩鸽		2	《海西税务》	“税收”与“税支”的关系
126	姚轩鸽		3	《海西税务》	“馒头税”让谁最尴尬
127	姚轩鸽		4	《海西税务》	同税同权：为何“理直气不壮”

续表

序号	作者	年份	期数/卷数/日期	期刊名	文章名
128	姚轩鸽	2011	5	《海西税务》	谨防税法宣传成为以“理”敛财的工具
129	姚轩鸽		6	《海西税务》	税收不是万能的
130	姚轩鸽		7	《海西税务》	征税要讲真理
131	姚轩鸽		8	《海西税务》	纳税人失望之忧
132	姚轩鸽		9	《海西税务》	纳税者不等于纳税人
133	姚轩鸽		10	《海西税务》	“税负”与“税痛”的背后
134	姚轩鸽		11	《海西税务》	拜登的税课
135	姚轩鸽		12	《海西税务》	未经同意，良税何以可期
136	姚轩鸽		3月3日	《宁夏日报》	纳税服务还是纳税人服务
137	姚轩鸽		2	《南风窗》（下）	预算法修订的伦理期待
138	黑盾		3	《中国税务·陕西国税》	谦卑执法：防范执法风险的首选武器
139	姚轩鸽		4月14日	《宁夏日报》	税收的“取用”之道
140	姚轩鸽		5	《南风窗》（下）	减税不是税改的全部（下）
141	姚轩鸽		6	《当代社科视野》转载	减税不是税改的全部
142	姚轩鸽		5	《新华月报》（下）转载	减税不是税改的全部
143	姚轩鸽		9月3日	《华商报》	公众为何高频围观“税事”
144	姚轩鸽		9月24日	《华商报》	彻底告别税负纠结亟待优化
145	姚轩鸽		9月24日	《华商报》	制度要优化 道德要优化
146	姚轩鸽		4	《中国税务·陕西国税》	那些免税碑，那些衰朽的背影
147	姚轩鸽		10	《中国税务·陕西国税》	税眼入世路漫漫
148	姚轩鸽		10	《中国税务·陕西国税》	像医生一样对待税收问题
149	姚轩鸽		10	《中国税务·陕西国税》	警示与启示——百年中国税收史回眸

续表

序号	作者	年份	期数/卷数/日期	期刊名	文章名
150	姚轩鸽	2012	1月16日	《宁夏日报》	文化何以兴税
151	姚轩鸽		3月10日	《华商报》	财税改革或是突破点
152	姚轩鸽		4月20日	《法治陕西》	税改迷途
153	姚轩鸽		2月11日	《华商报》	“税痛”的启蒙意义
154	姚轩鸽		4月10日	《深圳特区报》	增加直接税培养纳税人权利意识
155	姚轩鸽		4月17日	《深圳特区报》	财税改革无不是为了消减“税”
156	姚轩鸽		5月8日	《深圳特区报》	立宪视角下的财税权力
157	姚轩鸽		5月22日	《深圳特区报》	从戈黛娃夫人裸骑求免税说起
158	姚轩鸽		5月22日	《深圳特区报》	财税立宪的俄罗斯经验
159	姚轩鸽		7月3日	《深圳特区报》	计较二十先令的税款值不值
160	姚轩鸽		7月17日	《深圳特区报》	以权利还是力制约权力
161	姚轩鸽		7月31日	《深圳特区报》	从遏制和反对 财税特权开始
162	姚轩鸽		8月14日	《深圳特区报》	伊朗“白色革命”的税收警示
163	姚轩鸽		8月28日	《深圳特区报》	不断扩大税权的民意基础
164	姚轩鸽		10月24日	《深圳特区报》	《预算法》修改应注重遏制财税特权
165	姚轩鸽		11月6日	《深圳特区报》	《预算法》修改要关注三大核心领域
166	姚轩鸽		11月27日	《深圳特区报》	《预算法》修改应强化问责价值导向
167	姚轩鸽		12月11日	《深圳特区报》	政府过“紧日子”的陕甘宁边区经验
168	姚轩鸽		4月5日	《中国报道》(转载)	税启蒙的使命与担当

续表

序号	作者	年份	期数/卷数/日期	期刊名	文章名
169	姚轩鸽	2012	4	《海西税务》	做一份有追求的内刊不容易
170	姚轩鸽		5	《豫商》	中国人的税痛在哪里
171	姚轩鸽		6月16日	《华商报》	财税不公是“中等收入陷阱”的命门
172	姚轩鸽		7月28日	《华商报》	预算法修订呼唤人本精神
173	姚轩鸽		8月11日	《华商报》	开征房产税的底气在哪里
174	姚轩鸽		8月29日	《华商报》	向农民工征收个税合法不合德
175	姚轩鸽		8月25日	《华商报》	房产税会不会带来“强征”的风险
176	姚轩鸽		9月15日	《华商报》	儒家与宪政：风马牛岂能相及
177	姚轩鸽		10月20日	《华商报》	限制特权是《预算法》修改的根本诉求
178	姚轩鸽		11月25日	《华商报》	关注和反思纳税人的权利问题
179	姚轩鸽		10月27日	《华商报》	中国经济经不起“预征”这副“泻药”
180	姚轩鸽		11月29日	《华商报》	开征房产税的尴尬与无奈
181	姚轩鸽		8月3日	《各界导报》	《预算法》修订的三个最低诉求
182	姚轩鸽		9	《广东地税》	愧对《万邦》
183	姚轩鸽		9	《南风窗》	税改的方向
184	姚轩鸽		9月8日	《上海商报》	理性评估“6000万人告别个税”
185	姚轩鸽		26	《南风窗》	政府“财困”与国民“税痛”
186	姚轩鸽		43	《改革内参》	财税超收与超支的总根源

续表

序号	作者	年份	期数/卷数/日期	期刊名	文章名
187	姚轩鸽	2013	1	《陕西国税》	财税改革要高举宪法旗帜
188	姚轩鸽		1月8日	《深圳特区报》	优化财税权是最重要的公共产品供给
189	姚轩鸽		7	《陕西国税》	中国梦：从修好《预算法》开始
190	姚轩鸽		1月29日	《深圳特区报》	开征房产税的时机与原则
191	姚轩鸽		3月1日	《深圳特区报》	布坎南的大智慧与大情怀
192	姚轩鸽		3月26日	《深圳特区报》	法治是优良税制的内在要求
193	姚轩鸽		5月2日	《深圳特区报》	孙武为何以税负论兴衰
194	姚轩鸽		10月22日	《深圳特区报》	不懂税收也就参不透历史
195	姚轩鸽		11月5日	《深圳特区报》	罗塞塔石碑的税收警示
196	姚轩鸽		11月26日	《深圳特区报》	晋灵公重税招祸别议
197	姚轩鸽		12月31日	《深圳特区报》	兑现稳定税负的承诺
198	姚轩鸽		12月10日	《深圳特区报》	“合意性”是财税改革的最高目标
199	姚轩鸽		8月20日	《深圳特区报》	王安石变法为何失败
200	姚轩鸽		2	《南风窗》	新一轮财税改革的根本之路
201	姚轩鸽		7月29日	《学习时报》转载	新一轮财税改革的根本之路
202	姚轩鸽		4	《海西税务》	关注民生是税收的第一要务
203	姚轩鸽		2	《南风窗》	财税改革要高举宪法旗帜
204	姚轩鸽		2	《南风窗》	减税崇拜何时了
205	姚轩鸽		1	《长安税苑》	人眼看税情更怯——读李胜良《税道长安》
206	姚轩鸽		1月5日	《华商报》	减税的逻辑

续表

序号	作者	年份	期数/卷数/日期	期刊名	文章名
207	姚轩鸽	2013	3 月 20 日	《华商报》	不为冷漠辩护，更不能为恶制卸责——兼与秋风先生商榷
208	姚轩鸽		4 月 13 日	《华商报》	用增税弥补养老金缺口是个“馊主意”
209	姚轩鸽		4 月 15 日	《华商报》	“营改增”后怎么办
210	姚轩鸽		9 月 9 日	《华商报》	个税纳税人仅占比约 1.7% 意味着什么
211	姚轩鸽		10 月 19 日	《华商报》	那条税收“传言”的是与非
212	姚轩鸽		11 月 6 日	《华商报》	财税改革的渴求与期许
213	姚轩鸽		3	《今参考》	开征房产税的时机与原则
214	姚轩鸽		1	《法治陕西》	先把财税权关进笼子吧
215	姚轩鸽		4	《税收与民生》	财税改革要高举宪法旗帜
216	姚轩鸽		14	《中国财政》	中国梦：从修好《预算法》开始
217	姚轩鸽		5	《税收与民生》	税法宣传的伦理期待
218	姚轩鸽		8	《财税研究》（转载）	朱元璋的以民为“资本”赋税观
219	姚轩鸽		5	《税收与民生》	十二五：我的一抹税梦
220	姚轩鸽		10	《税收与民生》	美国南北战争原是因“税”而起
221	姚轩鸽		5	《长安税苑》	孙武为何以税负论兴衰
222	姚轩鸽		11	《中国改革》	中国税改期待“四级跳”
223	姚轩鸽		12 月 25 日	《党政论坛》（转载）	税改期待“四级跳”

续表

序号	作者	年份	期数/卷数/日期	期刊名	文章名
224	姚轩鸽	2014	1	《中国经济报告》	税收风险的预警和防治
225	姚轩鸽		1	《陕西国税》	转型社会的财税矛盾及其化解之道（上）
226	姚轩鸽		2	《陕西国税》	转型社会的财税矛盾及其化解之道（下）
227	姚轩鸽		10	《陕西国税》	财税改革如何“着眼长远机制的系统性重构”
228	姚轩鸽		1月14日	《深圳特区报》	以税的名义拒绝的摄影展
229	姚轩鸽		4	《中欧经济评论》	税制与国运兴衰
230	姚轩鸽		2月13日	《华商报》	预算管理，效果如何不打折扣
231	姚轩鸽		2月25日	《深圳特区报》	赵匡胤《誓碑》之当代误读
232	姚轩鸽		3月11日	《深圳特区报》	加强“否决”类公共产品的供给
233	姚轩鸽		4月1日	《深圳特区报》	“一只湿手”的税收故事
234	姚轩鸽		5月20日	《深圳特区报》	预算法修改与准自愿服从原则
235	姚轩鸽		6月3日	《深圳特区报》	经济发展还是要多用市场之手
236	姚轩鸽		6月24日	《深圳特区报》	“用好税”是新一轮财税改革的重点
237	姚轩鸽		7月15日	《深圳特区报》	冗员是税制的毒瘤
238	姚轩鸽		7月29日	《深圳特区报》	财税体制改革既要“谋全局”也要“谋万世”
239	姚轩鸽		5	《陕西国税》	“十不准”或有助涵养大税源
240	姚轩鸽		6	《陕西国税》	回望分税制改革的历史背景
241	姚轩鸽		6	《陕西国税》	分税制历史背景回望
242	姚轩鸽		6	《陕西国税》	“稳定税负”提出的挑战与对策

续表

序号	作者	年份	期数/卷数/日期	期刊名	文章名
243	姚轩鸽	2014	7	《陕西国税》	石碑上的税魂
244	姚轩鸽		10	《陕西国税》	中国税收法治现代化的未来使命
245	姚轩鸽		3	《长安税苑》	个税改革究竟难在哪里
246	姚轩鸽		4	《税收与民生》	稳定税负提出的挑战与对策
247	姚轩鸽		3	《唐都学刊》	用诚信财税体制呵护企业家尊严
248	姚轩鸽		5月17日	《华商报》	预算法优劣决定国民税法遵从度
249	姚轩鸽		15	《税收热点》（转载）	税制与国运兴衰
250	姚轩鸽		5	《税收与民生》（转载）	税收在国运兴衰中的权重
251	姚轩鸽		6	《中国经济报告》	分税制改革：反思及抉择
252	姚轩鸽			入选2014年度中国经济文论	分税制改革：反思及抉择
253	姚轩鸽		8	《炎黄春秋》	建设“税收国家”的中国困境与抉择
254	姚轩鸽	2015	1	《陕西国税》	
255	姚轩鸽		6	《陕西国税》建设“税收国家”的中国困境与抉择	狡黠的价值提醒与告诫
256	姚轩鸽		1月5日	《华商报》	看紧政府钱袋子公权才不敢任性

续表

序号	作者	年份	期数/卷数/日期	期刊名	文章名
257	姚轩鸽	2015	2月9日	《财会信报》	《征管法》修订应避免唯“财”是图
258	姚轩鸽		1	《大连国税》	公共产品的帕累托最优渴望
259	姚轩鸽		2	《大连国税》	羊年的财税期许
260	姚轩鸽		3	《大连国税》	庇古和他的“庇古税”
261	姚轩鸽		4	《大连国税》	拉瓦锡因“税”上断头台的历史教训
262	姚轩鸽		5	《大连国税》	用文明税收助推企业走出去
263	姚轩鸽		6	《大连国税》	《乡约》的税收解读
264	姚轩鸽		7	《大连国税》	中国参与国际税收竞争要上好三炷香
265	姚轩鸽		8	《大连国税》	环保税立法应内外并重
266	姚轩鸽		9	《大连国税》	梦想的税收法治
267	姚轩鸽		10	《大连国税》	财税体制创新要“改革”与“开放”并举
268	姚轩鸽		11	《大连国税》	马克思为何赞同直接税
269	姚轩鸽		12	《大连国税》	财税改革应有核心价值追求
270	姚轩鸽		5	《民主与法制》	纳税人意识的传播与财税改革
271	姚轩鸽		2	《广东地税》	财税法治任重道远
272	姚轩鸽		4月28日	《深圳特区报》	“法定”是税收法治的基本要求
273	姚轩鸽		5月12日	《深圳特区报》	张居正的捐税焦虑
274	姚轩鸽		7月7日	《深圳特区报》	环保税立法当增进全社会福祉总量
275	姚轩鸽		8月4日	《深圳特区报》	《环保税法》立法须突破执法双主体局限

续表

序号	作者	年份	期数/卷数/日期	期刊名	文章名
276	姚轩鸽	2015	9月8日	《深圳特区报》	支持企业“走出去”亟待税收政策给力
277	姚轩鸽		9月22日	《深圳特区报》	纳税者准自愿服从有赖于规范与激励
278	姚轩鸽		10月28日	《深圳特区报》	正确认识征纳税人关系是税改的思想前提
279	姚轩鸽		4	《广东地税》	狡黠的提醒与告诫
280	姚轩鸽		4	《广东地税》	环保税立法或难承担“环保”之重
281	姚轩鸽		7月8日	《财会信报》	《环境保护税》立法应内外并重
282	姚轩鸽		6	《广东地税》	李炜光：财税的文明关怀与求索
283	姚轩鸽		8月10日	《财会信报》	《环保税》立法标准不能随意降低
284	姚轩鸽		8月10日	《凯迪评论》	成品油增税有权就是任性
285	姚轩鸽		8月10日	《凯迪评论》	税收“鹅叫论”到底荒谬在哪里
286	姚轩鸽		23	《改革内参》	谨防房地产税全面开征的系统性风险
287	姚轩鸽		8	《广东地税》	给玛格丽特利瓦伊的信
288	姚轩鸽		3	《新丝路》	“走出去”企业亟待税收政策给力
289	姚轩鸽		9	《华尔街金融》	股灾：救还是不救的道德纠结

续表

序号	作者	年份	期数/卷数/日期	期刊名	文章名
290	姚轩鸽	2016	1月12日	《深圳特区报》	“互联网＋税务”必须再“＋纳税人权利”
291	姚轩鸽		3月1日	《深圳特区报》	供给侧改革需紧扣预算公开透明
292	姚轩鸽		3月15日	《深圳特区报》	把税权装进制度的笼子
293	姚轩鸽		5月10日	《深圳特区报》	税制改革需谨防 四大误区
294	姚轩鸽		5月24日	《深圳特区报》	消减“税痛”应是供给侧改革的核心目标
295	姚轩鸽		6月7日	《深圳特区报》	国地税征管体制改革要啃硬骨头
296	姚轩鸽		7月26日	《深圳特区报》	后营改增时代必须直面三忧
297	姚轩鸽		9月20日	《深圳特区报》	用财税改革助推“双创”
298	姚轩鸽		7月9日	《改革内参》（转载）	理顺征纳税人关系是税改前提
299	姚轩鸽		11月9日	《深圳特区报》	以财税改革 消减总体性贫困
300	姚轩鸽		1月14日	《学习时报》	探索国家治理现代化的新路径——国家治理国际学术研讨会综述
301	姚轩鸽		9月1日	《学习时报》	绿色税收促进可持续发展
302	姚轩鸽		2、3	《新理财》	财税改革重在三种共识
303	姚轩鸽		4	《新理财》	消减“税痛”的应有之义
304	姚轩鸽		5	《新理财》	财税改革的“纲”
305	姚轩鸽		8	《新理财》	财税改革拒绝伪结构性
306	姚轩鸽		10	《新理财》	国地税征管体制改革误区

续表

序号	作者	年份	期数/卷数/日期	期刊名	文章名
307	姚轩鸽		1	《广东地税》	地方税制改革的未来使命
308	姚轩鸽		13	《纳税服务研究》	那些值得斟酌的税收口号
309	姚轩鸽		7	《艺术品鉴》	谛听存在者的大音——周起翔艺术作品精神意蕴探寻
310	姚轩鸽		6	《西安税苑》	拉费曲线的局限性
311	姚轩鸽		3月8日	《腾讯·思享会》	免征额≠起征点 个税改革要敬畏常识
312	姚轩鸽		3月13日	《腾讯·思享会》	对政府税外“开源”的猜想
313	姚轩鸽		3月14日	《腾讯·思享会》	政府“节流”的可能性与极限
314	姚轩鸽		4月16日	《腾讯·思享会》	姚轩鸽：中国纳税人处于植物人状态
315	姚轩鸽		6月3日	《腾讯·思享会》	你“税痛”吗？刨刨中国“税痛”的老根
316	姚轩鸽		7月7日	《腾讯·思享会》	财税才是·工匠精神·的最硬后台
317	姚轩鸽		8月8日	《腾讯·思享会》	关心税收制度就是关心你的尊严
318	姚轩鸽		12月18日	《腾讯·思享会》	姚轩鸽：“税收大数据”会伤害纳税者的利益吗？
319	姚轩鸽		7月26日	《凯迪微信》	也许你没有买房，但房产税已等在路上
320	黑盾			徐淳刚公众号	摄影的原色与本相——读徐淳刚《X'an》
321	姚轩鸽		8	《高大陆》	用分税制改革助推“精准扶贫”

续表

序号	作者	年份	期数/卷数/日期	期刊名	文章名
322	姚轩鸽	2017	1	《新理财》	财税问题为何成为社会矛盾的焦点
323	姚轩鸽		2月28日	《深圳特区报》	亟待理清非税收入这笔账
324	姚轩鸽		3月27日	《深圳特区报》	财权监督与国运兴衰
325	姚轩鸽		4月11日	《深圳特区报》	柳宗元的济世良知
326	姚轩鸽		4月25日	《深圳特区报》	谨防税收宣传的塔西佗陷阱
327	姚轩鸽		3	《同舟共济》	财税改革前路何方
328	姚轩鸽		1	《长安税苑》	国地税征管体制改革“合作”难在哪里
329	姚轩鸽		1	《海南国税》	供给侧改革的使命
330	姚轩鸽		1	《河南国税》	从伦理看“税率”
331	姚轩鸽		2	《河南国税》	税制的伦理观照
332	姚轩鸽		3	《河南国税》	德眼看税种
333	姚轩鸽		4	《河南国税》	税收“三性”的伦理省察
334	姚轩鸽		5	《河南国税》	德眼省察税收法治
335	姚轩鸽		6	《河南国税》	特朗普“减税计划”的伦理分析

附录三 社会活动

媒体访谈与报道情况简表
（2009～2016年12月）

序号	采访时间	采访媒体	访谈报道标题
1	2003年5月17日	《西安商报》	SARS唤醒终极道德标准——专访陕西省伦理研究会副会长姚轩鸽
2	2003年5月23日	《西安商报》	《走向共和》广受关注的背后——专访西北大学历史教授刘文瑞先生
3	2003年5月27日	《西安商报》	毁灭自然就是毁灭自己——李汉荣、姚轩鸽谈话录访谈
4	2003年6月3日	《西安商报》	四专家本报座谈“经济复兴”
5	2003年9月3日	《西安商报》	直面民企3大道德暗疾——访北京大学当代企业文化研究所姚轩鸽研究员
6	2005（1）	《陕西税收与社会》	贫富悬殊：税收应该有所担当——经济学教授曾昭宁先生访谈
7	2005年6月23日	《中国经济时报》	21世纪是和平·福利的租税国家社会——北野弘久先生访谈
8	2005（11）	《陕西税收与社会》	何处是坦途：追寻所得税改革的走向——访北京大学财税法研究中心主任刘剑文教授

续表

序号	采访时间	采访媒体	访谈报道标题
9	2006（1）	《陕西税收与社会》	税制转型呼唤建立纳税人利益表达机制——北京大学法学院翟继光博士
10	2006（3）	《陕西税收与社会》	税收数据深度利用这个问题——访中国人民大学谭荣华教授
11	2006（6）	《陕西税收与社会》	“十一五”期间西部大开发将面临严峻的战略挑战——访西安石油大学经济学教授曾昭宁先生
12	2006年11月19日	《西安商报》	诗歌的责任与诗人的使命——财税伦理学者、诗人姚轩鸽先生访谈（记者田冲）
13	2008（1）	《新西部》	深化财税体制改革的未来价值趋向解读——财税伦理学者姚轩鸽研究员访谈（记者：张国政）
14	2009（6）	《陕西国税》（西安）	经济“过冬”尚需政策继续“供暖”——专访著名财政学者、天津财经大学李炜光教授，
15	2009（8）	《陕西国税》	金融危机对税收工作的挑战及对策——专访国家税务总局党校副教授韩晓琴
16	2009（6）	《新西部》	经济“过冬”尚需政策继续“供暖”——对话天津财经大学李炜光教授
17	2010（3）	《陕西国税》	财税学者的使命与责任——专访北京大学财税法研究中心主任刘剑文教授
18	2010（22）	《南风窗》	姚轩鸽的税道苍黄（记者：石破）
19	2010年5月10日	《阳光报》	专家称个税免征额一再提高无益于纳税公平（记者：罗溯阳）

续表

序号	采访时间	采访媒体	访谈报道标题
20	2010-1-20	《共识网》	仁爱·公正·繁荣——李炜光、姚轩鸽关于“税收伦理”对话
21	2011（7）	《陕西国税》	纳税人权利保护之未来期待——台湾大学法学院专任教授葛克昌先生访谈
22	2012（6）	《陕西国税》	税制改革的动向及发展趋势——访天津财经大学首席教授李炜光先生
23	2012（12）	《陕西国税》	上海营业税改征增值税试点的喜与忧——访中山大学税收研究中心主任、岭南学院教授杨卫华
24	2012年3月5日	《华商报》	绥德“见义勇为”青年的身后事
25	2013（1）	《陕西国税》	区域协调发展中的西部大开发税收优惠政策期待——访湖北经济学院林颖教授
26	2013（6）	《陕西国税》	我国房地产税制改革应实现分配正义——访中南财经政法大学财税学院教授李博
27	2011年4月26日	《华商报》	中国“税痛”求解（修改）（记者：江雪）
28	2014年6月29日	《华商报》	美国愿向提供中国公民美国账户信息
29	2014年7月30日	《北京青年报》	财税专家称中国宏观税负较重
30	2015年4月22日	《财会信报》	国民究竟渴求怎样的个税改革——财税伦理学者姚轩鸽专访（记者：滕娟）
31	2014年4月17日	《长江日报》	制度创新被忽视的教训
32	2015（4）	《阳光》	民生附加费之痛——财税伦理学者姚轩鸽专访（记者：马想斌）

续表

序号	采访时间	采访媒体	访谈报道标题
33	2015年4月15日	《财信快报》	如何应对“税收新常态”（记者：滕娟）
34	2015年4月22日	《财会信报》	“法定”是税收法治的基本要求——财税伦理学者姚轩鸽专访（记者：滕娟）
35	2015年12月25日	《南方都市报》	国税地税改革：以高收入者为重点构建自然人税收管理体系（记者：吴斌）
36	2016年5月7日	《证券时报》	姚轩鸽：纳税人要从“植物人”状态苏醒，（记者 曹桢）
37	2016年6月21日	《财会信报》	专家称消减“税痛”是供给侧改革的核心（记者：滕娟）
38	2016年12月5日	《华夏时报》	企业税负“痛感”重 期待减税政策再发力（记者：张智）
39	2016年12月9日	《南方都市报》	电商征税与否争议再起（记者：陈磊）
40	2016年12月22日	《华商报》	中国企业总税率达68% 列世界第12位（记者：刘百稳）

后　　记

本著是根据笔者已经出版的《税道苍黄：中国税收治理系统误差现场报告》与《税道德观：税收文明的伦理省察与探寻》以及相关论文和随笔、时评，在“优良税制”这一主题下，经过新的理论框架，重新梳理构建而成。

必须致以诚挚敬意的是，中央财经大学蔡昌教授和中国财政经济出版社会计分社樊清玉社长以及为本丛书的倡议和出版付出的艰辛劳动！甚至可以说，如果不是蔡昌教授的鞭策与鼓励，计划中的《优良税制论》不知何年何月才能成册并出版。也感谢为本丛书出版付出心血的每一位编辑、设计者、校对还有印刷环节的朋友们！同时感谢多年来一直鼓励笔者潜心税收伦理学研究的伦理学界、财税法学界的各位师友们！

感谢我的伦理学导师王海明先生，是他最先把我领进了伦理学殿堂，使我在学术研究道路上少走了很多弯路。

感谢我的家人们一直以来的支持、理解与关心，此次妻子李莹又不辞医院工作的劳苦，用业余时间帮助笔者整理了以往发表的著作、论文、随笔、时评“简表”以及“媒体访谈与报道情况简表”。

感谢河北省唐山市地税局国际税收研究会刘维维学妹，是她不避酷暑，拨冗完成了《访谈录》，知我、励我、鞭策我，感念之意，道友之情，实在难以言表。

也感谢笔者工作单位的历届领导和同事们，如果不是大家长期的理解与支持，笔者的学术研究可能早已搁置或者荒废！

最后必须坦白的是，由于时间太过仓促，本著的粗糙与不足之处难免，恳请方家指正和谅解。在本著的完成过程中，笔者曾经参阅了很多同行的研究成果，恕未一一列举，特此致谢并致歉！

姚轩鸽

2017 年仲夏于西安朱雀门